本书受"2015校级科研基地——旅游企业管理创新研究基地、北京市社科基金项目（14JGC090）"资助

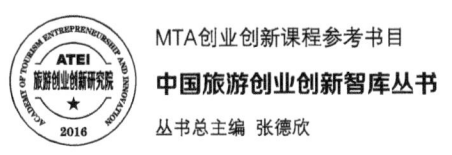
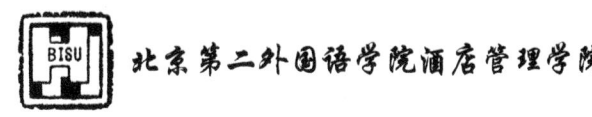

MTA创业创新课程参考书目
中国旅游创业创新智库丛书
丛书总主编 张德欣

北京第二外国语学院酒店管理学院

Report on Entrepreneurship and Innovation in Chinese Tourism Industry(2016—2017)

中国旅游企业创新创业发展报告(2016—2017)

李彬 李朋波 秦宇／主编

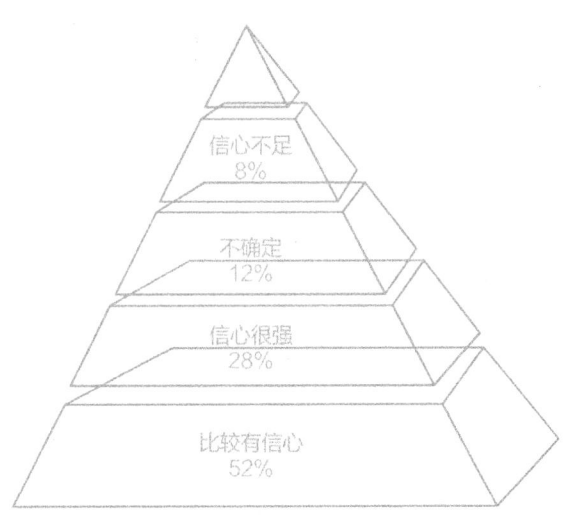

北京·旅游教育出版社

《中国旅游创新创业智库丛书》
编委会

主　　　　任：张德欣
联 合 主 任：厉新建　谷慧敏
副　　主　　任：秦　宇　曾博伟
执行副主任：李　彬　苗利娟
总　主　编：张德欣

委　员：（排名不分先后）

秦　宇	李　彬	温　婧	郑　红	钟栎娜
严　艳	张　华	王加梁	李　龙	宋　徽
卢雪英	屈云茜	陈莹盈	钟　伟	李朋波
朱迎波	周　彬	孙　憬	贾　轲	熊　焰

旅游创业创新研究院专家顾问团：（排名不分先后）

魏小安	厉新建	易开刚	赵新良	张凌云
张　辉	秦　宇	薛兵旺	江金波	谷慧敏
张玉钧	王　凯	白　凯	郭英之	李　想
吴忠宏	李　原	张朝枝	周玲强	曾博伟
卢政营	郑向敏	徐　虹	张河清	沈建龙
周春林	罗　军	洪清华	于敦德	叶一剑
郑敏庆	陈云岗	张晓军	黄栋庆	刘汉奇
荀　亮	蒋　涛	陈　亮	袁润兵	钱建农
曾　松	信宏业	陈安国	朱万峰	李燕琴
王兆峰	明庆忠	刘玉兰	洪　维	单　平
汪早荣	黄　俭	严力蛟	余学兵	吴建华
何士祥	王利杰	马培瑞	吴　峥	董　锴
梁　军	郭万超	董长破	李瑞跃	李　飞
易文捷	金　松	刘　春	姜　颖	方远平
马　勇				

《中国旅游企业创新创业发展报告（2016—2017）》编制机构及人员

编委会

主　　任：谷慧敏　厉新建

委　　员：李　宏　王　俞　王　欣　秦　宇　吕　勤
　　　　　张　超　李　彬　钟栎娜　崔　莉　唐承财
　　　　　吴联仁　马　双　李朋波　雷　铭　孙　憬
　　　　　温　婧　苗利娟

主　　编：李　彬　李朋波　秦　宇

参加编制者：白　奔　刘　钦　高　颖　李超然　牟丽梅
　　　　　　陈　阳　程家鑫　邓素葭　刘玲燕　刘春燕
　　　　　　靳秀娟　王　静

《中国旅游企业创新创业发展报告（2016—2017）》
主编简介

李彬

北京第二外国语学院酒店管理学院酒店管理系主任、副教授。主要研究领域包括酒店连锁集团管控、旅游企业创新创业。李彬博士科研成果曾经发表于《管理世界》《经济学动态》《中国软科学》《南开管理评论》《旅游学刊》《管理学报》以及 *Tourism Management* 等国内外一流学术刊物，曾荣获2015年国家旅游局优秀论文三等奖、2014年国家旅游局优秀论文成果奖二等奖和优秀奖。

李朋波

北京第二外国语学院酒店管理学院教师，管理学博士，主要研究领域包括领导力与组织行为、人力资源管理、创新与创业。李朋波博士的研究致力于基于中国企业管理实践的理论建构，科研成果曾经发表于《管理世界》《旅游学刊》《东岳论丛》等国内一流学术刊物，曾荣获"中国企业管理案例与质性研究论坛（2013）"最佳案例研究论文等学术奖项。

秦宇

北京第二外国语学院酒店管理学院教授，主要研究领域包括中国情境下旅游企业业务层面战略的制定、实施及其结果，以及与之相关的企业竞争力获取、保持和发展过程。秦宇教授的科研成果曾经发表于《管理世界》《管理学报》《外国经济与管理》《旅游学刊》《北大商业评论》等一流刊物及科学出版社、中国人民大学出版社等一流出版社。

总主编简介

张德欣

旅游创新创业记录与服务者、MTA产业导师、创业导师与客座教授、亚洲旅游大奖ATA Award专业评委、旅游创业创新研究院执行院长、中关村智慧旅游创新协会会长。

致力于搭建旅游创业科技创新服务平台，曾创建中国旅游创业家协会（2013—2015），2016年发起创建中关村智慧旅游创新协会并任会长。

连接旅游学术界与产业界，曾组织过百余场社会类创业活动，旅游双创巡回讲座涉及近50所全国重点高校。主编《中国旅游企业创新创业发展报告》《旅游创业启示录》等系列旅游双创新书籍10余部。

《中国旅游创业创新智库丛书》总序

创业是一个国家经济活跃的象征，创新是一个民族进步的灵魂，二者也是一个国家兴旺发达的不竭动力。中华民族的发展历程中，有关创业创新的例子不胜枚举，大到开疆拓土，小到手工作坊，无不体现华夏儿女创业创新精神与智慧力量。特别是伴随全球经济进入后金融危机时代下的深度调整期，我国经济发展面临着进入新常态下的诸多挑战。此时，由国家最高层号召和推动的经济供给侧改革和"双创"活动则成了推动我国经济发展和转型升级的重要引擎，创业与创新活动不仅是国人实现"中国梦"、过上美好生活的重要方式，更是上升到国家和民族层面的实现"中华民族伟大复兴"的重要途径。

2015年3月5日，李克强总理在十二届全国人大三次会议政府工作报告中提出"互联网+"行动计划。2015年7月，国务院印发《关于积极推进"互联网+"行动的指导意见》。同年9月16日，国家旅游局下发《关于实施"旅游+互联网"行动计划的通知》（以下简称《通知》）。《通知》指出，旅游业是国民经济的综合性产业，是拉动经济增长的重要动力。以互联网为代表的全球新一轮科技革命正在深刻改变着世界经济发展和人们的生产生活，对全球旅游业发展正带来全新变革，旅游与互联网的深度融合发展已经成为不可阻挡的时代潮流。不管是互联网+旅游，还是旅游+互联网，这两大最具发展潜力的领域，都是新常态下中国经济快速发展的重要驱动力量。与此前后，双创也在全国兴起，并使中国社会发生深刻的变化。

中关村智慧旅游创新协会（简称旅创协）是以"旅游创业创新"为核心，跨界旅游及科技领域，经民政部门正式批准注册的全国性社会团体。本着以"中国旅游互联网产业技术创新发展与服务"为导向，构建"政府引导、科技支撑、企业参与、合作共赢"的旅游互联网产业技术创新环境，通过"资源对接、行业聚合、创新实践、服务社会"持续提升旅游互联网创新能力，积极推进旅游互联网创新成果推广和学术交流，促进旅游行业健康发展。

2016年是中国旅游产业发展的重要一年，李克强总理在首届世界旅游发展大会上指出，旅游业是"大众创业，万众创新的大舞台"，各地政府也加快产业布局与政策落地，全国上下掀起一股创业创新热潮。金秋九月，由中关村智慧旅游创新协会发起，特邀旅游业中外顶级学者、智库领导人、产业领军人物及知名投资人等为核心组建"旅游创业创新研究院"，为旅游行业创业创新提供理论支持与实战分享，为营造创业创新环境，提供创业创新建议及服务，助推旅游产业健康有序发展。

为响应党和国家号召，顺应时代要求，完善市场和社会需求，致力于推动"大众创业万众创新"及"互联网+旅游"成为中国经济新常态下的新引擎，旅游创业创新研究院与各高校通力合作，组建《中国旅游创业创新智库丛书》编委会，编撰旅游创业创新系列书籍，以积极推动创业创新成为时代潮流，汇聚经济社会发展的强大新动能；积极推动各类创新要素融合互动，让一代"创客"的奋斗形象成为创新中国、智慧经济的重要标识。

目前主要有三个套系，一是蓝皮书系列，以《中国旅游企业创新创业发展报告》为题，每年一本，较为全面与系统地分析当年旅游业创新创业发展实践情况及趋势；二是以《旅游创业启示录》为题，深入到旅游行业创业的细分领域进行优秀案例的汇总提炼，如周边游、乡村旅游、出境游、海岛游等；三是专家论丛系列，以学院派及实战派专家为主，集结其学术研究及落地实践的深度解读观点文章成册。

旅游、互联网、创业、创新，是本智库丛书的关键词。本丛书汇聚旅游学术界与产业界力量，一则记录中国旅游业发展变迁史，二来为政府、高校、媒体、研究机构、产业界与创业者们提供相应的决策与分析参考，也可作为高校相关专业、EDP、MBA/MTA、创业学院的教材或案例集。

创客们，借用六小龄童老师的话与大家共勉：苦练七十二变，才能笑对八十一难。时代造就你的同时，你也创造了时代。

大家加油！

总主编：张德欣
2016年教师节于中关村创业大厦

序 一

旅游创业的同行者、记录者与思考者

这是"大众创业、万众创新"的时代,是旅游领域前所未有的大变革时代!

时代给了旅游创业者们追求财富的机会,同时也给高校、研究机构提供了千载难逢的研究机会。

转眼间《中国旅游企业创新创业发展报告》的第三本即将问世了。在近四年的时间里,北京第二外国语学院酒店管理学院与中关村智慧旅游创新协会(原中国旅游创业家协会)携手,始终与旅游创业者们同行,记录他们的创业历程、心得,总结和分析他们的创业规律与模式,希望能给他们提供指导和帮助。在这四年时间里,我们见证了旅游创业领域中小企业的萌芽与成长,我们也与他们一同经历了旅游创业领域的繁华与喧嚣。然而,自2016年开始,尽管旅游领域的"双创"活动仍在如火如荼地开展,但我们在深入调查和分析之后,明显感到了回归商业本质的理性逻辑、关注旅游者内在需求的价值逻辑正在很多旅游创业企业的实践中出现。我们认为,这和当前旅游创业领域的"创业周期"有关,一些曾经优秀的旅游创业公司的退出和倒下让更多创业者警醒和反思自己,让在位的旅游创业公司和新进入的公司都不再是过去的盲目跟进,相信未来的旅游双创领域将更加关注消费者的价值创造,回归到商业逻辑的本真。

在上述背景下,我们希望客观、翔实地把当下旅游创业创新领域的现状描述、刻画出来,让更多的旅游界与非旅游界的创业者、投资方了解到这一领域的真实状况。同时也希望在我们理性分析的基础上,能给出一些规律、模式和观点,对旅游创业者们有所指导和帮助。在本报告中,我们首先对全域旅游背景下旅游创业创新的外部环境变化和产生的新模式进行了分析,从一个全景式的视角来给出当前旅游创业创新企业的新做法、新模式。之后我们推出了《中国旅游创业创新信心指数(2017)》,来自政府与协会、旅游大企业、优秀旅游创业企业和高校与研究院所等26位专家学者和企业家代表对未来一年旅游双创领域的前景进行了分析与预测。第三部分我们从旅游相关政府部门的视角来分析全域旅游视角下的旅游政府与旅游企业的新型关系，从战略角度分析政府如何为旅游创业企业提供服务、转变职能。之后是以往几次报告都保留的固定板块内容，包括25家旅游创业企业的案例介绍、2016年中国旅游创业高峰论坛的会议实录，以及携程等几家优秀旅游公司的大事记和2017年国内外旅游创业创新领域的大事记。

报告的完成是集体智慧的结晶。感谢北京第二外国语学院的校领导和相关部门的大力支持，感谢酒店管理学院、旅游管理学院的各位老师和研究生同学的奉献与帮助，最后要特别感谢旅游创业者们在调研中给我们无私分享创业经历和感受，他们的亲身体验和丰富实践是本报告得以完成的关键所在。

最后，向行走在创业路上的旅游创业者们致敬！向为旅游变革创新贡献力量的人致敬！

谷慧敏
北京第二外国语学院酒店管理学院院长、教授
李　彬
北京第二外国语学院酒店管理学院系主任、副教授

序 二

旅游创业：从观察记录到规律探索

孤身创业在大山，游刃有余诚如海。旅游创业者，是应当被关注与敬佩的群体，他们的开创精神给旅游业发展带来新动能；他们的创新经历是学者们研究的重要素材。面前这本《中国旅游企业创新创业发展报告（2016—2017）》就是有心的学人张德欣会长及北二外学人们对旅游创业持续关注和研究探索的成果。受主编者邀请写序，我得以在本书刊世之前先睹为快，在此分享几点个人感受。

1. 旅游业正成为我国创新创业最活跃的领域之一。随着今年3月"全域旅游"首次写入政府工作报告，"推动旅游业加速与第一、二、三产业融合发展，与新型工业化、城镇化、信息化、农业现代化紧密结合，不断催生新产品、新业态，拓展旅游产业面，拉长旅游产业链，形成现代旅游产业集群"，以及"大众创业、万众创新"的政策指引，中国旅游市场呈现持续而强劲的增长，加上全域旅游、消费升级、移动互联网为代表的技术进步、产业融合、资本青睐等驱动力量，共同作用在旅游全产业链条上，出现了非常多的创新创业机会。旅游创业者们试图通过自己的才情和资源，或创新旅游体验，或创新商业模式，努力赢得资本和市场的认可。

2. 目前旅游创新创业可能并没有那么"高大上"。许多旅游创业者针对VC可以谈"平台""大数据""云平台""智慧旅游"等很多高大上的概念，如今看来并没有多少企业是靠着花哨的商业模式存活，资本方更是少有雪中送炭的。在"想象力破灭的这一年"里，坚持做"脏活、累活、苦活"的那些企业能存活下来；很多旅游大企业开始布局并重做线下业务；很多旅游创业企业选择从掌握某一个目的地资源开始；这两年很火的民宿，无论主打"引领新生活方式"，还是拓展心灵空间，也得从每一处装修着手，需要关注每日的入住率等。报告中"旅游创业创新信心指数"部分也提到在未来一年的旅游创新创业领域，人工智能等科技类项目信心指数排名第二等。

3. 旅游创业的本质是创造价值。记得印度电影《三傻大闹宝莱坞》里阿米尔·汗讲过一句"只要你把事情做好了，钱自然会来"。旅游创业的价值，体现在对我们的服务对象是否有价值，对社会和行业的发展是否有贡献。真正的创业者，就应该追求这样的东西。如过去有段时间爆发的价格尾单项目，一味追求投融资的资本烧钱模式，忽视了在运营中创造自身服务的价值，终变成昙花一现的产品。我们常说的"匠人精神"，在创业者身上尤为重要。

我衷心地期待，通过一代又一代旅游创业者的不懈努力，让我们的旅游事业愈坚愈强，让无力者有力，让有力者强壮，让我们所有的旅游服务者，一起创新，一起前行。

白长虹

南开大学旅游与服务学院院长、教授、博导

2017年5月3日

目 录
CONTENTS

第一部分　我国旅游企业创业创新的新模式分析 ·············· 1

第二部分　中国旅游企业创业创新信心指数报告（2017） ········ 9

第三部分　全域旅游背景下旅游政企关系再思考 ············· 22

第四部分　中国旅游企业创业案例分析 ·················· 27

　一、爱飞行——开着飞机去旅行 ···················· 28

　二、发现旅行——有私人管家的自由行 ················ 29

　三、光影旅行——先经营顾客再经营产品 ··············· 33

　四、海玩网——换个角度看世界 ···················· 37

　五、喊你玩——垂直民宿预订平台 ··················· 41

　六、皇家驿栈——文化创意精品酒店 ················· 45

　七、金鼠标——入境游目的地营销的变革者 ·············· 49

　八、九十度——拓展心灵的空间 ···················· 53

　九、桔子瑜伽——卷土重来的创业者 ················· 57

　十、6人游——精品小包团的定制旅游服务商 ············· 60

　十一、马上游——目的地智慧旅游服务商 ··············· 65

　十二、漫宜生活——慢一慢的生活方式型住宿品牌 ·········· 68

　十三、穷游——发现最世界 ······················ 71

　十四、山楂小院（远方网）——乡村度假旅游尝试 ·········· 75

　十五、世纪中润——中润旅游，润人如心 ··············· 79

　十六、世界邦——用技术与达人改变定制游 ·············· 83

　十七、提谱旅行——用手机玩转旅行 ················· 87

　十八、童子军——亲子游的初探者 ··················· 91

　十九、团建宝——专业的团建解决方案公司 ·············· 95

　二十、唯恩私人度假——专注精致的度假生活方式 ·········· 98

二十一、我趣——趣味自助行 …………………………………………………… 102
二十二、燕海九州——从景区酒店到综合性旅游公司 …………………………… 107
二十三、游啊游——东南亚自由行服务商 ………………………………………… 112
二十四、游心旅行——自在旅行，记忆游心 ……………………………………… 116
二十五、远帆票务——专业的景区门票在线分销商 ……………………………… 120

第五部分　第三届中国旅游创业创新高峰论坛实录 ……………………………… 124
第六部分　中国优秀旅游企业发展大事记 ………………………………………… 197
第七部分　2016—2017 年 3 月国内外旅游创业创新大事记 …………………… 214
附　　录 …………………………………………………………………………… 238

第一部分　我国旅游企业创业创新的新模式分析

一、我国旅游企业创业创新的外部驱动力

2016年我国旅游发展出现了新局面，为旅游企业的创业创新提供了新的外部环境。伴随着旅游在经济发展、扶贫、外交等方面的地位逐渐被认识，与旅游相关的词汇、政策正在越来越多地出现在国家领导人讲话、政策文件中，特别是来自国家旅游局的强势推动，使得过去的一年成为我国旅游发展史上非常有代表性的一年。例如，首届世界旅游发展大会在北京召开，国家旅游局提出了全域旅游示范区、特色小镇、"十三五"旅游规划、乡村旅游和旅游扶贫等。可以从如下几个方面认识当前我国旅游企业双创的外部驱动力。

（一）全域旅游为旅游企业双创提供了新机遇

全域旅游是国家旅游局根据国内外旅游发展大势、我国旅游业改革创新发展要求所提出的新理念、新思维，全域旅游的工作理念和成果也得到了习近平总书记的认可。在2017年李克强总理的政府工作报告中，也首次把"全域旅游"写进政府工作报告中。国家旅游局局长李金早指出，全域旅游是我国新阶段旅游发展战略的再定位，是一场具有深远意义的变革。由上可见，全域旅游已经得到了中央领导的认可，并且作为一种全新的旅游发展理念而由国家旅游局大力倡导。全域旅游背景下各个地方的旅游发展思路、旅游业态成长等都在发生变化，与此同时，作为旅游市场的主体——旅游企业的创新创业、成长发展、经营管理也会出现新变化，提供新机遇。

（二）消费升级与旅游有效供给不足的矛盾成为驱动旅游双创领域发展的新动力

长久以来，旅游需求与旅游供给之间的矛盾就是驱动旅游发展的重要动力。当前，旅游者的消费升级成为旅游业发展的重要特征，而这种消费升级则会倒逼旅游供给侧改革，是供给侧改革的根本原因。

旅游消费升级的具体表现是，国内旅游方面，从2017年全国旅游工作会议上获

悉，2016年全年国内旅游人数超过44.4亿，国内旅游收入保持两位数增长，预计达到3.9万亿元。从出境游来看，根据中国旅游研究院和携程旅游联合发布的《2016年中国出境旅游者大数据》报告，2016年出境旅游人数1.22亿人次，同比增长4.3%，继续蝉联全球出境旅游人次世界冠军。出境旅游花费高达1098亿美元，人均花费900美元，虽然出境游人数只占旅游总人数的3%，但出境游消费却占到全国旅游花费的16%。然而有效供给不足、供给侧结构性因素仍然制约着旅游消费升级需求的满足。

旅游消费升级对旅游企业创业创新中的旅游产品设计产生影响，表现是：第一，休闲产品、度假产品，特别是城市周边的度假产品开始不断出现，海外定制旅游、主题旅游（如医疗旅游）、海外门票玩乐产品的人数分别增长了400%、250%和100%。第二，亲子、游学、团建、养老、露营等更加垂直细分市场也开始出现，尽管还没有较大市场规模的出现。第三，对文化与精神的追求、对新的生活方式的追求，成为各类旅游产品设计关注顾客体验、消费升级的焦点。

（三）资本驱动与技术驱动加速了旅游双创领域的生态格局的变化

资本与技术的驱动一直是旅游双创的重要动力。

资本方面，从资本的创投来看，2016年旅游业被认为是正在遭遇着所谓的"资本寒冬"，一批在2014年、2015年我们的旅游创业创新报告中出现的优秀创业企业已纷纷倒下，如周末去哪玩、淘在路上、麦兜旅行、收留我、氢气球旅行等。正如八人游创始人贾建强所说的，对于旅游业来说，这一年应该属于想象力破灭的一年。泡沫破碎，市场开始趋于冷静和理性。因此，对于旅游双创企业来说，一味追求投融资的资本烧钱模式而忽视了在运营中创造自身服务的价值而追求的盈利模式，是未来旅游双创仍然关注的重点。

从兼并收购来看，这种现象成为2016年的最显著现象之一，如传统旅行社和OTA之间的合并，如同程旅游与万达旅业、携程旅游网与旅游百事通、港中旅与中国国旅，如酒店集团之间的合并，如首旅酒店集团收购如家、锦江酒店收购铂涛和维也纳，又如在线旅游公司间的整合正在加速，分水岭变得更加明显。这些方面会对旅游双创的生态格局产生影响。

技术方面来看，一是人工智能、虚拟现实等新科技给旅游和酒店等服务企业在运营管理、服务管理等在效率提高、定制化服务等方面提供了新的改变，甚至被称为"技术赋能"而使得科技手段更好地融入企业管理中。

二是移动互联网技术催生了共享经济模式，例如在住宿领域出现了非标住宿业态，如途家、小猪短租、住百家等，在旅游交通领域出现了共享出租、共享单车等，在餐饮领域出现了回家做饭等。共享经济将会对以旅游、生活服务业等为代表的传统业态产生重要影响。

三是大数据，对于游客的游前、游中和游后的大数据开发是未来旅游创业领域的重要商机，例如酒店领域的众荟科技、旅游领域的博晓通等，都试图在数据开发与分析方面向以数据为基础的咨询服务方面转型，围绕着大数据展开的硬件技术、软件服务等将是驱动旅游双创的重要动力。

总之，在过去的2016年，无论是旅游政策的变化、旅游消费者的变化，旅游资本方的变化，还是旅游供给侧的变化，都会对旅游企业的双创产生影响，这些影响催生出了一些旅游企业创业创新的新模式，下面将具体论述。

二、旅游企业创业创新的新模式

旅游创业领域也在悄然发生变化：一方面，资本方更加理性、务实，对旅游创业的投资已经交了很多"学费"，旅游创业者再用"平台""大数据""云计算"等概念来"忽悠"，恐怕已经很难有好的效果。另一方面，经过几年的大浪淘沙，一批旅游创业企业探索出了能够活下来，甚至活得更好的模式，这些企业一直"闷头"坚持做着最初被一些企业、资本方认为是"脏活、累活、苦活"而不愿意做的事。

事实上，旅游创业企业中有一批企业不断在产品、技术、创意、服务、资源等方面精益求精，为顾客持续带来价值，并逐渐得到资本方的青睐。自2014到2016年，我们持续跟踪调研了这些企业，一些企业我们甚至去过多次调研或和创始人多次访谈。这里介绍下其中一些企业的经验和模式。当然这些介绍只代表过去，而不代表未来。

我们试图用三个维度来对现有旅游创业创新模式进行分类，以有助于对后续创业创新模式的进一步分析。这三个维度，一是信息技术的应用程度，即信息技术等在旅游企业的商业模式与管理模式中对各项业务起到的是整合性作用还是辅助性作用；二是旅游企业的主要产品与服务所涉及的市场范围，包括精准的、小众的利基市场和适于大众的全市场；三是产品服务要素，即根据旅游产业链条上的旅游产品服务要素，分为单项要素产品和多项要素产品（或整体旅游产品）。通过这三个维度的划分可以获得6个区间，每个旅游企业的创业创新模式也都可以找到各自的位置，见图1。

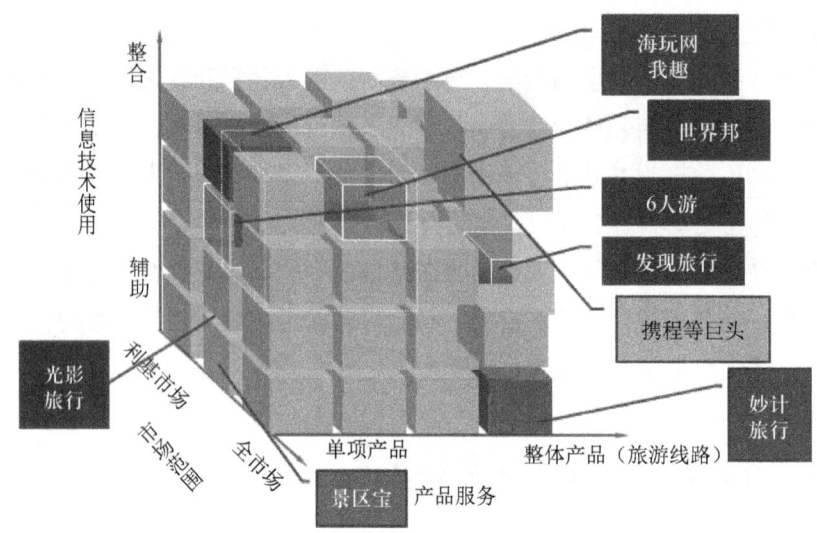

图 1　旅游企业创业创新模式图

例如，携程等巨无霸型的OTA，其信息技术已经起到了整合企业业务发展各个板块的作用，覆盖了较大范围旅游市场和整体旅游产品，因此位于图1中的右上角。可以初步推断，处于这个位置的巨头，会在技术、产品、运营等方面有微创新或渐进式创新，除非有外部环境巨大的变化或自己内部有重大变革，这样的"巨无霸"的内部很难出现所谓"颠覆性创新"。而像腾讯那样，有足够的空间、勇气去容忍和支持一个自己颠覆自己的"微信"内部创业项目的成长，在目前的旅游大企业中似乎还较少观察到。

处于其他位置上的旅游企业创业创新模式，则体现出了各自的不同特征。例如，侧重于通过技术来打造整合性系统、出境游定制游的世界邦，侧重于通过技术来打造全球供应链整合系统、出境游中的吃喝玩乐产品平台的海玩，侧重于摄影旅游这一利基市场，但产品与服务要素较多、互联网等技术手段只是辅助作用的光影旅行，侧重于利用大数据的智能化技术作为旅游者出行决策辅助工具、瞄准出境自由行的妙计旅行，侧重于技术来整合业务流程提高效率、覆盖小包团市场的六人游旅行网等。

关注了每个旅游企业的位置之后，就可以重点分析这些旅游创业企业在商业模式、管理模式和技术模式等方面有哪些创新，从而对旅游创业企业的创新模式有个整体的把握。当然，每家企业的模式也不是固定不变的，因此在图1中的位置也会发生变化，如果在今后对这些变化进行持续观察，则会看出更多的规律。下面我们将具体分析一下几个比较新的模式。

（一）技术创新驱动模式

在旅游创业领域，"技术与人"的关系带来了创新创业模式的差异。偏重于"技术决定论"思维的创业者，相信通过"鸟枪换炮"的技术，一定会给游客带来颠覆性的体验，例如妙计旅行的模式就是更多偏向于依靠纯人工智能、大数据等智能化技术手段解决游客定制化出游问题，是一家"纯纯的"技术公司。

然而大多数旅游创业企业则偏向于通过"技术+人"的方式来解决定制游问题：一方面通过技术解决标准化、规模化的"效率"问题，另一方面通过"旅游达人"解决游客个性化、临时性的需求以及人文关怀和情感注入的问题，即"效果"（满意度）问题。

例如世界邦旅行网，尽管一直比较低调，但自成立以来努力把两件事做好（如图2）：一是通过技术研发打磨自己的技术支撑系统。为了解决顾客在定制游过程中的"痛点"以及由此带来的后台服务的"痛点"而不断进行技术研发，如设计出Pop Corn（爆米花）系统、全球自动计价系统、达人与游客聊天工具、达人与顾问的抢单系统、匹配行程的个性化地图、用户比价功能、签证办理系统、智能行程引擎、全球订单分发/收回系统、SaaS系统等。这些技术系统很好地解决了定制化旅游中在定制设计的"效率"方面的痛点。世界邦通过几百人的豪华技术研发团队自主研发这些技术创新成果。联合创始人赵新宇认为是解决了"个性化产品规模化和规模化产品的标准化"问题，例如推出的10万条超级自由行产品就是依靠强大技术支撑来完成的。二是通过达人解决规模化中的个性化问题。拥有丰富旅行经验的达人们是世界邦的重要资产，达人在游客定制初步线路后起到的辅助与"点睛"作用，达人在游客旅途中解决各种临时性问题起到的"雪中送炭"作用，是赵新宇所认为的、未来实现"终极人文关怀"的基础。当然，世界邦也用一些技术手段来辅助这一过程，如自主研发达人的抢单工具来设定达人间的关系，自主研发聊天工具来解决达人与旅游者间的沟通问题。

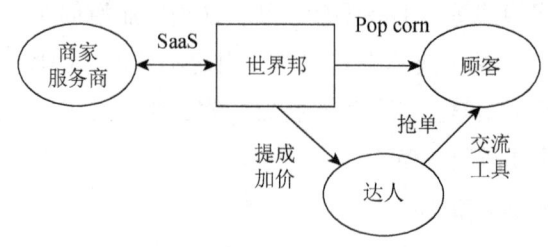

图 2　世界邦的技术创新模式示意图

资料来源：根据课题组对世界邦联合创始人的访谈资料整理。

另一个例子是6人游旅行网。互联网出身的创始人贾建强运用"反互联网思维"，将企业定位在旅游服务商，而不是技术公司，旅游服务才是核心。然而，由于它定位在给小微团队提供定制服务，既不是自由行服务，也不是传统旅行社的拼团服务，因此成本和效率问题是最大的挑战。于是6人游通过将信息技术、信息系统与旅游服务流程进行融合，打造了一个现代化的旅游服务体系，如订单分发系统、报价系统、行程方案制作系统、财务系统、潜在用户营销系统等，大大提高了旅游服务流程的标准化程度和旅游服务的效率，是传统旅游企业转型升级的一个参考样本。

（二）线路设计创新驱动模式

城市微旅行，是传统的城市"一日游"的颠覆版，正在从一些定位在"文青"的小众消费者群体中蔓延开来，这种微旅行方式，将城市的文脉、历史、人物等与旅行线路结合，开发出一个更具人文特色、精致体验的微旅行产品。

例如北京的九十度，创始人高弘认为，旅游产品不应该成为一种标准化产品，而应该成为激发旅游者心智的体验品，应把旅游产品打造成独一无二的艺术品。在城市微旅行的开发过程中，九十度注重深度挖掘目的地的文脉和地脉，将淹没在现代化大潮中的历史人物、事件和场景挖掘出来，让旅游者体验到文化的魅力，如打造的文化主题游产品《复兴博物学，醉在玉渡山》《夜骑龙脉》等经典产品屡获好评。

又如，创办已十年的旅游公司稻草人，希望通过使游客在探索、体验、交流、分享中面对真实的自我，获得人生积极的力量，这其实是旅行的终极意义。例如设计的一系列原创城市微旅行产品，如"寻访张爱玲""遇见静安""行走苏州河"等，给旅行者提供了一股清新的、小资的、轻奢的微旅行体验。

总之，这种模式，虽然将时空微缩，但却浓缩更多文化、体验、交互等符号和要素，让城市一日游不再只是"观光、拍照、睡觉"，我们总结为"时空微缩、主题凝聚、文化创意、体验参与"。

当然，需要提出的是，这种产品目前还只是聚焦在小众的群体，如何进行量化复制和推广仍需要进一步探索；这种产品如何进行盈利，也没有成功的经验可以学习。社群起家的穷游网推出的微旅行产品city walk，通过向全球粉丝征集和选拔达人作为该产品的合伙人这种模式，部分地解决了上述问题。

（三）价值共创共享驱动型

价值共创到共享是未来发展的趋势。旅游企业与C端的顾客价值共创模式以定制化旅游企业的模式最为典型，这些企业通过旅游达人、策划师、旅行顾问等人工服务不断与游客互动、沟通进行产品设计，并通过给顾客提供专属、独特的资源和服务，从而实现了价值共创，如无二之旅、唯恩度假、优翔等。同时在B端，通过创客平台、众创众筹、合伙制等方式实现与B端供应商（或服务商）的价值共创，如穷游的city walk、马上游等。

最后，进一步打通B端与C端，形成P2P的共享经济模式，让两端的价值得以共享。如共享房子的途家、共享导游服务的丸子地球和共享兴趣爱好与技能的周末去哪玩等。

总之，价值共创共享模式是将"用户"需求充分考虑在内，将线上与线下打通，是最大化社会资源的整合与再配置的模式，如图3。

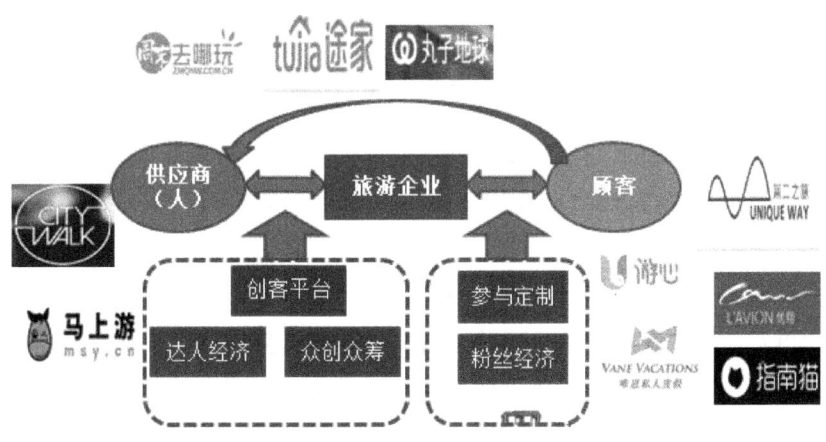

图3 价值共创共享模式示意图

资料来源：根据课题组对相关企业创始人的访谈整理。

（四）目的地碎片化产品整合型模式

旅游者碎片化的旅行需求导致了目的地市场的微细分，继而出现了众多碎片化的"吃喝玩乐购"等单项产品和服务，与"机+酒"产品的红海相比，目的地吃喝玩乐产品仍然是蓝海，但这些碎片化、甚至是粉末化产品的采购与整合，是一项苦活累活而较少有企业关注。海玩网正是扎根于这个市场，通过"技术+人"的模式打造一个全球供应商网络，这是一个融合外国人去采购和中国员工去包装和了解需求的采购系统，并通过大量采用"零渠道"的供应链，实现了对目的地"粉末化"产品的整合。这个系统的底端是按照区域划分的一个个"小团队"，包括一个产品经理（中国人），负责把握出境游中国游客的需求和沟通，一个负责开发、联络、沟通、谈判签约当地供应商的BD经理（外国人），还有一个负责翻译、沟通的助理，三者的合作构成了这一供应商网络系统的"神经末梢"，是海玩网发展的坚实基础。如图4。

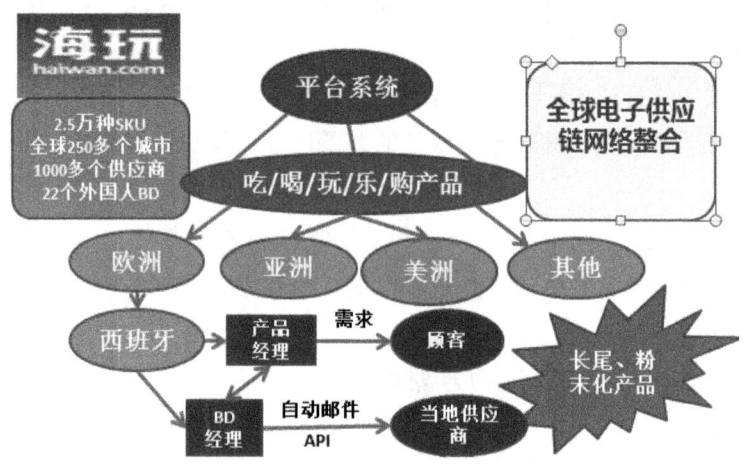

图4 海玩网的目的地产品整合模式示意图

资料来源：根据课题组对联合创始人的访谈整理。

总之，一些拥有工匠精神的旅游创业企业在执着地探索着被一些人认为是"苦活累活"的事儿，但往往坚持下来后才发现，机会往往其实就在这里，这也许是在热闹和泡沫过后的资本寒冬的当下，能给整个行业带来暖意和信心的事情，让我们持续观察，拭目以待。

第二部分　中国旅游企业创业创新信心指数报告（2017）

伴随我国旅游业的大发展，借助"大众创业、万众创新"以及"全域旅游"等政策指引，旅游创业创新领域的活跃度和关注度持续增长。自2013年起，中关村智慧旅游创新协会（前身中国旅游创业家协会）与北京第二外国语学院酒店管理学院合作，对北京、上海、深圳等地的50余家旅游创业创新企业进行持续调查，并于2015年和2016年相继出版了《中国旅游企业创新创业发展报告》，试图对中国旅游双创企业的发展进行描述、总结和分析。

自2016年下半年到2017年，旅游双创领域出现了一些新问题和新风向，如被个别媒体和专家所提出的"资本的寒冬""旅游创业的高失败率"等。为了分析这些问题并给旅游创业创新领域的企业提供一定的参考，我们推出"2017年中国旅游企业创业创新信心指数"报告。本报告通过对来自旅游大企业、旅游创业企业、投资机构、旅游学界、政府及协会机构等26名专家对未来一年的我国旅游双创领域情况进行咨询（具体名单见后），旨在对未来一年的旅游双创领域的产品、商业模式、资本、成功率、人才等方面进行调查分析和前景预测。

一、中国旅游企业创业创新信心指数计算

旅游企业创业创新的影响因素较多，也较为复杂，借鉴前人的研究成果和本项目团队对推动当前旅游企业创业创新发展的影响因素的研究（指标、权重都是经过与其他学者、业界人士进行交流后得出），本文得出我国旅游企业创业创新指数计算的公式：

信心指数＝资本×10＋人才×10＋政策×10＋并购×10＋成功率×20＋前景×40

其中，"资本"是指在旅游业中投资的资本方对未来一年旅游双创的预期，包括对旅游双创的前景预测和对旅游双创的市场环境预测两个部分。"人才"是指对进入旅游双创领域的人才的发展趋势预测。"政策"是指针对旅游双创的相关政策的支持力度程度的预测，并购是指旅游业中大型企业对中小旅游创业企业并购趋势的预测，如果并购较多，一定程度上反映了旅游双创领域较为活跃，以及旅游产业

格局的变化。"成功率"是指对旅游创业创新成功率的预测。"前景"是指专家在整体上对旅游企业创业创新前景和形势的预测。

进而，通过对26位专家学者进行咨询和问卷调查，分别计算每个子信心指数的平均分，再结合权重进行总信心指数计算，结果如下：

$$信心指数 = (4.2 \times 10 + 3.44 \times 10 + 4 \times 10 + 3.92 \times 10 + 2.96 \times 20 + 4 \times 40)/6$$
$$= 74.9$$

通过计算结果可以看出，我国旅游整体双创信心指数为74.9，说明了打分专家对未来一年旅游双创领域的信心持比较乐观的态度。具体来看，专家们对资本、政策、并购、人才等方面体现出较为乐观的态势，但在成功率方面并不看好，在总体来看持比较谨慎的态度，这也充分显示出与以往旅游双创领域的火爆相比，自2017年起未来一年内旅游双创领域可能进入冷静、理性的发展期，这一信号或许可以为旅游创业创新企业提供有价值的参考。

二、中国旅游企业创业创新信心指数具体分析

上一部分是对我国旅游企业创业创新信心指数的计算和得出的结论，下面将具体分析每个指标的情况。

（一）未来一年旅游双创产品集中领域

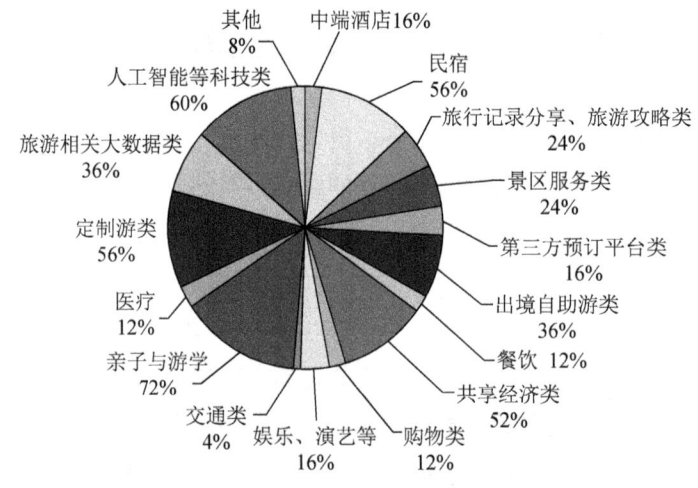

图1　旅游双创产品集中领域

在未来一年的旅游创业创新领域，专家认为产品主要会集中在亲子与游学（72%）、人工智能等科技类（60%）、民宿（56%）、定制游类（56%）以及共享经济类（52%）。而之前关注度较高的出境自助游类（36%）、旅游相关大数据类（36%）、旅行记录分享和攻略类（24%）、旅游景区类（24%）则略显偏低。另外，医疗旅游（12%）、中端酒店（16%）等开始逐渐受到关注，是旅游双创领域开始出现的新兴领域。

（二）旅游领域创业创新驱动力分析

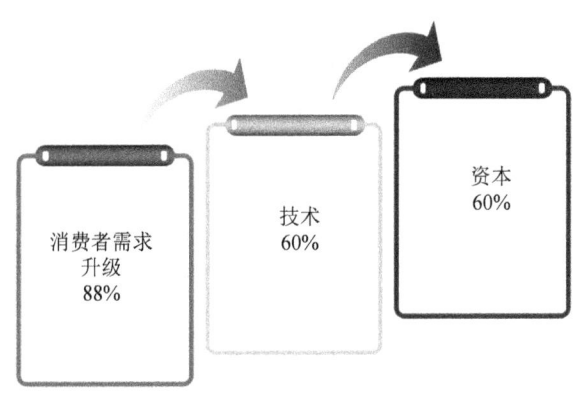

图 2　旅游领域创业创新驱动力

关于未来一年的旅游创业创新驱动力方面，88%的专家认为，消费者需求升级会是旅游领域创业创新的主要驱动力，60%的专家认为是技术与资本。因此，总体来看，未来一年消费者的需求驱动将是双创领域的驱动力焦点，而前几年的"互联网+"等信息技术驱动和资本热潮驱动，将逐渐趋于理性，这也在一定程度上反映了我国旅游双创领域发展的转型特征。

（三）旅游资本投资双创领域的前景分析

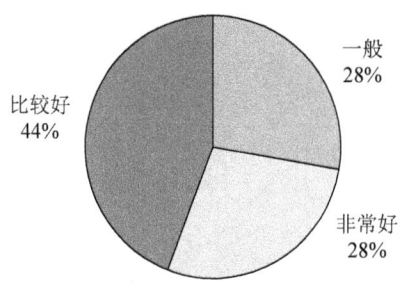

图 3　旅游资本投资双创领域的前景

在未来一年的旅游创业创新领域，有28%的专家认为旅游资本投资双创领域的前景非常好，有44%认为资本投资双创领域的前景比较好，其余的被调查者认为其前景一般。由此可见，专家对未来一年旅游资本进入旅游双创领域的前景持比较谨慎乐观的态度。

（四）资本投资双创领域的市场环境

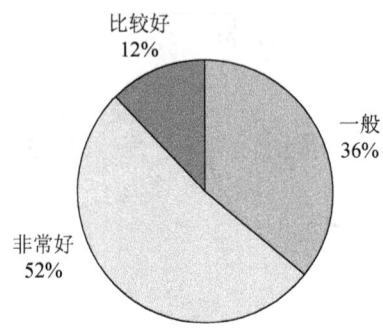

图4　资本投资双创领域的市场环境分析

在未来一年的旅游创业创新领域，有52%的专家认为资本投资双创领域的市场环境非常好，有36%认为资本投资双创领域的市场环境比较好，其余的专家认为其市场环境一般。由此可见，尽管专家们认为未来一年旅游资本进入旅游双创领域的前景并不非常乐观，但认为旅游双创领域的市场环境还是非常好，这进一步说明了旅游双创领域仍然是投资者值得关注领域。

（五）旅游双创政策的支持力度分析

图5　旅游双创政策的支持力度

在旅游双创政策支持力度方面，有60%的专家认为未来一年旅游双创政策的支持力度比较大，20%认为未来旅游双创政策的支持力度非常大，其余的专家认为其支持力度一般。这说明了专家对政策在旅游双创方面的支持作用比较认可，且认为这些政策仍然会对旅游双创领域进一步发挥支持作用，这进一步为旅游等相关政府部门推出有利于旅游双创的政策提供了积极性的参考。

（六）进入旅游双创领域的人才趋势分析

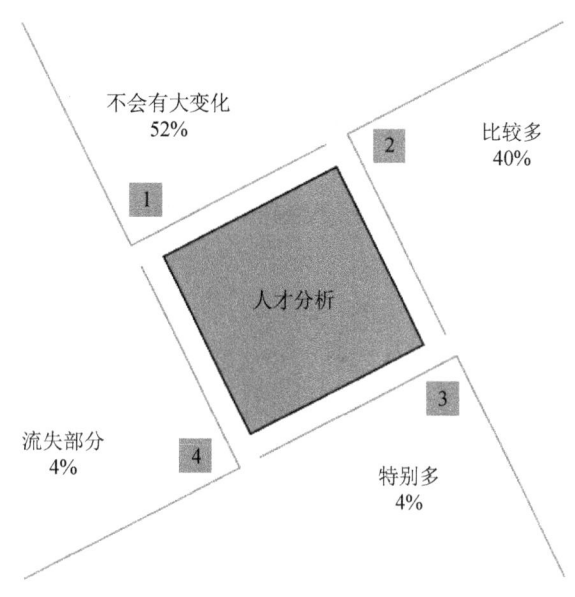

图6 进入旅游双创领域的人才

有52%的专家认为未来进入旅游双创领域的人才数量不会有大变化，40%的专家认为未来进入旅游双创领域的人才比较多，4%被调查者认为进入旅游双创领域的人才特别多，其余4%认为进入旅游双创领域的人才数量会流失部分。由此可见，专家对进入旅游双创领域的人才数量变化趋势的判断比较乐观。从人才这个角度看，人才依然是驱动旅游双创的重要因素之一。

（七）大型旅游企业收购中小创业企业的倾向分析

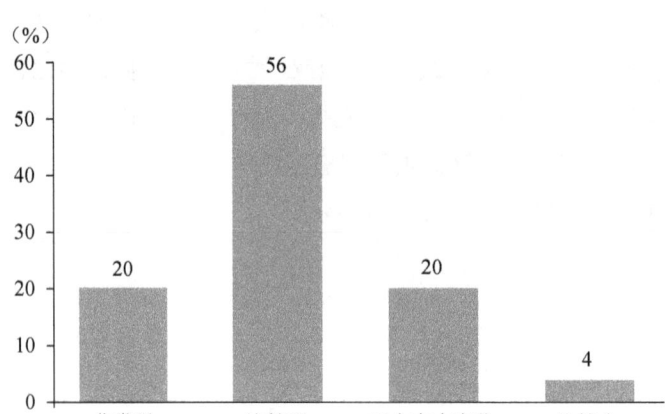

图 7　大型旅游企业收购中小创业企业的倾向

有56%的专家认为未来大型旅游企业收购中小创业企业的倾向比较强，20%的专家认为未来大型旅游企业收购中小创业企业的倾向非常强，20%的专家认为不会有大变化，其余4%认为大型旅游企业收购中小创业企业的倾向比较小。这说明了专家对旅游双创领域的兼并收购趋势的态度依然是正向的，这反映出当前旅游双创领域的活跃度和关注度，以及资本驱动下的大企业的扩张路径和方式，同时也可以从侧面反映出旅游业未来的行业集中度将继续增大，整个行业的格局仍将充满变动。

（八）旅游创业企业的成功率分析

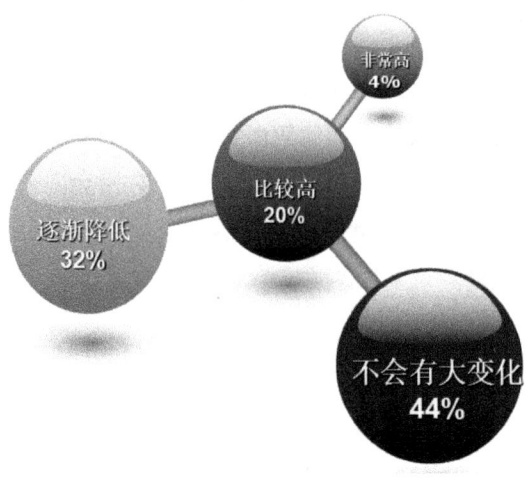

图 8　旅游创业企业成功率

有44%的专家认为旅游创业企业的成功率不会有大变化，32%的专家认为旅游创业企业的成功率会逐渐降低，20%的专家认为旅游创业企业的成功率会比较高，其余4%认为旅游创业企业的成功率非常高。这反映了专家对未来一年旅游创业成功率的趋势预测，可以看出对成功率的预测并不高。事实上这和其他行业的创业成功率情况基本一致。根据本团队的调查研究显示，经过2015年和2016年的洗礼，伴随众多旅游创业企业的失败，使得整个旅游创业领域比过去更加理性，当然对成功率问题的认识也逐渐趋于理性。

（九）旅游企业创业的前景分析

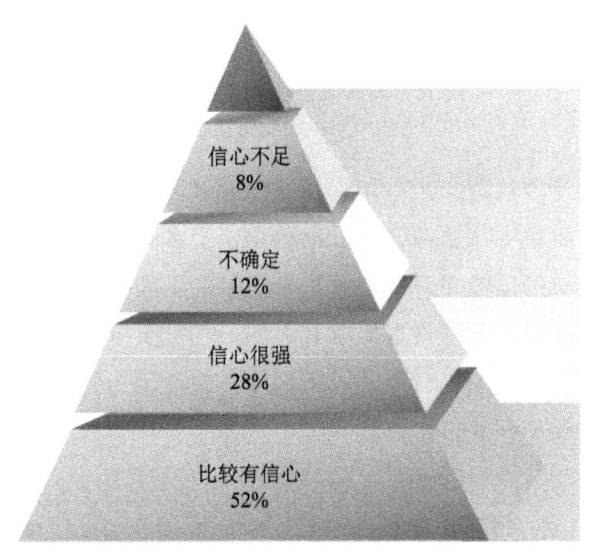

图9　旅游企业创业的前景

尽管从上一题中看出，超过1/3的专家对旅游创业的成功率并不看好，然而在本题中，有52%的专家对未来一年旅游企业创业的前景比较有信心，28%对旅游企业创业的前景信心很强，12%的专家认为旅游企业创业的前景不确定。这说明了专家对旅游企业创业的前景依然持乐观的态度，信心依然比较强。

（十）旅游双创领域的重要趋势分析

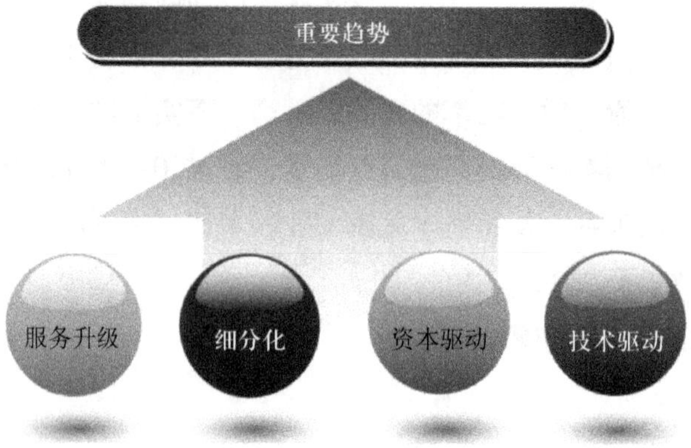

图 10　旅游双创领域的重要趋势

本题是让26位专家填写未来一年旅游双创领域可能发生的重要趋势，通过统计发现，这些趋势主要集中在服务升级、细分化、资本驱动以及技术驱动四个方面。其中，服务升级对应的是消费升级与消费者需求的不断提高，这是需求驱动下的旅游双创发展的根本动力，而消费者需求升级的一个重要方面就是需求的个性化、特色化，这直接导致了旅游双创对市场进行细分。而传统的资本和技术两大驱动因素依然被专家认为是未来一年的重要趋势。

三、受访专家的特征分析

（一）身份类型

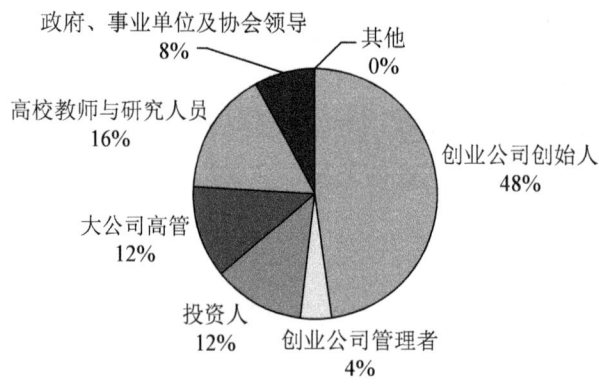

图 11　身份类型

在本次调查中,有48%的专家是来自创业公司的创始人,16%是高校教师与研究人员,其余的专家则来自大公司高管、投资人、创业公司管理者,以及政府、事业单位和协会领导。这些身份类型也表明本次信心指数的分析,既考虑到了近半数的旅游创业公司的创始人意见,也融合投资人、大旅游企业的高管、高校教师和科研人员、协会领导等多方面的意见,从而尽量保证了结论的客观性。

（二）年龄

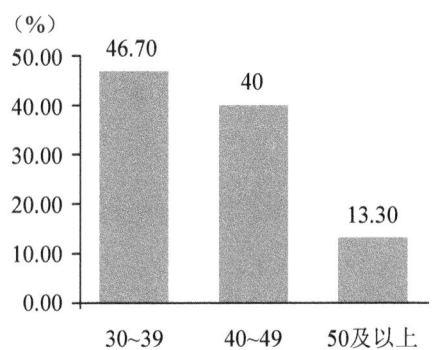

图12　专家年龄分布情况

受访专家中,30~40岁的占比为46.7%,40~50岁的占比为40%,13.3%的年龄在50岁以上,这说明了本次所咨询的专家中,中青年比例较高,这和其中较多的创业者年龄大多为30~40岁有关。

（三）受教育程度

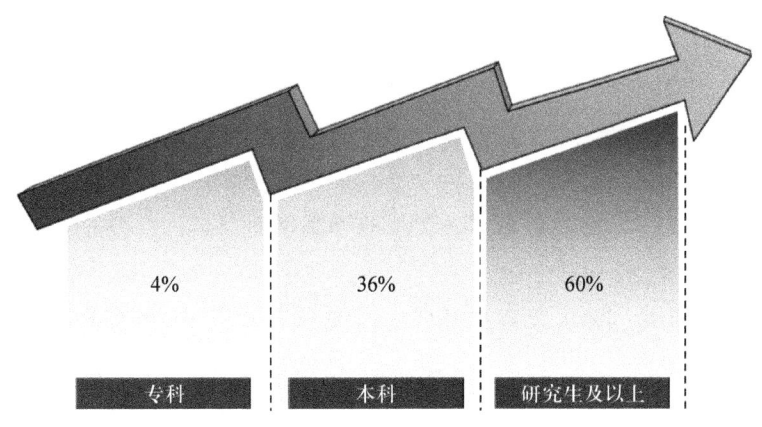

图13　受访专家学历分布

受访专家的文化程度普遍集中在本科以上，尤其是研究生及以上学历占60%，本科学历占36%，而专科学历仅占4%。

（四）海外受教育经历

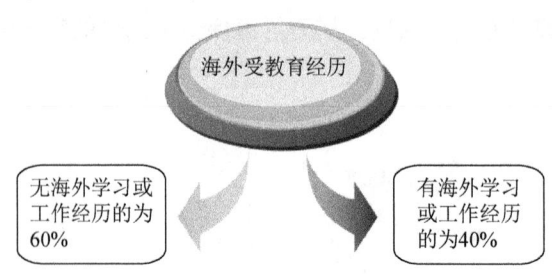

图14　受访专家海外学习或工作经历情况

受访专家中有60%无海外学习或工作的经历，占到一半以上，有海外学习或工作经历的则占40%。

（五）专业背景

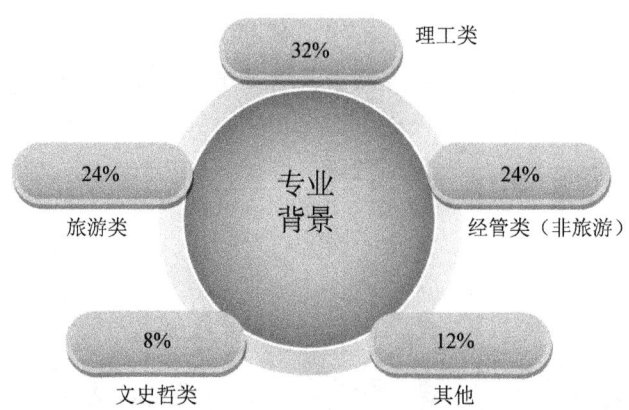

图15　受访专家专业背景

创业创新企业的创始人学科背景分布较集中，其中理工类背景较多，占32%，旅游类为24%，经管类（非旅游）也为24%，文史哲类最少，占8%。

（六）创业者的创业次数（仅限创业者及高管回答）

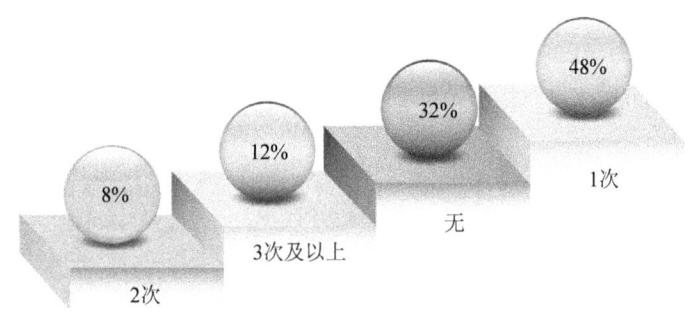

图 16　创业者创业次数

48%的创业者在此之前有过一次创业经历，没有过创业经历的占32%，有过3次及以上创业经历的占12%，仅有8%的人有过2次创业经历。

（七）创业者创业前与旅游相关工作的经验年数（仅限创业者及高管回答）

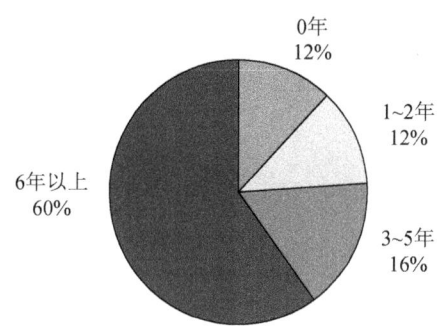

图 17　创业者创业前与旅游相关工作的经验年数

创业者在创业之前与旅游或目前工作相似的经验年数为6年以上的人数最多，占到60%，其次是工作3~5年的，占到16%。其余24%的创业者工作年数都在2年以下。

（八）创业者创业前的职业（仅限创业者及高管回答）

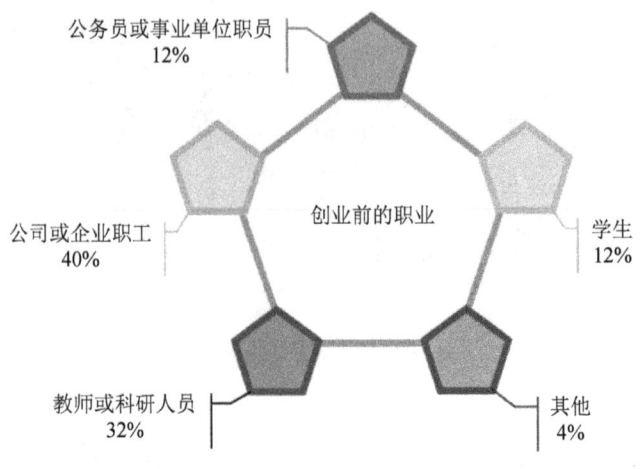

图18　创业前的职业

创业者在创业前普遍任职于公司或者企业，占到40%，创业前是教师或科研人员的为32%，公务员或事业单位职员的为12%，学生占到了12%，其余的为其他职业。

（本部分完成人：李彬、张德欣、秦宇、李朋波、陈阳、刘春燕）

附　录

《2017年中国旅游创业创新信心指数报告》受访专家名单

（以下按姓氏拼音音序顺序排名）

序号	姓名	工作单位与职务
1	白长虹	南开大学旅游与服务学院院长
2	蔡　韵	无二之旅联合创始人
3	陈　罡	蚂蜂窝旅行网创始人&CEO
4	董长破	赛伯乐投资集团高级合伙人
5	甘　泉	携程旅行网CTO
6	何士祥	达晨创投文化旅游基金副总裁
7	姜　颖	山水盛典联合创始人
8	蒋　涛	戈壁创投合伙人
9	李　彬	北京第二外国语学院酒店管理学院酒店管理系主任
10	李瑞跃	中信文旅产业基金总经理
11	李仲广	中国旅游研究院副院长
12	厉新建	北京第二外国语学院旅游管理学院院长
13	刘　锋	巅峰智业创始人
14	刘汉奇	中国旅游车船协会秘书长
15	龙　杰	神州专车VP
16	栾　杰	趣旅网CEO
17	罗　军	途家网联合创始人兼CEO
18	王京凯	世纪明德CEO
19	吴志祥	同程旅游CEO
20	肖　昇	穷游网创始人兼CEO
21	叶一剑	方塘智库创始人
22	袁　栋	八爪鱼在线创始人及CEO
23	张德欣	中关村智慧旅游创新协会会长
24	张海峰	中华户外网CEO
25	张晓军	唐人智库创始人
26	郑敏庆	台湾亚太智库执行长

第三部分　全域旅游背景下旅游政企关系再思考

一、对全域旅游的认识

全域旅游是国家旅游局根据国内外旅游发展大势、我国旅游业改革创新发展要求所提出的新理念、新思维，全域旅游的工作理念和成果也得到了习近平总书记的认可。在2017年李克强总理的政府工作报告中，也首次把"全域旅游"写进政府工作报告中。国家旅游局局长李金早指出，全域旅游是我国新阶段旅游发展战略的再定位，是一场具有深远意义的变革。由上可见，全域旅游已经得到了中央领导的认可，并且作为一种全新的旅游发展理念而由国家旅游局大力倡导。与国家旅游局早先提出的乡村旅游、海洋旅游、智慧旅游等相比，全域旅游是具有更加战略层面高度的理念、更加全局性思考的思维。笔者认为可以从如下几个方面认识这一背景：

第一，全域旅游是一种以旅游带动经济、社会全面发展的新发展观。由于旅游涉及交通、自然环境、市政环境、住宿、安全、公共服务等多个方面、多个部门的交叉工作，因此旅游具有天然的联动带动作用。特别是在一些具有较好旅游发展条件的县域、地级市域，作用更加突出。从浙江桐乡、武汉黄陂区等全域旅游实践来看，通过党政一把手亲自强化以旅游带动其他方面、促进整体区域内改革发展的实践，已经可以初步看出全域旅游的积极带动作用。

第二，全域旅游是旅游发展的2.0版或3.0版。不是每个地区都可以推进全域旅游。全域旅游是旅游发展中的高级阶段，它对应着旅游基础设施完善、旅游景区景点有特色有影响、旅游管理体制健全等多方面的条件和要素，因此，各地区在学习优秀全域旅游实践时，要首先学习该地区的"前全域旅游"时期的做法，努力把自身的旅游基础打牢才能考虑全域旅游的推进。

第三，全域旅游应该总结科学规律，构建理论体系。当前对全域旅游的发展理念、观念、思路等谈论较多，但对全域旅游发展的模式、规律、体系等方面还缺乏系统的总结。在9月10日的全域旅游推进会上，国家旅游局已经总结了当前全域旅游发展的五个模式。这是值得总结借鉴的，但还需要通过系统化、科学化的方法总结成科学的理论体系，从而为全域旅游的可持续发展提供决策参考。

二、全域旅游是我国旅游业发展的大趋势

在调查和总结我国旅游产业发展变化趋势时，我们发现，旅游产业发展的趋势正好与全域旅游理念不谋而合，体现为旅游产业链条不再是从批发商到零售商这样的单一产业链条，而是正在逐步演化成为，以旅游者自助游、自驾游、出境游等新旅游方式，覆盖了旅游目的地各个要素环节的多元化、网状化的产业链条，这一特征正是全域旅游理念的具体表现。

回顾我国旅游业发展历史，改革开放以来相当长的一段历史时间里，从入境游市场到国内游市场，我国的旅游形式都以团队游和观光游为主要方式。传统旅游企业，包括"国中青"在内的传统旅游批发商，凯撒、凤凰、众信等新兴批发商，以及新兴旅游企业，包括以携程、艺龙、去哪儿、途牛、同程等为代表的OTA等，都是以占有或掌控旅游产业链条或旅游目的地的各种资源为主要竞争优势来源。

不管是占有早期出国旅游指标的配额资源，还是占有某个旅游目的地旅游产品的资源，以及OTA占有的渠道资源，"资源为王"的旅游企业占据主导。然而伴随自助游和出境游等旅游市场大环境的变化，旅游企业从以资源方的争夺，开始向满足游客的需求活动转变，游客需求的转变自然催生了大量旅游创业机会，并且这些机会是如此的"碎片化"，从而使得当前的旅游企业数量和类型也如此丰富。

到了2013年、2014年，在旅游者的"预订"环节之后的"出行"环节出现了更多的旅游企业。这一环节体现了游客前往目的地以及到了目的地进行游玩时有哪些需求，以及有哪些企业来满足这些需求。根据"食住行游购娱"的旅游需求六大要素，结合旅游者采用自助游的方式，我们发现六要素中的每一项单项产品，游客都自主、自助地去解决自己的需求，而不是靠传统的旅行社去打包解决。游客的需求出现了碎片化，由此形成了诸多"微细分市场"。如围绕住宿市场，出现了酒店、公寓、客栈、青年旅舍、民宿等大量新业态；围绕交通市场，除了传统的大巴，又出现了租车、巴士、地铁、共享单车、游轮等一些基于共享经济的新型交通方式。进而在每个细分业态中，都出现了大量旅游创业企业，如针对住宿要素中的微细分市场，出现了途家、小猪短租、自在客、去呼呼管家等企业；针对海外购物市场，出现了小红书、Go购全球购物指南等购物类企业；针对文体娱乐活动这一要素中的微细分市场，出现了42旅、无忌游、周末去哪儿、泡泡海和世纪明德等企业。

由此可见，全域旅游理念与旅游产业发展的新趋势相一致，全域旅游背景下旅游市场中的主体旅游企业的创新创业、成长发展、经营管理已出现了新变化、新需求，急需旅游行政主管部门重新思考旅游政企关系，思考如何转变管理理念、切实推动旅游供给侧改革。

三、旅游政企关系的新思考

笔者曾在与一些旅游主管部门人员交流时听到了这样的声音："酒店、旅行社、导游等的审批与监管越来越不需要旅游局了"；"旅游局是政府部门，不应该对旅游企业指手画脚，所以不用去管了"；"全域旅游下旅游企业的类型、做法更多了，不知道怎么去管"。在这些声音背后，是许多地方旅游行政主管部门一方面对当今旅游企业的创新创业发展还认识不足、了解不够，认为只是在北京、上海、深圳等大城市中的旅游企业有这样的主体地位，在那些旅游业尚不成熟的地方，还是要靠政府主导；另一方面对如何引导和服务旅游企业的发展仍然找不到很好的对策。然而，我们的学术研究表明，只有旅游市场主体发育成熟并健康发展，旅游业的改革创新才会有坚实的基础，旅游业才会健康持续发展。政府主导可以解一时之渴，但如果不能切实与旅游企业建立良好的关系，不能培育更多旅游企业的发展，则在发展后劲上会有不足。

从我国旅游业发展历史来看，在近40年的发展历程中，特别是近年来大众旅游的蓬勃发展下的全域旅游大幕的拉开，以及近年来大众创业、万众创新在旅游领域的活跃，在可预见的未来，旅游业将会在游客旅游行为、旅游需求发生从质变到量变的基础上产生"突变式"的变化。而旅游业、旅游市场的主体——旅游企业必将会成为旅游主管部门之外又一支促进旅游业全面改革创新的战略性主导力量。因此，如何引导和服务旅游企业的发展，使之真正成为旅游市场中的主体，成为旅游主管部门在新时期需要思考的重要问题。

具体来看，有如下几种做法供借鉴参考：

第一，充分尊重旅游企业的市场主体地位。旅游市场的资源配置本质上要依靠旅游企业的落地与执行，因此充分尊重旅游企业市场主体地位就要切实推动政府的简政放权、放管结合，在旅游企业投资、特许经营权审批、运营管理监管等方面规范政府"看不见的手"，从而以供给侧结构性改革提高供给体系的质量和效率，进一步激发市场活力。

第二，充分释放旅游企业创新创业、共享经济潜在的巨大动能。从国内外经验来看，旅游业是最适合创新创业的产业之一，旅游中小企业众多、旅游业态众多、旅游业进入的门槛较低、旅游需求多样且持久，因此具有创业创新属性的中小旅游企业是旅游业收入的重要组成部分。进一步调动各地区，特别是中西部地区旅游企业的创业创新，引导东部地区优秀旅游企业进入中西部市场创业等，可以在旅游业增量发展上起到重要的作用。各地区可以因地制宜，依靠互联网的优势效应，打造众创、众包、众扶、众筹平台，构建中小企业、高校、科研机构、创客多方协同的新型旅游企业创业创新机制。培育创业服务业，引进天使、创业、产业等投资。另外，要大力支持旅游分享经济发展，在住宿、导游、交通、餐饮、购物等方面，鼓励和规范企业探索这些领域的资源共享模式，提高资源利用效率，让更多人、特别是广大乡村地区居民参与进来、富裕起来。

第三，建立良好的商业生态环境与制度环境。旅游企业的良好发展需要有良好的外部环境，包括以健康的市场经济为基础的商业生态环境，以及以各类相关法律法规为基础的制度环境、规则环境，这其中，旅游行政主管部门要做好"裁判员"，依靠法律法规进行裁决。特别是在全域旅游背景下，更应该在法治基础上，构建全新的旅游政企治理环境。

第四，构筑基于互联网思维、共享经济思维的旅游企业服务平台。旅游政府部门也应当与时俱进，深入了解和把握互联网思维和共享经济思维，转变传统的"管理"和"管制"思维为"服务"思维和"平台"思维。政府可以与电商企业深入合作，依托官网、App或微信公众号建立旅游企业服务平台，该平台包括为游客和为旅游企业提供的信息平台、各种审批和其他内容的服务平台、旅游资源整合平台以及服务质量监控平台。其中，服务质量监控平台可以设定旅游企业准入、奖惩与退出机制的规则，可以建立旅游企业与旅游者的诚信档案数据库，可以建立游客与旅游企业间的互动点评机制，可以发布旅游行业运行指数和旅游企业排行榜，可以构建该平台的盈利模式与利益分配机制。

第五，助力旅游企业发出"好声音"，积极推介、引进优秀旅游企业。在政府组织的各类与旅游经济、旅游市场、旅游营销相关的活动中，应扩大旅游市场主体的声音，引导和鼓励广大旅游企业参与进来，并积极向客源地市场宣传与推介本地区的优秀旅游企业及其产品和服务，以及引进优秀旅游企业进入本地区为当地旅游市场服务。总之，要退到幕后，做好"媒人"和"中介"的角色，让真正的旅游市场主体——旅游企业通过商业运营实现旅游市场经济的良好运行。

第六，建立旅游企业人才发展战略规划与人才培训长效机制。人才问题是制约当前全域旅游实现、旅游企业发展的关键性问题，旅游人才素质的提高关系到旅游业可持续发展。因此，建议各地旅游委（局）及各级各类旅游协会等机构，从旅游业发展的战略高度制定旅游业人才发展规划，对宏观层面的人才供求状况、就业水平、整体满意度以及微观层面的人才职业素质、创新创业能力等方面，有全面和深入的把握。并从旅游业人才培训工作入手，建立旅游人才素质提升长效机制。

第七，引导与鼓励旅游企业努力承担社会责任。对于一些大中型旅游企业，旅游政府部门还应当多宣传奖励，建立"讲诚信、有担当"的旅游企业荣誉榜，对承担社会责任较多和影响较大的旅游企业应积极引导和参与到政府相关决策制定过程中，培育更多有情怀、有担当的红色企业和红色企业家。

第八，向旅游企业中的企业家和员工交朋友、多学习。旅游企业中企业家、职业经理人和爱岗敬业的员工是旅游市场主体发育进程中最为关键的因素。他们普遍具有更敏锐的一线市场机会捕捉能力、更超前的商业思维和更落地的市场操作方式。因此，旅游行政主管部门应当通过走访调研、参加行业会议、举行座谈会等多种形式了解这些旅游企业的运行规律和前沿做法，也可以和这些旅游企业的企业家、创业者、员工多交流、交朋友，倾听他们的呼声，同时切实真心向他们学习，了解市场最前沿的动态。

总之，伴随外部环境的巨大变化，旅游业将迎来一次具有历史意义的改革创新机遇，而"全域旅游"的提出则拉开了这场改革大戏的大幕，吹响了各地区以旅游促改革、谋发展的集结号。在这场改革的大潮中，作为旅游市场主体的旅游企业以及作为旅游市场的裁判员和服务人员的旅游行政主管部门，将是两股重要力量在持续推动着旅游业改革发展进程。这其中，从战略高度构建新型旅游"政企关系"是关键所在，旅游行政主管部门要转变管理、管制的传统思路，在"平台、共享、互惠、协同"等新理念的指引下，引导和服务旅游企业发展，与旅游企业一起共同推动我国旅游业的改革创新伟大实践。

（本部分执笔：李彬）

第四部分　中国旅游企业创业案例分析

本部分是在中关村智慧旅游创新协会会长张德欣、副会长温婧的大力支持下完成的。调研团队在北京实地调研了25家旅游创业企业。在每家企业对1~2名创始人进行了访谈，每人访谈1小时左右。访谈的提纲如下：

- ✓ 企业的整个创业经历大致可分为几个阶段？每个阶段有哪些重要事件，特征是什么？
- ✓ 创业团队的成员组成、成员各自背景、分工？创业团队到目前发生哪些变化？
- ✓ 对于从大企业离职来创立团队的创业者来说，之前所就职的企业和工作对当前创业有何作用？
- ✓ 创业之初是如何认识旅游企业所处的大环境的？旅游行业与其他行业有哪些不同？
- ✓ 如何发现与识别出机会的？
- ✓ 发现机会后如何抓住该机会的？
- ✓ 新产品开发过程是怎样的？
- ✓ 如何利用资源来解决企业资源不足的问题？
- ✓ 企业最初创业资金大约多少？资金来源？之后有哪些融资？资金来源？
- ✓ 如何评价产品和商业模式的盈利情况与未来前景？
- ✓ 如何看待创业过程中、旅游行业中的风险？
- ✓ 企业的核心资源与核心能力是什么？
- ✓ 企业成长中的运营管理是如何开展的？包括组织架构、管理规范与规章制度、人力资源管理、市场营销等。
- ✓ 未来企业创业的目标是什么？遇到的最大的困难与阻碍是什么？
- ✓ 如果创业3~5年后还没有达到你的预期目标，是坚持还是放弃？为什么？

一、爱飞行——开着飞机去旅行

爱飞行投资管理（上海）有限公司是中国最大的境外自驾飞机及空中游览项目服务商，境外自驾飞机第一品牌。爱飞行致力于打造航空+旅游+移动互联网O2O服务平台，为客户提供可定制的全球私人飞行服务。

爱飞行目前已开通泰国、新西兰、澳大利亚、日本、印尼自驾飞机业务，即将开通美国、加拿大、瑞士、法国、德国、英国、意大利、希腊等10多个国家的自驾飞机及空中游览服务。公司的口号是"爱飞行，开着飞机去旅行"。

爱飞行投资管理（上海）有限公司成立于2014年，注册于中国上海自由贸易试验区。由来自于航空产业、IT业和投资界的5位创始人投资设立。目前旗下已经成立爱飞行国际航空公司（萨摩亚）、爱飞行旅行服务有限公司（泰国）、爱飞行航空俱乐部（香港）。爱飞行通用航空公司（上海）正在筹备中。爱飞行同时拥有140余名民航和通航机长，在全国范围内拥有40余家代理商，并且在泰国、新西兰、国内拥有20余家战略合作伙伴。

爱飞行专注于通用航空领域，围绕中高端私人客户打造全方位的私人飞行相关产品和服务，以专业专注、极致客户体验为产品和服务诉求点，力争成为业界最有竞争力的通用航空综合性服务商，私人飞行服务首选品牌。

爱飞行目前已在国内独家推出"海、陆、空私人定制境外自驾飞行主题游"产品，获得广泛好评。

2014年11月22日，中国航空器拥有者及驾驶员协会（中国AOPA）秘书长张峰为爱飞行俱乐部授牌，爱飞行俱乐部正式成为AOPA全国首批8个会员活动中心之一。

2015年6月18日，在首届中国通用航空创业大赛上，爱飞行荣获了该大赛的创业之星一等奖和唯一媒体关注奖，双冠加冕展现了航空与旅游跨界中的王者风范。

2015年7月12日，中国试飞院中飞通用航空公司旗下中飞航空俱乐部与爱飞行俱乐部签订了全面战略合作协议，该协议由中飞通用航空公司副总经理兼中飞航空俱乐部总经理徐兵与爱飞行俱乐部董事赵晓东共同签订，约定以优势互补的方式，充分利用中飞俱乐部在通用航空领域的品牌优势、技术优势及资源优势，借助爱飞行俱乐部O2O线上营销优势，盛大开启西北地区全民飞行体验新模式，共同实现："中飞，让中国人飞起来"的伟大梦想，让飞行触手可及。

（本部分执笔：邓素葭）

二、发现旅行——有私人管家的自由行

（一）企业介绍

成立于2013年的发现旅行，是一个提供全程省心的一体化自由行服务，专注制定有主题有深度的行程，致力于提供最佳出境旅行体验的公司。在上线大半年后就获得顺为基金的A轮投资，并于2016年1月完成千万美元的B轮投资。三年多的时间，公司人员规模由最初的十几人发展到现在的一百多人，仅2016年产品就由8个目的地、10个产品线扩充到19个目的地、18个产品线。他们始终秉持着官网中"不飞廉航，不住快捷，不搜攻略，不去拼命"的精神，为年轻人提供省心、高品质的国外旅行。

（二）机会识别

不管是旅游行业还是其他行业，中国市场一个最大的特点就是任意一个细分市场都是足够大的。因此旅游企业只要关注一个小而窄的群体，满足其全景需要就能找到自己发展的机会。发现旅行正是抓住了这一特点，将自己的目标群体锁定在了追求高品质的旅行但苦于旅行资金不足的年轻人（尤其是女性）身上，为他们提供高性价比的产品和服务成为发现旅行的初衷。

2014年，发现旅行CEO王振华拿着一份满是数据的PPT从雷军那里拿到投资，靠网站和微信的传播和口碑传播，到2015年保持月营销额30%的增长率，发现旅行正在旅游行业实践着小米模式的营销模式，低价爆款的模式与小米模式相类似，产品数量少但个个是爆款，并且采取抢购的模式。

在2016年举办粉丝见面会现场，发现旅行宣布全面升级。将管家服务从固定环节上升至全面服务，品牌Slogan也由"专注出境自由行"变为"发现旅行，有当地管家的自由行"。发现旅行让每一位用户拥有自己的私人管家成为可能，私人管家成为用户旅行体验的有力保证。同时，发现旅行已经建立了12个海外目的地分公司、办事处，将用户的旅行体验再次升级，专注提供极致服务。

继推出不同产品、升级服务之后，发现旅行又推出名为"发小卡"的粉丝专属卡。拥有"发小卡"的粉丝不仅享有购买商品的优惠券，而且可以得到当地管家的

倾力帮助。这也正是发现旅行强化用户运营的有力举措，据了解，发现旅行新用户中的80%都是来自亲戚、朋友推荐，可见发现旅行的用户运营做得非常突出。

2016年，发现旅行做出的另一改变是将自己的目标群体确定到20~30岁的年轻女性身上，与唯品会达成战略合作伙伴关系。在过去的发展过程中，发现旅行发现自己的粉丝中七成左右是年轻女性，他们发现这一商机。而唯品会在年轻女性消费市场的知名度较高，唯品会推出的旅行频道正和他们"小而精"的产品风格不谋而合，这正是发现旅行所看重的，两者形成合力，深耕年轻女性旅行消费市场。

（三）商业模式

发现旅行能在短短几年内发展到如此规模，跟他们独特的商业模式是分不开的。在如今旅游行业"乱象丛生"的大背景下，发现旅行能够另辟蹊径，闯出自己的一片天地，也为旅游行业注入一股新鲜血液。

1. 营销模式类似"小米"，以抢购的方式制造卖点，划地圈粉

发现旅行推出过这样的产品：广州出发去往暹粒4晚5日的自由行，售价1999元，只在周三15点到周日22点期间开放预订，售完为止。这一模式正与雷军的小米营销模式相似，王振华曾说过："之所以获得投资，有一部分原因是发现旅行跟小米的模式很匹配，不只是在前端销售，而是直接参与到后端的产业链上，两者的理念吻合。"值得一提的是，发现旅行开通了×码购买通道，只开放给已经使用过产品的用户，主要针对人气较高的线路，因为库存有限、供不应求，通过这种方式限定购买，为保证品质和服务，低价格、高品质两个因素共同构成了发现旅行产品的核心竞争力，即高性价比。

2. 扎根于线下，深耕产品流程

不同于携程、途牛等在线旅游网站对外号称有50万条线路，100万个产品，在2016年初发现旅行只有8个目的地，10个产品。每个目的地都经过严格考察，产品经过精心挑选，保质保量才会上线。发现旅行的产品在小而精的基础上同时向深处挖，推出省心版自由行产品，即在机加酒纯自由行的基础上，在同一目的地挖掘不同的产品，推出不同的爆款和尊享款。"7×24小时的管家服务"随时在目的地守候，为游客随时解决问题。每一个目的地都有一名专家，对目的地的各个流程和方面都有深入的了解，并会负责目的地的宣传、临时事件处理等。管家部的员工对各个目的地和产品都有全面的了解，可以解决游客的任何方面的问题。发现旅行的聚焦点是顾客的旅行体验，而不是仅仅把自己当作一个销售平台。

3. 优化人才招聘机制，建设向心力强的团队

发现旅行中70%的员工都可以双语交流，这对境外业务的开展有着极大的优势。发现旅行中的员工大多数都是年轻人，他们不仅有才华而且热情奋进，会为看得见的目标而努力奋进。王振华在访谈中说："我非常高兴的是，公司建立了一个强有力的团队，大家发自内心去做，不是因为有人去看着，而是发自内心地追求公司的价值观，这一点我觉得非常重要。"这使得发现旅行创造了自身独特的企业文化，为年轻人提供一次有品质的国外旅行是公司的使命，员工会为这一使命而努力，从而形成强有力的团队。

4. 用户黏性高，关系链向线下延伸

王振华提到，曾有客户订购发现旅行的产品6次，体验了6个不同的目的地，当时发现旅行目的地总共只有8个，像是上瘾了一样。发现旅行在广州召开粉丝见面会，现场气氛热闹异常，粉丝都很乐于分享自己的旅行见闻和经验。发现旅行还成立了铁杆粉丝群，最初的营销就是靠老顾客的口碑营销。口碑积攒到了一定程度就爆发了，才有了现在发现旅行的粉丝规模。同时，这些粉丝很容易受到公司氛围的感染，从而成为公司的员工。他们在成为公司的一分子时，会因为喜爱而努力工作。这对公司来说，不仅吸引了员工，而且建立了一种独特的企业文化。

（四）创业团队

发现旅行由王振华、阮红政联合创始成立，王振华在互联网行业从业多年，有着丰富的研发运营产品经验，阮红政则在旅游行业中从业多年，对旅游行业有着深刻的认识和见解。目前公司拥有管家部、旅游产品部、技术部三大部门。管家部负责顾客全部行程出现的所有事务，包括行前的顾客咨询、行中的发放小册子、目的地出现的紧急状况等，以及行后的反馈、回访等。旅游产品部主要负责产品的设计研发销售、客户预订等。技术部则负责网站修护和微信公众号维护等。

王振华提到，发现旅行之所以能够发展迅速，在服务方面重视和舍得投入，都得益于公司强有力的团队。公司内部的团结互助、提倡创新、自由开放的氛围以及公司结构扁平化，奖励与绩效相结合的方式等都帮助公司造就了强有力的团队。

（五）未来发展预期

"我的座右铭是站在未来看现在。我们想要打造极致的用户体验，那现在看来服务还是不足，不够超预期。"王振华对现状并不满意，可以推测未来发现旅行在极致服务方面会有更大的进展。发现旅行目前做到的是明确告诉顾客他们住的酒店，之后他们想更进一步在接机时就让顾客拿到房卡。正如左驭资本创始人胡伟东

所说："发现旅行是为数不多的能够将卓越的产品研发能力和精益化的服务理念完美结合的旅游互联网企业，相信在未来的出境游市场中，发现旅行将大放异彩。"

旅游企业中"机+酒"已是一片红海，发现旅行能从红海中突围出来，这足以说明发现旅行还是立足于旅游行业的本质——为顾客提供高品质的旅行体验。当然，发现旅行也有缺陷，想要在极致产品和服务与成本控制两者间取得平衡，这注定是一个艰难的过程。发现旅行追求"小而精"的产品，而每一个目的地的特点、基础条件都存在差异，产品的运营模式就不能全盘复制，这必然会拖慢企业的发展速度。但王振华表示，这也正是发现旅行独特的商业模式。产品少，上新慢，体现着企业的用心程度，这与他们要打造极致服务的精神是契合的。或许正是凭借这一点，发现旅行才能成为众多投身在线旅行网站中脱颖而出的企业，未来发现旅行必定凭借其极致服务和运作模式成为行业中的颠覆者。

（六）经验总结

纵观发现旅行的发展过程，不难发现，发现旅行从一开始就将自己定位为行业的颠覆者。他们开创了旅游行业的"小米模式"的新运营模式，靠精装产品和极致服务赢得回头客和粉丝效应，尤其是当地管家的全面升级和发小卡的推出。发现旅行不只是一个销售平台，他们靠品质产品、精致服务、用心运营在旅游行业中终于走出了属于自己的一条道路来！

（本部分执笔：陈阳）

三、光影旅行——先经营顾客再经营产品

(一)企业简介

2015年11月,因与资方在经营理念上存在分歧,蒋理离开自己一手打造并运营了近三年的摄影旅游网站无忌游,决定独立创业,原有团队的部分骨干成员也随之出走(采用自环球旅讯http://www.traveldaily.cn/article/99545)。一个月后,名为"光影旅行网"的微信公众号(微信号:gylx2015)推送出了第一篇文章,公众号功能介绍称:"领先的摄影旅游综合服务机构,让所有的摄影爱好者可以免费学摄影,随时问大师,轻松去采风。"光影旅行网的主要业务为摄影旅游。该公众号的内容目前分为三个板块:光影课堂,包括本周课程表、往期微课笔记、摄影基础课、光影导师、千聊直播间;光影秘境,包括行摄之路、影友作品、采风花絮、欢迎投稿;光影旅行,包括摄影团、手机福利、合作/上课/线路。该公众号几乎能做到每天一个推送链接,推送文阅读量上千,涉及的内容有拍摄技巧、微课程链接、用照片重新解读某些地方等。据悉,该公众号的粉丝量已达到42 000人左右。

(二)机会识别

光影旅行网认识到并抓住了中国人口基数大,摄影爱好者数量庞大这一机会来开展摄影旅游业务。中国庞大的摄影爱好者群体在世界上是独一份的,国外没有如此庞大数量的摄影爱好者。蒋理表示,光影旅行网曾做过简单的估算,按照中国的单反、偏专业的摄影机和相机的保有量,中国大概有6000万的单反的保有量,除去个人可能同时拥有几台的因素,也排除不在统计范围内的水货,两者相抵,6000万这个数据基本可靠。因为这部分人购买了较专业的摄影器材,所以可以将其认定为摄影爱好者,换一种说法即为他可发展为光影旅行网的会员。

除了中国摄影旅游市场规模庞大,对摄影人群有着深入的了解,对旅游的资源和操作有着不错的掌握,且拥有前几年积累的较好的摄影圈内资源,这些对资源、对跨界人才、对深度服务的要求,都是光影旅行网对抗行业巨头的真正核心竞争力。

光影所拥有的产品资源和用户资源、摄影师的领队资源是这个细分市场最好的。光影目前拥有分布于全世界各地超过2000名的资深摄影师资源,常用的领队有

50多个。且光影的初步产品由当地的摄影师来设计，领队由当地的摄影师担当。光影提供的这种服务满足了摄影爱好者跟摄影大师接触的用户需求，是能真正满足摄影爱好者需求的基础。

（三）商业策略

光影旅行网的经营策略是"少而精"，旨在以优秀的服务培养口碑。摄影旅游细分市场最终拼的是服务，而摄影圈内存在口碑效应，所以光影的经营策略是宁可做得慢一些、少一些，也要把服务和口碑做好，把基础打牢。光影旅行网创始人兼CEO蒋理表示，摄影旅游是非常典型的社群经济，有极高的用户黏度，是服务于因摄影这一兴趣而聚集起来的旅游消费人群，他们的旅游消费目的非常明确，即出去摄影创作、收获好的摄影作品。因此摄影旅游首先要运营的是摄影爱好者这一人群，并在此基础上运营摄影旅游产品。将摄影爱好者运营好了，通过口碑效应自然能带动摄影旅游产品的运营。为了运营摄影爱好者这一人群，光影旅行网选择了从高频次的摄影教育和摄影交流为入口，来进行有针对性的会员聚集，比如频次很高的微课程等栏目。在此基础上，再推出非常有特色的、服务到位的摄影游产品，如"跟着阮义忠重返亚美尼亚""捷克深度人体摄影团""新西兰最美秋色摄影团""极致印度小西藏摄影团""纳米比亚魔鬼城专业摄影团"等。

光影旅行网初期的策略是不断地利用用户的碎片时间，通过高质量的内容和资源吸引并黏住用户（采用自环球旅讯http://www.traveldaily.cn/article/99545），并通过有针对性地细化服务、增加服务，打通服务链条，从旅行前的摄影学习，旅行中的摄影采风到旅行后的摄影后期、摄影比赛，为摄影爱好者提供巨大的附加值，打造一条贯通整个摄影旅游行业的市场需求的服务链，再通过差异化的产品与同行竞争，依靠强大的摄影资源和产品设计能力，推出完全不同的超出一般摄影旅游的产品，输出受到市场认可的产品和服务规则，真正成为市场的游戏规则制定者。

光影旅行网基本上是只销售2016年3月之后的产品，之前的时间主要是在做内容和品牌转化的铺垫，打磨产品。蒋理表示，希望更重视口碑和服务，光影更倾向于把每一个团的口碑和服务做好，并希望有越来越多的纯独家的线路出来。所以2016年光影的出境产品，基本上是光影重新打造、重新开发的。

光影旅行网的产品分为三大主题：极致风光、璀璨人文、狂野动物。这三大类产品都有独家的东西，可以满足不同拍摄爱好、对题材有不同要求的摄影爱好者的需求。光影已经推出的产品"跟着阮义忠重返亚美尼亚""捷克深度人体摄影团""新西兰最美秋色摄影团""极致印度小西藏摄影团""纳米比亚魔鬼城专业摄影团"等，都是全国范围内独家的产品。线上，光影通过联动多个微信群推出"微课程"，让摄影名家与粉丝们即时互动。线下方面，光影在苏州举办每周一次免费的摄影名家讲座。另外，光影团队每隔两周会组织一次外拍活动。

在做摄影旅游时，光影与其他团队是有差别的。就产品开发来讲，它不是随便跑景点，其行程安排上是很讲究的，摄影师领队会根据光线的变化来选择摄影的时间和地点，专业化较强。首先光影的工作人员找到目的地当地的摄影师或者摄影家，由双方一起开发出完整的产品。摄影师解决的问题是在准确的时间将顾客带到准确的地点，保证更好的出片率，形成初级方案；光影的工作人员则要把摄影师设计的初级方案变成一个真正可执行的方案；当地旅行社解决的是订房、订车的问题。在对于摄影师服务质量的控制上，光影也采取了相应的措施。"在出团之前我们跟摄影师签订了协议，明确规定摄影师在旅行中承担的责任、义务和我们给他的报酬，而报酬是在旅行结束后、团友评价体系结束之后，我们才对他付费。"同时，蒋理透露，每一个摄影团成团以后，光影都会建立一个微信群，把光影的领队、团友、摄影师、资源供给方和其他相关的人同时拉进群，每天抽查一或两个团友来做反馈调查，争取把出现的问题消灭在萌芽状态。另外，蒋理根据以往的工作经历得出反省，一定要严厉杜绝拼团的现象（环球旅讯http://www.traveldaily.cn/article/99545）。光影对目的地接待资源的要求也有独特性。蒋理会根据三个方面挑选当地接待的合作伙伴。一方面是这个旅行社或者该部门的负责人是否对摄影有兴趣，是否拍过东西；另一方面是他是否有接待摄影团的经验；第三方面是蒋理一般不会选择很大的旅行社。且在选择旅行社时，光影更倾向于外国人而非华人的旅行社，虽然沟通难度会略高，但是外国人契约精神方面会更好些，事情会做得更仔细些。光影现在有意识地培养一些目的地当地的有干劲的小型旅行社。

（四）创业团队

蒋理，2011年进入色影无忌，在北京运营无忌游后将其搬到苏州。在与无忌老板经营理念无法达成一致的情况下，蒋理辞职并创办了光影旅行网。

线上，光影通过微信公众号来做直客。后来嫁接进来一个网站，通过内容和服务来实现与摄影爱好者的连接。同时，光影也有一个小的线下队伍，主要做线下渠道的开拓，比如摄影网站、摄影培训机构，包括各个地方草根摄影爱好者的组织，最后实现线上线下的互动交流。

销售部的三个人专门负责渠道，主要是销售渠道的开拓。现在主要的渠道，包括各地的摄影协会、摄影网站和摄影培训机构这三大块。操作部门负责产品的设计,以及最后的执行,就像传统旅行社的计调一样。运营部门主要负责运营网站上的公众号,生产对摄影爱好者有吸引力的内容,包括光影设计的与摄影师交流的(网上的微课堂)这种栏目,也为顾客提供作品的出入和提升问题(光影会提供给参团人员投稿或参赛的机会,增加客户黏度,是一种增值服务)。每周五下午,光影有内部的专业培训,请内部对摄影比较熟的人给员工讲摄影,做大师作品的赏析和做摄影基础课程的讲解。蒋理要求员工,即使实际操作上未必拍得好,但是理论一定要懂,这样在跟客户沟通时才不会有落差。

(五)未来发展预期

对蒋理的团队而言,渠道运营能力仍是他们需要提升的一个方面,如何取得渠道商的信任,运营好渠道资源,考验着品牌未来的业务发展。另外,规模化也是这个创业团队未来必须面对的挑战。对此,蒋理表示团队将尽可能把操作流程标准化处理,以提高效率。同时,其公司的远期目标是全国各地设立分站,以活跃客源,并直接在当地采购资源[①]。

蒋理认为摄影旅游这个市场会越来越大,因为它没有器材上的限制,手机也可以用来摄影,所以将来手机摄影可能会大范围涉猎。

在蒋理的规划中,其实产品是分了三类的,但是现在还未能做到,是将来努力的方向。最底层的产品叫跟着摄影师去旅行。第一这是一个偏旅行的产品,让客户跟着摄影师的视角,去发现这个世界的美。第二是摄影师由于摄影这个门类本身的要求,要求顾客去展现一个地方最美的一面。第三是时间选择,在最好的时间点,带你去最对的位置。此外,光影规划在广州、深圳、华东、北京这几个比较重要的客源地,陆续建立一些分支机构,以合作的形式或自建的形式,以后还可以接受并购或者至少可以冲击新三板。

(本部分执笔:王静)

---

① 自环球旅讯 http://www.traveldaily.cn/article/99545。

四、海玩网——换个角度看世界

近年来，国内出境游发展迅猛，成为旅游O2O大潮中的风口，吸引了众多创业者的目光。然而随着人们生活水平的提高，国内一些游客开始注重旅游的体验和质量，不少业界人士认为，出境游大热后，会给在线旅游细分领域"高端个性化定制游"带来机遇。

（一）企业简介

海玩网成立于2013年1月，创始人为孙润华，于2014年4月正式上线，是一家主打海外目的地的旅游活动和线路预订平台，专注于为旅行者打造境外目的地深度体验，隶属于北京洋景科技有限公司。海玩网把目标客户定位为有经验、体验需要升级的海外旅游玩家，并致力于通过在网上找到产品购买下单，然后再把用户交给目的地的运营商。为了确保最低价，海玩网采取去目的地直接采购的方式，去除中间所有环节，减少成本。海玩网立志要成为目的地产品领域里的京东。

（二）机会识别

近年来，随着中国在线旅游的快速发展，休闲度假游逐渐火爆，国内游客的旅游体验逐渐呈现个性化，而不是仅仅局限于去国外长见识、看风景。区别于在线旅游领域内几家同行创业企业，海玩网聚焦在帮助中国人到了海外之后如何享受当地优质的吃、喝、玩、乐服务，而并不销售传统意义上的机票、酒店和旅行团产品。

如何在国内整合远端海外庞大的资源市场，是每一个想吃"蛋糕"的人无法躲避的问题。这个工作较为庞杂：首先，目的地资源散，散落在世界各地，每个目的地还涉及吃、喝、玩、乐、购等多个要素，在线旅游公司需要一个规模化的团队到世界各地采购，真正融入当地的资源端，而不仅是华人地接社；其次，跟国外资源方打交道，中国人并不占优势，这也是在线旅游必须正视的短板。

海玩网从创立开始就不断得到资本的垂青，相继获得源码资本、红杉资本等巨额投资。海玩网的采购部中外混搭，如今已超过60人，这样的人员配置和数量已经远远优于传统旅行社。海玩网的旅行产品专家们足迹遍布全球40多个国家，亲身探访当地各类特色活动，并直接和当地资源提供方签约合作，致力于为中国旅行者提供合理的价格以及当地地道的特色体验，所以海玩网更加了解目标客户的根本需求。

目前海玩网销售的产品主要是全球热门旅游目的地项目,包括门票、玩乐、美食、购物、交通、境外参团等。另外还有很多个性化产品,不管你是想到伦敦的华尔道夫享受个下午茶,还是到米其林餐厅大厨的家里跟他一起烧菜,甚至哪一天你在旅行路上萌生的任何突发奇想等,只要你想得到的,海玩网就一定能够找得到,并用最安全、快捷的方式呈现在中国消费者面前。

(三)创业团队

海玩网CEO孙润华原来是12580商旅公司的总经理,负责旅游、机票、酒店预订。合伙人COO龚届乐之前是拉手网的副总裁,专门负责旅游。两个大玩咖以前在业务上有很多的交集,并且相互之间建立了非常好的信任。CEO孙润华认为信任的基础是各自有绝活,并且这个绝活对这个创业非常重要,让对方依赖。比如说CEO孙润华本身是技术出身,有很好的工程背景和大团队运营管理的经验,而合伙人龚届乐天生是一个销售,两人一个有线上的经验,一个有线下的经验,彼此有很好的互补。

海玩的早期员工主要是靠朋友介绍。CEO孙润华和COO龚届乐以前都带过成千人的队伍,所以有天然的下属和很多同事朋友,他们来给海玩网介绍一些人。朋友的介绍会省去很多沟通和信任的成本。当逐渐有了三四个员工之后,海玩网才开始慢慢地从一些招聘的渠道招聘成员。

当一个创业公司的员工只有十几个人的时候,这个公司就孕育着无限的未来,如果创始人有足够的说服力,是有很多人会憧憬这种未来的。创业公司最重要的是找到一群愿意冒险的人,这些冒险的人看到你的公司非常小反倒是一种非常兴奋的事情。如果他认为这个事情有未来,就更愿意到这个小的公司里面去成为早期员工,将来获得更大的利益。

孙润华认为,前十几名的员工,对于一个公司未来的基因非常重要。海玩是一家做海外目的地吃喝玩乐的公司,天然就需要到世界各地去做生意,如果海玩网公司的员工都是中国人,这个生意是非常难做的。海玩网的第一个员工是中国人,第二个员工是法国人,第三个员工是丹麦人,所以海玩网一开始就形成了多元的文化,为海玩网后来逐渐进来的人适应各个国家的人混搭在一起工作、形成一种跨国的多元文化的基因起到了非常大的作用。

海玩是非常幸运的。当公司不大的时候海玩的管理团队就有来自康奈尔的、MIT的、斯坦福的部门核心带头人。这些核心员工再去招更多员工的时候就有非常高的眼光和非常宽的眼界，使企业后来的员工素质不断保持一个高水平。

孙润华总结了一个4S原则：Smart，Simple，Sunny，Sexy。Smart和Simple是说这个人要足够的聪明，如果他不够聪明就会想很多不Simple的事情，不聪明就没办法用业绩证明自己。简单是海玩网非常推崇的文化，创业公司人少、钱少、资源少，沟通如果过于复杂，对于成本非常不利。而且创业公司节奏太快，如果每说一件事或者做一件事都要思前想后，对于快速往前做项目、推进业务非常不利。Sunny是指一些员工非常能干，但是要克服他的负面情绪非常大的毛病。一个人的负面情绪会带动别人的负面情绪，甚至会产生群体的效益。Sexy的解释是有趣。

（四）商业模式

海玩网想面向出境自由行人群，提供目的地的"活动""门票"以及"线路"三种旅行产品的预订，覆盖全球比较热门的旅游城市。除了当地产品的预订以外，海玩还提供"出境机 + 酒套餐"的"闪购"，打造"出境自由行特卖会"的体验。

从商业模式上来说，海玩的价值在于"直销"模式——通过前往当地直接找到当地的资源方，比如旅游产品供应商或者DMC（目的地管理公司），直接在当地采购产品，从而避免供应链条中间方的层层加价，让最源头的供应方和最终端的用户都能得到更大的利益。

海玩网希望在一个横面上做全——横向覆盖全球所有热门景点的活动，据海玩网创始人孙润华说，这么做部分原因是出境游的客人获取成本很高（用SEM方式获取用户，每个用户成本要一千至两千元），而国人出境游的频次还不是很高（每年1~2次），所以希望通过覆盖不同目的地产品来使一个用户可以发生多次消费。

此前，供应商被限制在一个很厚的产业链尾端，他们的利润空间受到压榨，而且得不到一手的客户反馈。海玩网把消费者引至供应商面前，直接反馈市场问题给供应商。互联网的快速迭代、快速更新和改进能够有效地帮助供应商更新产品，改进服务。同时，也帮助供应商赢得更多的市场，获得更多收益。毫无疑问，未来供应方会越来越专注于服务精深化和品牌价值化，在这个过程中，海玩网是在帮助多方实现共赢。

（五）未来发展预期

海玩所在的市场容量是巨大的。现阶段，中国的旅游产业中，酒店和机票都经过了去中介化的过程，而目的地资源还基本被旅行社掌控，OTA的销量尚不足1%。但有数据显示，2014年1个亿的出境人次中只有超过三成是跟团游，特别是一线城市的自由行刚需正在释放。未来几年，目的地去中介化的演变速度一定会越来越快。目前这个行业还处于早期阶段，出境的票务和活动还没有很好的提供商可以整合出来给用户，所以大家开始涌向这最后一块蛋糕。但正如当初携程和艺龙早期扫酒店的阶段一样，现在很多国外的小型供应商甚至还没有办法通过系统和他们直连，还需要海玩为他们提供类似 CRM 的管理工具，所以一两年内这个行业都还远谈不上走到竞争阶段，可能有数千亿甚至上万亿规模的市场，必须有一批创业者加入其中，才可能让整个市场兴盛起来。

然而，海玩面对的市场竞争也是存在较大压力的，海玩要想和目的地的供应商竞争者们进行"资源抢夺"，就要投入大量的、分散的，甚至是很"重"的资源，也就会无形中给海玩套上枷锁。一旦陷入这样的竞争泥潭，后续的融资才是救命稻草，然而在当下寒意的资本世界，海玩如何应对这一困境？

（本部分执笔：高颖）

五、喊你玩——垂直民宿预订平台

（一）企业简介

"喊你玩"是一家新兴旅游服务平台，隶属北京天下旅行科技有限公司，2013年由刘腾飞创建。该平台专注为中国游客提供高性价比的境外特色住宿以及在当地的吃喝玩乐服务，它通过一站式解决方案，让去国外的中国游客轻松变身旅游达人，花更少的钱，享有当地最具特色的住宿，以最便捷的预订方式获得更多更好的旅游体验。目前平台主要提供涉韩涉日旅游服务。

"喊你玩"的宗旨是把"全世界最好玩的住宿给你"。平台融入了年轻人最喜欢的社交属性，且以"用心做好的旅行"作为使命和对自己最基本的要求。团队用心挖掘当地特色住宿产品，制订务实有趣的旅行计划，提供完善可靠的后援保障，力求向每一个旅行者展现原汁原味的当地生活。目前平台提供韩国的韩屋、民宿、青年旅社、度假村、温泉旅馆、榻榻米等住宿预订，产品均由公司的韩国团队在当地直采和维护。

（二）机会识别

在转型境外民宿之前，"喊你玩"做的是P2P当地人平台，其主要功能是为国内前往韩国自由行的游客预订专业导游、留学生等来做向导。创始人刘腾飞表示，虽然一年有几百万的流水，但是当地人的服务太不可控，尤其是时间上。所以当时他觉得，这种模式可能做不大。

后来，通过每天在线上跟用户沟通，刘腾飞发现用户问得最多的问题就是，"能不能帮我订一下当地住宿"。于是他找了10家比较有特色的民宿，每次用户有这类需求，他便推荐预订这10家民宿。随着需求的增加，刘腾飞意识到属于旅行刚性需求的民宿预订，在目的地市场比当地人模式更容易做，且是一个潜力极大、可以做大做深的领域，因为目前国内旅游住宿服务项目影响力较大的"携程"和"去哪儿"平台，其提供的国外旅游住宿多是三星级以上的标准住宿，而民宿市场未曾涉足，经济型游客的需求未得到关注。而从国外的情况来看，住宿预订市场从来都不是一家独大，除了Booking，Agoda，也存在更细分的平台，比如HomeAway，HostelWorld等。

于是民宿预订平台"喊你玩"便应运而生，2015年5月正式上线，目前已直签了韩国地区民宿3000多家，日本地区民宿1000多家，并且还在不断增长。

（三）商业模式

考虑到中国用户的消费习惯，"喊你玩"的民宿精选模式相比Airbnb的共享经济更容易被用户接受，而对比同样在日韩市场深耕的民宿预订平台，纯B2C模式是"喊你玩"的差异和竞争力所在。

"喊你玩"在由最初的P2P导游模式转换为如今的B2C民宿预订模式的初期，创始人刘腾飞的经营重点是控制房源质量，打磨产品和增强口碑效应。韩国的每一家民宿都是由其当地分公司挨个谈下来的，除了要在价格上具有优势，严控品质更是重中之重。对于用户数量薄弱的新平台而言，控制客房质量是成功的重要基础。能在平台上线的民宿有两个标准，一是交通便利；二是经过韩国旅游发展局GoodStay认证。所有在线的民宿都必须统一使用"喊你玩"公司提供的后台系统，以确保对平台总体质量的控制和规范。

在平台发展逐渐成熟，用户数量形成规模之后，为了在价格方面让用户有更多选择，"喊你玩"正逐渐朝交通线周边稍远的区域开发。

"喊你玩"成功的另一关键要素是平台的用户数量。只有通过有效的宣传，才能扩大品牌在市场上的影响力。为了吸引用户，"喊你玩"团队组织推出了名为《小熊韩你玩》的节目。《小熊韩你玩》是由"喊你玩"官方打造的一档韩国旅游类视频节目，在韩国知名旅行体验师的带领下逛遍韩国大街小巷，寻找最美的风景、最in的店铺，吃遍当地人气最高的美食，让观众身临其境了解韩国。

该节目以视频的形式多角度介绍韩国旅行的风土人情与物产美食，将韩国旅行体验前置，它还能通过视频与游客互动，是一种全新的攻略与T2O模式，这在国内出境旅游业中尚属首创。该节目在全网播放量累积超过1000万次，并且已经帮助"喊你玩"实现了用户数量和交易额的可观增长。

借助《小熊韩你玩》的热度，"喊你玩"公司发起了名为"小熊合伙人"的活动，任何一个知道"喊你玩"网站的人，都是合伙人。用户在官网上申请一个账户，即成为一名小熊合伙人，合伙人将网站的链接发送给身边的朋友，只要有人从该链接进入并消费，"喊你玩"网站后台便送给这位合伙人50元代金券，还可不断累积。

除此之外，喊你玩团队精准地抓住了微博微信等新媒体契机，创立了两个公众号，一个是"韩你玩"，一个是"日本旅游攻略"。它们并非喊你玩的官方公众号,也不是由"喊你玩"公司运营,而是一个垂直的旅游资讯公众号,其推送内容也不仅仅是韩国和日本的旅游资讯。拿"韩你玩"来说,除了随时更新的行前必看、旅行必看、美食推荐、视频、官方旅游攻略,还有每天更新的韩国美食、购物、韩剧、韩星资讯等,同时,还包括"喊你玩"平台上的民宿信息,能够解决游客在日韩旅行过程中遇到的实际问题。

(四)创业团队

"喊你玩"创始人刘腾飞走上旅游住宿服务领域的创业道路实属机缘巧合。2007年赴韩国学习一年韩语后,他考上了韩国中央大学,2010年大学期间第一次创业做的是服装跨境电商,把韩国成衣产品销往国内市场,这次创业的成功使他赚得了在韩国的第一桶金。之后,陆续有很多国内的朋友向他咨询韩国旅游的相关事宜,并期望有个当地的向导,于是他在帮助朋友联系向导的过程中发现了新的商机,便有了导游平台OMG(Oh My Guide)。最后,刘腾飞结合OMG本身存在的问题以及与大量用户沟通获得的反馈,决定转向民宿业,并于2014年年底回国,组建了团队,同时开始四处筹备资金并获得了天使投资,进而创办了"喊你玩"公司雏形。接着,刘腾飞遇到了他以前在乐视网和人人网做技术总监的技术合伙人,组建了公司的技术团队,再后来又有了运营团队,新媒体板块的负责人更是从巨头公司"去哪儿"挖过来的。如今,"喊你玩"公司在北京的团队一共有18人,在日韩的团队共有10人,正是多个环节的密切合作才形成了成熟成功的"喊你玩"。

(五)未来发展预期

"喊你玩"公司所经营的民宿板块存在着一定的竞争壁垒。事实上,民宿这个领域的竞争远没上升到同类产品之间,足够大的境外市场还没被做透,而且不可忽视的威胁来自"携程""去哪儿"等大平台,"携程"在海外酒店频道新开了"短租"栏目,接入的是Booking的内容。因而"喊你玩"的首要任务是抓住机遇,扩展业务,目前"喊你玩"公司正在接触A轮融资,进行深入发展,开拓新市场,并且在未来适当的时候会尝试开放C2C个人房源,展开新突破。

人气很高的《小熊韩你玩》网络视频节目第二季也已推出,以后在日本、泰国会同样复制该模式,签约旅游达人拍摄视频。同时,"喊你玩"公司也在筹备撰写相应游记,与视频共同作用,吸引更多用户,带动品牌成长。

未来"喊你玩"在客服方面也会有所提升,在已有的微信、QQ在线客服的基础上,加大力度做好行前客服服务,做到能够结合用户的需要推荐合适的产品。刘腾飞表示，在客服方面，会尽力做得更人性化一些，更多地为用户去考虑一些。

然而，正如和其他类似做垂直细分领域的平台公司一样，"喊你玩"的未来发展也存在巨大的不确定性，诸如大公司的强势进入与打压、融资压力与市场拓展速度的矛盾等。作为一个初创公司，尽管找到了一个较好的商业模式，但如何利用商业模式让企业活下去并不断壮大，恐怕还需要时间的检验。

（本部分执笔：邓素馥）

六、皇家驿栈——文化创意精品酒店

(一) 企业简介

北京皇家驿栈酒店(以下简称"皇家驿栈")属于全球小型豪华酒店(Small Luxury Hotels of the World,SLH)成员,由德国著名设计师主理设计,坐落于世界文化遗产——紫禁城东邻,经营面积4000平方米。酒店凭借独一无二的地理位置和景观,通过精心的设计和创意将传统住宿餐饮业注入创意和文化经营元素。酒店由55间各具特色的房间、创意餐厅和可以饱览故宫全貌的天台酒吧组成,周围古树列道,古屋环绕,于喧闹的都市中独享宁静,没有喧闹却在宁静中透露着内敛的华丽。

皇家驿栈故宫店于2008年4月正式营业,市场定位为国际化的高端特色酒店,主要目标客户为欧美发达国家及国内追求个性化的时尚人士。当年11月便被《福布斯》杂志评为商务人士首选的12家全球最佳酒店之一。它以浓郁的中国传统文化元素和时尚设计构造文化创意精品酒店,通过讲述古老的东方故事和展现中国传统文化中的高贵典雅元素,积极倡导时尚现代的生活方式。

(二) 机会识别

随着我国经济社会的发展,尤其是进入互联网时代后,消费者的个性化需求凸显,要求酒店业必须做出变革,于是,顺应时代需求的精品酒店应运而生并快速发展。精品酒店都有一个主题,这取决于其特殊的地理位置和文化内涵,精品酒店要做的第一件事应该是探讨给客户什么样的体验,思考在那个地方讲什么样的故事会最动听,而且故事只可能发生在那个地方。

皇家驿栈作为中国本土第一个精品酒店品牌,以文化理念引领空间创意,并将具有显著地域文化特色的元素融入设计空间,打造体现皇家驿栈品牌的精品文化创意酒店,同时努力将皇家驿栈打造成为重要文化地标。

- 得天独厚的地理位置。时下精品酒店的选址也是一门美学功课,必择静室高斋,或在层峦之上,或处水涯之畔,无不融合当地文脉景观,山水氤氲出灵性,城市平添烟火气,使居者雪其燥气,释其竞心。从游人如织的天安门广场穿过长安街,抵达南河沿,成片的鸽群飞过绛红色的宫墙和灰色屋脊,从头顶上盘旋而过,途经卖艾窝窝、糖火烧的小店面和几处小资情调的咖啡馆，皇家驿栈就隐匿于故宫东邻，独立于一片繁华喧扰的市井气之外。

• 独特的品牌理念。作为中国本土第一个文化创意精品酒店品牌，它以浓郁中国传统文化元素和简洁的时尚设计构造文化创意精品酒店，倡导时尚现代的生活方式，讲述古老的东方故事。

• 细致的服务。酒店为客人配备全职管家，这位管家既是客人在北京的全程导游，也是客人的中国文化顾问，为游客提供细致全面的旅游服务，传播中国传统文化。

• 独具匠心的室内设计。酒店室内色彩设计元素的取材来自紫禁城，经过设计师的大胆改造，将水果色系列运用到室内设计当中。这些色彩通过室内织物面料和流畅的曲线造型依附于室内空间当中，形成了强烈的对比效果。室内空间突出的是这些带有紫禁城文化的元素——背景色仅仅是白色，主题效果明确。如果孤立地看待这些颜色略显突兀，但是如果对酒店精心浏览一番，尤其是对望隔壁的紫禁城时，设计者的精心用意便突现出来。

皇家驿栈主要的目标客户群是欧美发达国家及国内追求个性化的时尚人士，专注于为用户提供具有中华五千年传统文化特色的文化创意酒店。得天独厚的位置、独特的品牌理念、细致周到的服务和别具匠心的设计，无一不让客户流连忘返，处处体现出的文化魅力和特色，吸引了众多游客入住，受到客户的一致好评和极力赞扬，深受国内外客户的喜爱。

（三）商业模式

皇家驿栈不仅是一个精品酒店，更是一个文化创意酒店，从酒店的选址、设计理念、色彩设计和服务管理等很多地方潜移默化地体现着五千年的中国文化。皇家驿栈的成功源于其核心竞争力品牌、服务和创意。

精品酒店有自己的优势。相对于传统的五星级酒店，第一个优势是投资小，因为不需要为了评五星级而增加很多配套设施，大堂的面积也不需要太大，有餐饮和SPA即可。一般五星级酒店在土方施工后，每平方米的装修成本在8000~10 000元，丽思卡尔顿这类奢华品牌的成本要更高一些，差不多要达到1.5万元。而精品酒店每平方米的装修成本是五星级酒店的65%左右。皇家驿栈每平方米的配套装修成本，相对精品酒店的投资成本更小。

精品酒店的第二个优势在于独特的个性化体验，这很容易在互联网时代得到快速传播。从互联网思维方面去想更多的盈利可能性，从服务和文化创意入手，打造特有的品牌特色，满足客户的个性需求，赢得市场。

在设计阶段他们就邀请德国著名设计公司GRAFT设计。皇家驿栈坐落于世界文化遗产——紫禁城东邻。就像上文提到的，酒店室内色彩设计元素的取材来自紫禁城。

运用现代设计语言，表达出传统中国文化的设计理念，这种文化的表达一定要实实在在地为客人，尤其是境外的客人所理解，让他们不仅知道中国文化，而且在入住后懂得中国文化。是通过中国传统文化符号的糅合，如印章文化的呈现和交流，也通过提炼皇家文化中的精髓来突出舒适感。酒店的独特设计中包括连续不断的、飘忽而空灵的线条结构，这其实是从故宫的房檐上获得的灵感，而这种简笔画的方式同时又运用于酒店的LOGO、房卡设计和空间装饰之中。

还有中国特色的服务。每个入住酒店的客人会首先被奉上一杯茶或一杯咖啡，递上一块湿毛巾，这是中国的待客之道。酒店为客人配备全职管家，这位管家既是客人在北京的全程导游，也是客人的中国文化顾问。他们会先按照中国习惯，请客人给家人打一个电话报平安，电话的前三分钟无论打往世界哪里都是免费的，取自"父母在不远游，游必有方"。酒店共有55间客房，全部没有房号，而是用中国古代55位皇帝的名号和简笔肖像加以区分，并特制了《皇帝传说》小册子，贴身管家会给客人介绍他所入住的房间那位皇帝的故事，以及在酒店内相关的菜式和酒吧里的饮料。酒店房价都以9为尾数，因为皇帝是九五之尊；而餐品和酒水的价格尾数都是7，因为7是易经所讲的少阳之数。佛教文化中说，救人一命，胜造七级浮屠，得道高僧只能建七层浮屠塔。这些传统文化关联大大激发了客人的好奇心。酒店每晚的升灯仪式，是用外国人能够接受的方式传播中国文化的一种体现。离店时，酒店还会为客人特意奉上一枚该房间的皇帝印章，作为送别之礼。

皇家驿栈通过其独特的品牌、服务和文化创意深受客户喜爱，从而在酒店行业占有一定的市场规模。

（四）运营管理

客人在入住期间可以享受酒店提供的免费Mini Bar，以及为客人和亲朋好友免费通电话三分钟的礼遇。同时，还有免费的Wi-Fi服务、订车服务及特色旅游服务，另外还有24小时全程管家服务。这样的安排，为顾客带来前所未有的体验。这样不同以往的想法，也就铸就不同的管理方式和服务效果。

皇家驿栈在运营过程中将线上线下紧密结合，产品、服务深度融合，同时充分发挥互联网的传播力和影响力，把网络、新媒体技术运用到产品中去。目前，主要依靠微信和微博等诸多互联网的营销渠道，为皇家驿栈源源不断地带来各国旅客。在移动互联网上，亦巧布棋局开发了点餐App。通过皇家驿栈点餐App，消费者可以用手机上客户端直观地看到酒店在售的菜品，并预订位置和时间，在消费者到店之前，皇家驿栈就会为消费者提前准备餐饮。

皇家驿栈创始人刘少军正在搭建一个O2O电商平台，它把皇家驿栈旗下酒店变成了精品体验店，酒店客房内配置的各种家居用品，客人觉得好就可以下单购买。该平台计划于2017年年底或者2018年年初上线。

（五）创业团队

刘少军从业经历丰富，从政府部门到台资企业，从创立房地产开发公司到打造精品酒店，终于找到了自己愿意倾注毕生心血的行业。他笑言："在会计师界，我可能是最有文采的；在文化界，我可能是最会算账的。"正是因为他的这一特点，皇家驿栈成为一家风格独特的精品酒店，并且在开创国内首家文化创意酒店品牌之后，通过全新的酒店经营管理模式向世界展现中国精品酒店的风貌。

（六）未来发展预期

随着大众追求精致以及猎奇等消费观念及消费体验的影响，皇家驿栈未来发展前景是顺应发展潮流的。独具风格的精品酒店遇上别具匠心的文化创意，注定皇家驿栈的独特。他们在品牌上结合并融入更多的中国文化，塑造独特的文化创意，吸引更多的国内外客户。也许个别地段的店面因为租金到期面临着房屋业主收回的问题，但是，并不会影响皇家驿栈未来的发展。

在服务方面，将更多提供各种具有中国传统特色的服务，打动客户，吸引追求时尚的客户。酒店是传播思想、交流思想的地方，在新时代重新阐释传统的中国贵族生活方式，实现奢侈的回归，这正是皇家驿栈在未来取胜的独特方式。

（本部分执笔：刘春燕）

七、金鼠标——入境游目的地营销的变革者

（一）企业简介

北京金鼠标信息科技有限公司是一家专注于国内入境游目的地分销与营销的机构，致力于通过整合全球旅行社和旅游代理商等渠道资源，应用互联网技术和新媒体平台，以独特的创意为灵魂，以客户的需求为导向，通过精准的传播渠道和高效的营销执行力，向全球网民推介更多优秀的旅游目的地和旅游产品。

通过海外营销的多年实战，金鼠标已经成功地向世界推介了北京旅游、四川旅游、山东旅游、新疆旅游、长江三峡、福建土楼等旅游目的地。在此期间，积累了丰富的目的地营销经验，以及众多国际网络媒体资源和国际营销渠道资源，并逐渐形成了一整套金鼠标海外营销解决方案和营销模式。"振兴入境游，让世界领略中国之美"是金鼠标的企业使命。未来，金鼠标期望通过不懈的努力，成长为"全球领先的目的地品牌营销服务商和旅游分销商"。

金鼠标公司的合作伙伴遍及全球，其战略合作伙伴主要有亚太旅游协会、USTOA会员、PhoCusWright、美国PHG Consulting、加拿大Accucom Corporate Communications、Facebook、Google、Skyscanner、Tripadvisor、Travelzoo等。截至2017年1月，加盟魅力中国网AmazingChina.cn B2B分销平台的国内入境地接社供应商达50家，GDS客户1家（非凡国旅），达成合作的海外代理商达900家，其中海外知名旅行商及OTA达20家，国际航空公司3家。

Amazing China是金鼠标公司精心打造的中国入境游全球电子商务分销平台，其中包括为全球来华旅游散客提供一站式旅游资讯与预订服务的平台AmazingChina.com（B2B2C）、为中国入境游产业链提供一站式电子采购与交易平台服务的网站AmazingChina.cn（B2B），同时为旅游目的地提供入境游营销绩效大数据管理第三方平台服务。

（二）机会识别

近年来，随着中国经济的快速发展和开放程度的不断提高，来中国旅游和进行商务活动的国际旅客越来越多。根据国家旅游局入境游市场统计数据，2015年，外国人来华旅游人数达到了2598万人次。预期到2020年，随着中国环境改善、国家旅

游形象对外宣传加强,我国将成为世界上接待入境游人次最多的国家。未来,我国入境游市场的蛋糕会越做越大。

然而,据魅力中国网创始人张进强先生透露,目前,仍有许多的国外传统旅行社没有卖中国的产品。2015年5~6月,金鼠标公司在美国参加了大型的旅行代理商采购会,其中有180家大型旅游代理商参展,张进强先生通过对国外代理商的市场调查发现,仅有20%的美国旅行社卖过中国产品,从中可以看出,一方面,海外OTA产品供应短缺,产品与市场需求脱节;另一方面,我国的入境旅游市场存在着巨大的发展潜力。

洞察到这一商机,张进强先生的创业团队把目光投向了入境游这一领域。然而,国内做入境游的企业有很多,如何找到自己的定位,做到与众不同,这成为了张进强苦苦思索的问题。通过广泛的调研,张进强发现了三大问题:其一,中国的入境旅游主要依赖于国内旅行社与国外旅行社/旅游批发商的合作,然而,这种传统的合作方式中间环节过多,信息不对称,主要通过邮件联系,效率较低。其二,如张先生所说:"中国最大的问题是单打独斗",尽管北京、四川、甘肃等几个省市纷纷走出国门去海外宣传,然而,由于缺乏协调合作,且没有丰富的海外营销经验及渠道,我国的旅游目的地在海外的品牌感知程度非常低。其三,中国的目的地入境游产品往往以参观、游览型为主,缺乏体验与互动,游客的参与度低,旅游满意度随之降低,因此起不到良好的口碑宣传作用。

在这种背景下,张进强开始确立了自己的创业方向,同时把企业定位在入境游目的地品牌营销服务商和旅游分销商上,并着手开发分销网站,也就是后面的魅力中国网站AmazingChina。

(三)商业模式

1. 盈利模式

金鼠标公司的利润来源于三大块,分别是AmazingChina网站交易(包括B2B与B2C两部分)、自营旅游产品与目的地营销服务。首先,AmazingChina(魅力中国网)是一个平台,这个平台能够将国外的旅行代理商、旅游者与国内的旅行社、客源地连接在一起,为中国入境游供应商提供专属全球电子商务分销系统(Dedicated GDS)服务,同时为外国旅游代理商以及游客提供一站式跨境在线交易平台服务,魅力中国网站会从交易额中抽取2%作为收益。自营旅游产品则为金鼠标公司自己开发的旅游产品及服务项目,一般每笔收入能达到交易额的15%左右。第三块是目的地营销服务,通过为国内的旅游目的地提供专业的营销指导,金鼠标公司可以从中获得相当于签约额15%的收益。

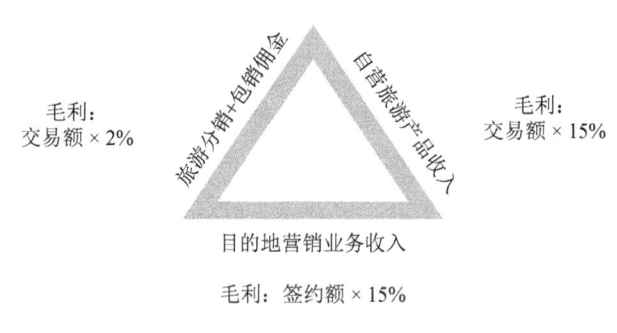

图1 金鼠标盈利模式

2. 产品和服务

金鼠标公司的核心产品及服务包括四大板块，分别为：

（1）B2B平台

B2B平台即金鼠标公司上线的魅力中国网站AmazingChina.cn，这个平台通过整合全球旅行社和旅游代理商等渠道资源，为中国入境游供应商提供专属全球电子商务分销系统服务，同时为外国旅游代理商提供一站式跨境在线交易平台服务。

（2）B2C平台

B2C平台主要为金鼠标公司推出的魅力中国网站AmazingChina.cn，这个平台可以为全球来华旅游散客提供一站式旅游资讯与预订服务。金鼠标公司目前正在筹备中的魅力亚洲网也是如此，旨在为全球旅游者提供亚洲目的地一站式咨询与预订平台。

（3）目的地营销服务

目的地营销的服务对象主要为国内旅游局和旅游景区，主要内容包括为旅游目的地提供入境游营销解决方案、入境游产品研发、海外线上线下渠道建设运营、海外宣传品创意与制作、海外广告策划与品牌传播服务及入境游奖励金托管和发放等服务。金鼠标将精选优质景区签订入境游市场包销协议。目前，金鼠标公司已经协助完成了北京旅游、四川旅游、山东旅游、新疆旅游、长江三峡、福建土楼等旅游目的地海外营销项目。

（4）魅力中国App

金鼠标公司目前的业务主要在PC端开展。未来，金鼠标计划把业务由PC端拓展到移动端，开发魅力中国App，打造中国最大的文化、旅游和时尚国际资讯移动端门户、国际社交平台及文创电商平台，并逐步推出以Amazing China品牌命名的文化体验景区、文化创意商品。

（四）创业历程与运营团队

创始人、CEO张进强，1999年毕业于西安外国语大学，拥有五年入境游从业经验，八年互联网平台从业经验，八年创业经验。先后任职于首旅集团方舟国际旅行社、实华开电子商务公司（B2B平台）、亚商在线（B2B平台）、狼烟网络（阿里巴巴收购）。2008年创建 Here is China，为针对入境游的B2C网站；2012年创建金鼠标目的地营销机构；2014年开始创建AmazingChina.com（魅力中国网），组建团队，签约北京市旅游发展委员会项目，目的地营销营收200万元；2015年10月，发布B2B网站AmazingChina.cn B2B 1.0，同年12月，发布AmazingChina.cn B2B 2.0，平台交易额1000万元，签约四川省旅游局项目，目的地营收808万元；2016年组成了国际化团队，电商平台交易额5000万元，目的地营销取得了200万元的收入，6月发布AmazingChina.cn B2B 3.0；2017年1月，AmazingChina.cn B2B 4.0上线。

技术总监（CTO）关勇（Tommy Guan），拥有18年软件开发经验，10年以上团队管理以及项目管理经验，曾任国家图书馆下属数字图书馆技术总监。精通包括移动端、前端、后端以及数据库等多种开发语言与设计模式，对技术的流行趋势有很好的把握。曾经主持开发过多个大型项目，包括电商平台、数字资源管理运营平台、远程教育平台、工业自动化控制系统、社区服务O2O平台等。

如今，金鼠标公司的组织结构已经十分完善。公司采用事业部组织结构，除具备市场传播部、政府公关部、投资关系部、人事部、财务部等职能部门外，公司内部有三大事业部，分别是CTO技术研发部、电子商务事业部、市场营销事业部。金鼠标公司拥有一支高度专业化、国际化的团队，在入境旅游行业和互联网行业均具有多年运营和管理经验。

（五）未来发展预期

根据联合国世界旅游组织预测，中国2020年将成为接待入境游人次最多的国家。金鼠标公司成功捕捉到了入境游市场这一蓝海，并从中寻找到了属于自己的合理定位，正如魅力中国官网里描述的，金鼠标的使命是"振兴入境游，让世界领略中国之美"。作为国内入境游目的地海外分销与营销的变革者，无论金鼠标公司今后的发展轨迹如何，我们相信，它都将为提升中国在海外的国家旅游形象及品牌感知力做出贡献。

（本部分执笔：刘玲燕）

八、九十度——拓展心灵的空间

（一）企业简介

茫茫大海上漂浮着许多大大小小的冰山，露在水面上的部分终究也只是其10%，另外90%大多是隐而不现的部分。旅行也是如此，走马观花式的旅行只是可以让人看到表面风光的景色，却难以深度解读背后的故事。现如今，越来越多的旅游者在追求那90%的、参与式的、深度的体验，九十度这个名字就代表了整个企业力图在旅行事业中"翻转冰山"的决心和矢志不渝的努力。

九十度旅行社有限公司是中国旅行式拓展第一品牌，总部位于北京，是一个提供团队建设、团队出行、客户招待、创意会议、企业亲子日等服务的创新型企业。发展体验式旅行是九十度的重要战略定位，九十度在WISE原则的基础上着重为客户提供定期组织以及定制型的深度体验式活动，其中WISE原则是指：WIDE——广泛的生活体验、INSPIRING——灵魂震撼和感知、SOCIAL——有趣味的社交、ELEGANT——优雅的生活态度。到目前为止，已有2677个团队在九十度成功进行DIY拓展。

（二）机会识别

过去我国旅游者出行的目的大多是为了休闲放松，为了缓解工作、生活压力，现在的旅游者对于旅行则有了更多诉求，追求在旅行过程中体验不同的玩法，追求在旅行过程中的文化享受，追求一次心灵上的愉悦感受。随着移动终端的广泛使用和体验经济时代的到来，越来越多的旅游者倾向于选择定制化的旅行服务，于是体验式旅游应运而生。体验式旅游是指追求一种独有的、有内涵的行程，终极目的是实现梦想、拓展心灵空间。体验式旅游通常带有很强的主题性，为了增强旅游者的参与性，也为了进一步发挥自媒体的广泛宣传作用，体验式旅游在设计路线时会带有极强的媒体性，让每一位游客在游玩结束后都可以有自己独特的视角解读自己的旅途。九十度在做体验式旅游线路时充分考虑到游客的这种心理，所以经常用媒体人的眼光去挖掘旅行线路中的故事，突出线路中的文化内涵，满足游客的需求。总体而言，九十度为广大游客提供的是一种有主题的深度体验、有视角的深度探索、有文化的深度拓展，让旅行不只是一次旅行、一次拓展，更是人的心灵空间的拓展。

2013年9月，北京九十度旅行社有限公司注册成功，此后开始组建团队。在其发展初期，九十度主要是以产品研发为主，不断地运用移动互联网技术为客户服务，业务主要集中于企业的旅行式拓展。经过几年的发展，九十度积累了大量的业务数据，经分析显示，九十度营收的主要来源是机构客户，散客业务发展较为迟缓，而且由于九十度提供的体验式旅行是针对某个个体或某个机构量身定制的，所以在实现规模化上有很大难度。九十度也已意识到自身存在的这些问题，目前的对策是调整业务结构——将散客业务和团建业务进行剥离，尽可能地扩大客户群。

（三）商业模式

九十度是一家专注于做深度体验式旅行的公司，九十度秉承"以做媒体的眼光做旅行"，每一个线路如果拿DV跟拍都能成为探索发现频道的内容。目前有两个业务模块，一个是初具规模的旅行式拓展，服务的大部分是跨国企业，如LV、德勤、麦肯锡、PWC、英国石油、法国电力等；另外一个是针对散客即将推出的旅游目的地深度游服务。每一个九十度的线路都在于向旅行者阐述一种理念，如"城市探险"系列是在探讨城市文化性格，"复兴博物学"系列在于让大众走进自然、研究自然。2016年之前，九十度的主要营收业务是针对大量的机构客户，经过对业务结构的重新梳理，九十度2016年将散客业务和团建业务进行独立运营，散客业务由一个独立的新品牌来运营。

目前九十度业务的中心为城市微旅行，是一个带有强烈主题性的、3~5小时的城市旅行。在城市微旅行的路线设计方面，面包旅行的城市猎人、穷游的Citywalk等都在推出类似的产品，九十度之所以还要在这一市场中开发新产品，主要是从以下三个维度进行思考的：第一个维度——线路的艺术性开发。九十度将线路设计当作一项艺术去看待，将艺术性做得足够深刻是他们研发产品的主要目的之一。第二个维度——所谓的大制作。一个好的线路成品应该像电影制作似的操作模式，有演员团队、制作团队，将音效、特技等充分运用。以北京城市深度游为主题的其中一条文化线路——夜骑龙脉为例，九十度在设计这条线路时组建了自己的顾问团队，有历史文官、音乐顾问等，线路设计师在设计时会集思广益，征求顾问团队的意见。线路设计师相当于导演，不仅要广泛征求意见、构思作品，还要通过现场语言将自己的想法表达清楚。当然，后期的制作还需要制作团队来完成。所以，单单是一条夜骑龙脉的线路，从设计到最后成品就需要运用多项专业技术来完成，所以线路设计是一项类似于制片厂式制作模式的大工程。第三个维度——价值共创，粉丝参与。从前期的选题到设计中的环节设定，可以鼓励粉丝大胆说出自己的心声。仍以夜骑龙脉为例，北京的路线分为四个部分，最终选用哪四个部分可以让粉丝进行开放性讨论，选出对粉丝最有吸引力的部分，这样设计出来的线路还未成品就已经受到广泛关注，线路一旦投入市场开始运作必然会吸引一批黏性极高的体验者。

对于团建业务板块，由于每个企业都会有自己独特的需求，很难实现产品的标准化，所以九十度将自己定位于高端旅行定制服务公司。在团建业务板块，九十度已经有一些相对成熟的项目经验，日后的运营其实已经有了相当扎实的前期基础，前景很是乐观。所以在团建业务板块，为提高员工绩效，九十度还做了适当的规模缩减。

据了解，九十度即将推出一款名叫"深玩儿"的App，目的是建立一个将喜好体验式旅行的人群聚集起来的平台，类似于建立一个社群。在这个平台上，有相同兴趣爱好的人可以在平台上进行互动交流，会员可以分享旅行的经验、提出自己对旅行的要求，同时，九十度也可以在平台上根据特定人群的特点植入一些线路内容，进行精准营销。由于九十度目前的主要客户是机构用户，所以九十度可以从机构客户入手，将部分机构客户升级成为散客的种子用户，不断扩大散客的基础，以此来推动散客业务的发展。

（四）创业团队

九十度旅行的创始人是坚持要把旅行做成一种艺术的高弘，他清华大学毕业后前往美国南加州大学攻读硕士学位，回国后进入跨国企业工作，于2003年正式开启自己的旅行生涯。他曾独自骑自行车从北京到威尼斯，重走丝绸之路，也曾经去印度、尼泊尔，重新探访佛祖的足迹，在欧洲一个人背包旅行，自驾穿越美国的东海岸、西海岸。2013年成立北京九十度旅行社有限公司，倡导主题体验式旅行。经过几年的发展，高弘带领的九十度在业界收获了不少奖项，曾获得最佳深度旅行奖，是国际主要旅行指导书推荐的旅行服务商，目前服务于650余家外企及跨国企业；九十度的《复兴博物学，醉在玉渡山》《一次旅行一首歌，百泉山实验音乐之旅》《碟中谍——苏州的一次神奇之旅》《一日电影人》等无不成为旅行式拓展史上的经典之作。高弘表示虽然我国的大众游客还停留在传统的观光式旅游和度假式旅游的阶段，但现在越来越多的人更愿意寻找旅游中的文化内涵。另外，以年轻人为主体的游客精力旺盛，也不太在意旅游中的舒适度，而更愿意接受有主题、有深度文化内容的事物，再加上体验式旅游本身就是一个创意型产业，因此在未来一定会受到更多人的青睐。所以，对于体验式旅行的未来，他表现出非常乐观的态度。

关于市场竞争中可能面临的问题，高弘认为不需要在多大程度上防范竞争对手，而是应该共同团结，一起把城市微旅行做成一种真的艺术形式，向全社会普及旅行艺术化的理念。体验式旅游本身就是一个创意型产业，每个企业都有各自的独特气质，即使产品、路线极其相似，但运营起来的最终效果还是有较大差别。因为在场景经济的时代背景下，体验类产品更加依赖于场景设计，那些散发独特魅力的文化内涵很难被模仿。他认为在国内发展体验式旅游，首先要提升从业人员的素质，只有他们了解顾客的生活及文化品位，才能更好地提供线路引导游客。其次，业务模式也要不断提升，简单的套餐无法适应体验式旅游顾客的需求，这类顾客的自主性很强，传统组团不适合他们。此外，系统也要进行升级，要提供更多网络化的支持，方便为游客灵活定制。

（五）未来发展预期

走马观花式旅游已经不能满足人们对旅游的要求，性价比也不再是人们选择旅行线路时考虑的主要因素，越来越多的旅游者追求在旅途中的舒适和自在的感受，深度游为顾客提供了更多的自主选择，而且定制游在欧美市场已经有较为成熟的发展。随着我国出境游的进一步发展以及人们消费理念的改变，相信深度定制游必将会成为我国旅游业未来的发展趋势。九十度如果能够坚持深度挖掘目的地文脉和地脉，将淹没在现代化大潮中的历史人物、事件和场景挖掘出来，将创意与专业融为一体，将旅游产品打造成独一无二的艺术品，相信一定会迎来更加美好的明天。

（本部分执笔：白奔）

九、桔子瑜伽——卷土重来的创业者

(一)企业简介

桔子瑜伽是一家新兴女性健身品牌,隶属于北京爱度艺文科技有限公司,是该公司打造的瑜伽培训、社群、会所直营加盟平台。桔子瑜伽联合线上线下为用户提供健身服务,目前已有50余家线下瑜伽练习空间。客户群体以25~40岁的女性用户为主,旨在为她们提供24小时开放的运动场所、丰富的小班课程以及各种瑜伽主题的社交活动。

创始人张文龙是一名连续创业者,他曾在旅游行业取得了不俗的成就。2011年,张文龙创办周末去哪玩,致力于通过O2O模式为居民提供周边游线路预订服务,利用3年时间成为北京地区最大的短途旅游运营商之一。2016年,张文龙放弃了周末去哪玩的运营,开始带领团队寻求转型,并最终把新的创业目标锁定在体育健身领域。

(二)转型原因

周末去哪玩以公众号起家,不到半年时间就累积了高达50万的用户,大量原创的阅读量达到10万以上,3年内发展成为北京地区最大的短途旅游运营商之一。可以说,张文龙在北京地区的周边游市场上曾创造了不小的传奇。然而,2015年年末,张文龙做出了解散周末去哪玩的决定,究竟是什么原因导致张文龙放弃经营多年的事业?

2015年开始,携程加大了对出发地参团、目的地参团、自由行、酒店+景点、游学、一日游、门票、当地玩乐等八大类周末游产品的投入。在合并去哪儿后,携程在2016年11月正式宣布成立周边游事业部。

由于OTA巨头先天具有资源、资本的巨大优势,许多度假村、酒店都与OTA签订了垄断合作的协议,处在初始创业期的周末去哪玩并未建立起自己的独特竞争优势。周末游产品毛利低、频次低,服务不标准,难上规模,为了售卖产品,就得加入残酷的价格战,这意味着周末去哪玩很难挣钱。

2015年年中开始,资本寒冬骤然来袭,一直处于烧钱状态的周末去哪玩尚未实现盈利,也没有形成竞争壁垒,在巨头的碾压下,几无还手之力。到11月以后,周末去哪玩出现了资金吃紧、融资不顺等问题,账上现金流告急。张文龙对整个现有业务进行了彻底的评估和思考,觉得在短期内无法盈利,不得不做出选择,最终决定彻底转型。原来的投资方折价入股了新公司，原有的团队也进行了大规模更换。

（三）机会识别

体育健身行业是基于消费升级，用户追求品质驱使下的朝阳产业，目前正处于培育市场的阶段，对于创业者而言，早期红利多、发展空间也更大。瑜伽作为一种修身养性的健身方式，这两年发展速度越来越快，全国单独运营的瑜伽馆已达到近万家，这个行业受到了越来越多的资本关注。

瑜伽馆门槛低，投入少，我国的瑜伽馆多属于个人工作坊的模式，制约瑜伽发展的核心主要在于授课老师和统一的品牌管理输出能力，这两点缺一不可。瑜伽馆要想取得快速地发展，建立自己的品牌知名度，就需要建立一套完善的人才培养模式和针对用户分布的高效的快速扩张体系。

桔子瑜伽恰恰瞄准了市场的痛点。公司配有系统专业的教师培训方案，同时通过直营和老师加盟的方式做线下扩张，为老师提供完整的课程体系，以及开店的选址、装修、品牌建设、店面内部管理等一整套服务，把瑜伽老师变成合伙人，用"利益共同体"来驱动瑜伽老师授课运营和管理，并且通过这种方式快速建立统一品牌的线下门店，增加品牌影响力。

（四）商业模式

桔子瑜伽将线上服务与线下门店相结合，建立直营或是加盟的线下授课阵营，打造瑜伽培训、社群、会所直营加盟综合平台。其主营业务如下：

（1）开店，直营+加盟瑜伽会馆，打造密集的瑜伽线下服务场馆；

（2）瑜伽教师培训，打造瑜伽教师社群和店铺合伙人；

（3）企业瑜伽私教服务；

（4）瑜伽用户社群，提供增值服务电商+主题旅行。

经过上述的业务拆分，拎出一条主线来看就是加入互联网化营销、管理、运营手段的瑜伽会所品牌店。桔子瑜伽总部通过培训瑜伽老师或是瑜伽兴趣爱好者，然后筛选合适的瑜伽教师以直营或是参股的方式帮助他们开设会所，总部统一提供选址、设计装修、开业预售、SAAS管理系统、客户社群管理与运营等标准化产品，辅助单个店面运营。同时通过设定一些相关的瑜伽线下旅行活动来增强会员黏性，打造瑜伽爱好社群。

目前来看，桔子瑜伽初期的客户获取主要在于两部分，一部分是创始团队过往做周边游时的几十万线上用户沉淀，另一部分是来源于合作方e袋洗的客户导流。这两部分用户在消费属性上与瑜伽群体有一定的重合度，理论上讲可以实现相对投放广告更高的转化率。

同时,团队利用过往的旅游资源开发一些瑜伽精品旅游来服务会员,增加用户黏性以及带动效应,与高品质的城市周边民宿客栈会所合作,进行双向导流。旅游产品对于瑜伽而言不是重点,但是属于对同一群体的重复消费,是创始团队过往资源的沉淀以及反向利用,一定程度上来说是瑜伽这条主业的附加服务,可以起到提升品牌的作用。

(五)创业历程和创业团队

2016年3月,桔子瑜伽第一家店——北苑店开业,"桔子瑜伽"品牌开始启航;2016年,桔子瑜伽首创加盟方式,扶持瑜伽老师开店创业;2016年7月,桔子瑜伽宣布完成数百万人民币天使轮融资,投资方为迭代资本和共享基金Share VC。其中,共享基金Share VC由e袋洗创始人张荣耀先生发起。2016年11月,桔子瑜伽用6个月时间扶持了40位瑜伽老师实现了开店梦想。到目前为止,经营超过6个月的桔子瑜伽馆都已回收成本并开始盈利,门店数已突破50家,分布在6个城市(北京、天津、南京、厦门、唐山、呼和浩特),还收到了全国超过400位瑜伽老师的开店申请。

桔子瑜伽发展得如此迅速,与其背后的专业团队有着紧密联系。CEO张文龙具有丰富的创业经验,师资总监李十七也资历丰富。李十七毕业于专业瑜伽培训机构,2012年跟随喜马拉雅瑜伽传承人叶迦学习喜马拉雅瑜伽;2013年跟随长安接触阿奴萨拉派系;2014年参加印度合一大学灵修课程;2014年参加医科大医学解剖理论课程,精进瑜伽专业。此外,桔子瑜伽的核心团队还有多年互联网公司工作经历的从业人员。随着桔子瑜伽的发展,运营团队也在不断壮大,目前,桔子瑜伽总部的运营团队人数已达到了30余人。

(六)未来发展预期

桔子瑜伽的目标是成为瑜伽行业里的"top 1"。为此,桔子瑜伽制订了5年内的发展计划。从2017年算起,半年内,桔子瑜伽将在上海、深圳、成都开设直营店及教练培训中心,并筹备招商加盟工作;未来一年半内,桔子瑜伽将在合肥、南昌、苏州、重庆、青岛、郑州等10个省会招募城市合伙人,开设当地子公司、设立培训中心,并招商加盟;未来三年内,桔子瑜伽将在全国30个省会城市落地,布局1000家加盟店,成为中国瑜伽行业第一品牌;未来五年内,桔子瑜伽将衍生"城市医美健康中心""瑜伽服装品牌""静修度假村"等相关产业。跳出旅游圈,重新卷土而来的桔子瑜伽能否创造奇迹?我们拭目以待!

(本部分执笔:刘玲燕)

十、6人游——精品小包团的定制旅游服务商

（一）企业简介

6人游旅行网成立于2013年5月，隶属于北京中凡时代科技发展有限公司，专注于为家庭、朋友和情侣等提供小团定制游产品，以在传统参团游和纯自助游之间找到一个更安全、更省心、更舒适的旅游方式。2013年6月6日，6人游旅行网正式上线运营，其将资源进行整合开发，设计定制专属6人游的标准化、半标准化和特色化旅行产品，并拥有大量互联网精准旅游类用户流量，代运营酷讯、搜狗、金山的度假业务以及搜狐线路频道、360旅游频道等部分业务，旨在共同打造精品旅行服务，将旅行产品做到最好。

公司上线第一个月，6人游便获得险峰华兴和泰山兄弟数百万美元的天使投资，次年7月完成由华创资本领投的千万美元A轮融资，12月宣布完成千万美元级高额B轮融资。2015年年底，6人游获得众信旅游第一笔融资。2016年1月，在其App上线不到一个月的时间内，定制旅游网6人游又获得了国内知名投资机构达晨创投的投资，为App的后续推广及研发做足准备。自此，6人游被业界称为"融资最快的在线旅游公司"。

品牌战略方面，专注私人定制的6人游旅行网特别注重与知名品牌的战略合作，旨在提供最具品质的私人定制旅行服务。公司成立至今，先后与宝马、IBM、可口可乐、红牛功能饮料、高尔夫国际赛事等展开跨界合作，以快速获得知名品牌用户群，实现用户共享，并吸纳潜在用户。除此之外，6人游还成立了线下亲子基地，并联合出品海外真人秀节目，实现了旅游和影视的深度跨界融合，进一步突出了定制旅游的价值。

规模扩张方面，2015年6月，6人游宣布收购国内两家经营出境游业务的传统旅行社——微旅程和百乘国际旅行社。6人游的这一并购举措旨在借力对方手中旅行顾问的资源，扩大团队规模，从而服务更多客户。

用户体验方面，2015年12月，6人游联手京东众筹，推出"智能行李牌"，旨在用更技术化、智能化的方法解决用户在旅途中遇到的问题并提升用户在旅途中的舒适度和安全感。此外，6人游于2016年1月重启旅游体验师项目，并建立体验师数

据库，通过体验师的视频直播、线下线上传递分享活动等，为用户提供旅游决策帮助。

正如6人游CEO贾建强所言："精品小包团，是一种小而美的新型旅游方式，它让旅游从业者回归自己本来的领域，让热爱旅行的人感受旅行真正的意义，真正赋予旅行正能量回归。"

（二）机会识别——回归服务价值本质

6人游的创业背景有着高效的互联网基因。互联网思维统治下的旅游业就是一切从用户出发，做好用户体验。

在中国旅游市场进一步细分后，市场竞争变得更理性、更激烈，新一批在线旅行社专注于用户需求、标准化操作、旅游服务、人员培训、品牌建设等方面。他们更愿意像祖父宠爱儿孙那般宠着用户，发现他们的需求，并千方百计去满足用户需求。在这一时代背景下，6人游将自己定位于服务以家庭、朋友为单位的小团体私人定制旅游服务商，并强调用互联网工具化的方式去提升传统行业效率，以互联网的思维方式和理念来改造传统服务的表现形式，将用户体验的细节真正融入自身产品设计中去。与携程、同程等大鳄专注于开放平台的商家引进不同，6人游特别重视在服务链条中增加价值。"旅游最重要的价值就是服务。"6人游CEO贾建强如是说。

6人游创始人、CEO贾建强，曾经在酷讯负责度假业务，为各大在线OTA输出用户。他在2年的抽样调查中发现，在线购买旅游线路产品的投诉率超过线下旅行社门市的2倍。度假产品的价格战只会让整个服务链条都在为在线平台的规模化服务，所有心思都集中于如何降低价格，而不是产品创新和服务体验的提升，游客也再难以获得优质服务。而6人游所主打的精品小包团服务，是一种小而美的新型旅游方式。用户期待的是更加精致、更为细化的旅游服务，为此，6人游提倡以服务品质为价值主张，致力于让游客获得真正好的旅行体验，同时让旅游从业者能够回归真正的服务本质。

由此，6人游旅行网重新回归旅行社业务的服务价值本质，实现了在定制化与集约性、高品质与低价格之间取得平衡的线上商业模式。

（三）运营模式

6人游旨在为单独出行的小团提供定制服务。用户通过6人游的微信服务号发送相应的旅行需求，后台旅行顾问会根据上述需求以及用户基本情况，设计旅行线路，并与客人线上沟通，再做修改完善，最终打包成一个产品。

在完成一个定制产品的过程中，6人游团队中的旅行顾问作为强有力的关系纽带，发挥着重要的桥梁作用。在上游，供应链资源很大程度上决定了产品的品质和价格，旅行顾问便来维系6人游与上游供应商（主要是当地华人的地接社）的联系；在下游，这些旅行顾问同时要面对用户，负责每天的行程对接等客户服务工作。

此外，6人游的另一重要竞争力还体现在CRM（客户关系管理）和OPS（在线交易平台）系统。其中，CRM系统将为旅行顾问提供多种关于用户本身的信息（例如身份、上次消费情况、家庭情况、儿童年龄），从而更有效地完成对客户的管理。而OPS系统则提供了产品动态打包的能力，根据用户提出的需求，OPS能够快速匹配相似案例，之后由旅行顾问进行微调，这一运营模式使得6人游的旅行顾问一天能够服务20余笔订单，大大提高了服务效率。

（四）商业策略

6人游将自己视为旅游服务商而非旅游代理商，坚持以用户需求为导向，并提供打包落地服务，尤其重视与用户的价值连接。正如6人游创始人贾建强所言："旅游行业需要回归其服务的本质，通过服务创造价值。"

在获客方式上，6人游构建了一套跨平台的沟通体系，以互联网的获客方式获取高净值人群，并通过互联网的交易模式完成整个交易过程。目前，6人游已实现PC网站获客、微信获客和App获客，并将这三大渠道进行打通，形成了一套跨平台的沟通体系，保证旅游顾问可同时面向三个平台做完全一致的沟通。

为解决定制游对客服务效率问题，6人游打造了一套强大的定制服务系统，将用户非标准化需求进行碎片化资源打包，以实现与用户间的复杂交易。首先，6人游将景点、各类活动、机票、酒店、车导资源等底层元素划分为第一层数据；其次，基于用户的个性化需求，匹配各元素间的连接机制，进行点对点的组合连接，以完成一次定制游产品。为进一步提升定制游的消费体验，6人游App开放了"智能获取行程"功能，在用户的大数据及旅游资源的大数据的基础上，基于旅行顾问曾经给用户设计过的方案，以及用户曾经选择过的方案，智能匹配行程，动态打包资源，方便有效地管理所有定制需求以及财务数据。因此，也可将6人游的这一销售内容称之为专业旅行顾问"连接的价值"，即把优质的旅游资源，通过量身定制的行程进行组合和动态打包。6人游创始人贾建强将这一定制服务系统总结为"用标准化流程，来实现非标准化的服务"。

此外，在新产品创新机制上，6人游也形成了自己的独到策略。首先，6人游一直坚信，最好的产品创新力来自用户需求的变化。从消费者需求来看，中国旅游市场中80%的用户需求趋同，但一定存在20%的新兴需求。因此，基于用户一个个新的需求，便产生了一个个新的产品方案。这些产品方案是对之前产品方案的补充与创新，使得6人游的产品组合不断扩大和丰富。其次，资源方的泛推也促进了新产品的创新，如"老爷车之旅""红酒之旅""庄园"等新颖的旅游资源为用户带去了更好的体验，由此也被纳入到6人游的行程中去。另外，6人游还独创了潜在用户营销体系，即留存潜在用户。2015年6人游布局微信服务号，实现了几千万的营收，随即便推出App，开始平台转移，其目的就是把潜在用户留存下来，在用户需要的时候能够为其提供精准服务。这一策略不仅能大大降低营销成本，还能不断提高用户的转化率、产品成交率和复购率。

中国旅游研究院院长戴斌这样评价6人游："6人游是在用时尚的方式向传统致敬，向经典致敬。"

（五）创始团队

6人游旅行网创始人贾建强曾任酷讯旅游副总裁，此前在奇虎360有过5年工作经历，具有在互联网领域从研发到产品、运营以及市场的丰富经验，对在线旅游及本地生活服务有着深刻的理解，业界知名的"旅游体验师"概念便由他提出。2013年6月，他单枪匹马杀入在线旅游行业，创立了小团出游网站6人游。

在公司组织结构上，6人游分为两个大团队。一是线上营销团队，主要负责产品研发、技术创新、系统优化、订单收取、市场营销等；二是线下服务团队，主要由旅行顾问团队组成。与传统旅行社不同，6人游在每条旅行线路上进行了专项分工，并将旅游线路不断进行细分（如将欧洲线细分为东欧、西欧、北欧），使每个旅行顾问只负责一条专项线路，以此保证旅行顾问团队的专业性。目前6人游的技术团队有6人左右，有大约30人的旅行定制师团队，旅游顾问已达60多人，顾问团队规模已晋升到整个行业的第一位。

6人游的创业氛围非常浓厚。在团队组建之初，6人游便保持着快乐的工作氛围，并将其上升至公司企业文化层面。正如6人游创始人贾建强所言："做旅游服务行业，快乐是很重要的事情，我们要把快乐的氛围一直延续下去。"此外，6人游还一直将"用户第一"视为公司的服务理念，团队中的每个人都在为此而付出努力。

（六）未来发展预期

未来，定制小团出行会逐渐趋向于经典化定制路线，小团出行也会更加规模化、标准化。因此,6人游也将规模化经营视为未来的发展重点。

在销售渠道方面,6人游把原先的直客市场业务开始向同行市场进行复制,由一些代理商销售产品,以此扩大6人游的市场规模。此外,除B2C系统外,6人游还计划推出B2B系统,将公司业务系统开放给地接社,让所有旅行社门市具备做定制团队的能力,以此增长业务体量,实现规模化经营。

另外,在用户体验方面,6人游基于自有App,试图构建线上内容社区,进一步增强与用户的交互体验。社区核心元素以旅游视频直播为主,由用户自己录制直播,构建视频内容的传播渠道。目前,6人游已与某视频直播平台达成战略合作,旨在让App成为旅游视频内容的自媒体平台。

未来,无论是定制精品还是扩大规模,相信6人游"用户第一"的服务理念不会发生改变!

(本部分执笔:李超然)

十一、马上游——目的地智慧旅游服务商

（一）企业简介

互联网+时代下，马上游科技股份有限公司（以下简称马上游）率先提出了"互联网+旅游目的地"战略，为旅游目的地提供建设、运营、营销三位一体的全域旅游一站式解决方案，将线上的全域旅游云平台与线下的旅游服务中心相结合，为旅游目的地城市提供全域旅游发展的抓手。利用云计算、物联网等新技术，通过互联网、无线网络，借助便携的终端设备，实现各类旅游信息的自动感知、及时传送和挖掘分析，提升旅游目的地政府管理效率，提升游客在食、住、行、游、购、娱等旅游活动中的自主性、互动性，改善游客旅游体验，让旅游更舒适方便，让更多人"发现世界、遇见自己"。

马上游成立于2010年6月，是一家以移动互联网、物联网、云计算和大数据为核心技术，以"互联网+旅游目的地"为主营业务的高科技企业。公司围绕"互联网+旅游目的地"生态链服务，为旅游目的地提供智慧旅游建设和运营、互动营销、线上线下融合的旅游电商等一揽子解决方案，并通过与目的地共建旅游服务中心的创新模式，打造"互联网+旅游共创共享平台"，借助旅游共享经济重塑旅游供应链。马上游于2014年获湖南广电传媒战略投资1.2亿元；2015年8月成功挂牌新三板，成为国内智慧旅游第一股、在线旅游新三板第一股，也是首批进入创新层的新三板在线旅游企业；2016年，获镇江文旅集团定增投资9980万元。

（二）机会识别

随着互联网的蓬勃发展，在互联网+时代下，"马上游"成为国内第一家做智慧旅游的公司，作为国内领先的智慧旅游解决方案和产品提供商，率先提出了"互联网+旅游目的地"战略，为旅游目的地提供建设、运营、营销三位一体的全域旅游一站式解决方案，将线上的全域旅游云平台与线下的旅游服务中心相结合，为旅游目的地城市提供全域旅游服务。

马上游作为国家"互联网+旅游目的地"联盟的倡导者和副秘书长单位，主要向各旅游目的地输出三种"互联网+"模式。其中，1.0模式主要向旅游目的地提供智慧旅游建设、互动营销及O2O服务电商服务；2.0模式在1.0模式的基础上，为旅游目的地构建和运营当地自有OTA平台；3.0模式主要为旅游目的地打造"大众创业、

万众创新"的旅游众创共享平台，引导和培养旅游创客参与旅游目的地供给侧改革及旅游创业创新，同时实现基于旅游目的地的旅行场景社交与电商平台，全面改进旅游目的地的旅行体验。

马上游的目标客户群是各大旅游目的地，提供的就是"互联网+"时代下融合线上与线下的旅游目的地全生态综合服务，为客户创造更大的价值。

（三）商业模式

马上游提供旅游目的地"O+O"全生态综合服务，通过五大服务模式打造完整生态。五大服务模式包含：互联网+旅游共创共享平台、目的地旅游服务中心、整合营销云平台、旅游电商服务体系、智慧旅游服务中心。

互联网+旅游共创共享平台，是以互联网为依托，开展旅游创新、旅游创业，用共享经济的方式，将目的地旅游创客资源和游客个性化与多样化的需求进行匹配连接，成为中国旅游界的一大创新。

目的地旅游服务中心，通过互联网+旅游目的地，线上与线下运营管理，真正形成旅游OTA一体化服务平台，为游客提供旅游咨询投诉、旅游集散、旅游餐饮及旅游商品购买、旅游互动体验、智慧旅游、旅游行业交流等六位一体的旅游综合服务。

整合营销云平台，以创造"旅行品牌价值"为核心理念，助力中国旅游目的地在全球范围进行互动营销，倾力打造泛娱乐化、社会化营销模式，为中国旅游行业提供全方位、整合性的服务，致力于帮助中国旅游业快速提升品牌知名度与品质。

旅游电商服务体系，以发展旅游目的地O2O服务电商为核心业务，依托公司传统技术优势，向上游拓展智慧旅游目的地项目建设、研发业务，提供B2B、B2C、T2O、分销平台、微电商平台等多种电商服务。

智慧旅游服务中心，利用云计算、物联网等新技术，通过互联网、无线网络，借助便携的终端设备，实现各类旅游信息的自动感知、及时传送和挖掘分析，提升游客在食、住、行、游、购、娱等旅游活动中的自主性、互动性，为游客带来超出预期的旅游体验和无处不在的旅游服务。

利用移动互联网、物联网、云计算和大数据等技术，围绕"互联网+旅游目的地"生态链服务，为旅游目的地提供智慧旅游建设和运营、互动营销、线上线下融合的旅游电商等一揽子解决方案，并通过与目的地共建旅游服务中心的创新模式，打造"互联网+旅游共创共享平台"，借助旅游共享经济重塑旅游供应链。

（四）创业团队

马上游创始人陈勇良，先后任职于中国核工业总公司、美国心脏联合会、

ReadySetNett、北京讯鸟软件,现任公司董事长兼总经理。他有着丰富的工作经验,并且有过三次创业经历,分别是基于互联网思维、基于社交的互联网猎头平台和O2O服务行业。工作与创业经历让他更加坚定了创业,选择一个用互联网思维来做旅游目的地服务的综合服务商,包括智慧旅游建设、目的地营销等,最早提出并实践了"互联网+旅游目的地"的概念,也曾超前地提出了"旅游共享经济"的理论。

马上游的目标是成为全球十大科技企业,改变中国公司在世界上缺乏创新的印象,融合中西文明,促进世界和谐。公司结构扁平化,氛围自由、开放、分享互助。公司主要技术力量来自美国硅谷和美国斯坦福大学、卡内基—梅隆大学、佛罗里达大学等著名大学。作为创业公司,创新是公司的核心目标,不怕犯错,容忍谅解犯错,坚持创新,给每一个拥有激情的梦想者提供舞台。

(五)运营管理

马上游运营过程中线上线下结合,线上提供景区门票分销验证系统、客流验证系统、景区车辆调度系统以及空气监测系统等,提供便利。探路线下口碑营销,和大多数OTA采用线上广告推广,靠补贴的方式吸引用户网上下单的模式不同,马上游采用由线下拉人到线上的模式,尽管需要投入人力,但效果明显,毕竟通过精准人群的口碑推荐,还是起到了实际作用。

(六)未来发展预期

"马上游"作为第一支登陆国内资本市场的在线旅游公司和智慧旅游全业务线服务提供商和整合商,得到了客户的认可,获得了良好的口碑,客户的续约率很高。其专注于"互联网+旅游目的地",将继续以"创新成就梦想之旅"为使命,力求从多个维度提升旅游产品价值。包括"第一家国内的智慧旅游公司""第一支登陆国内资本市场的在线旅游公司"等在内的诸多"第一",让公司成为行业首屈一指的综合性在线旅游公司,发展前景可期。公司董事长陈勇良先生在发言中亦表示,新三板的成功上市对于公司而言意义非凡,作为第一支登陆国内资本市场的在线旅游公司,"马上游"将以此为契机,广募英才,迅速在全国乃至全球旅游市场跑马圈地进行战略布局,并在行业内进行投资并购,致力于发展成为全球领先的旅游服务企业。"马上游"将继续坚持"以人才为核心,以创新为灵魂,提供差异化的高品质旅游服务"的经营理念。在"互联网+旅游目的地"的创新战略下,整合发挥线上+线下的资源优势,继续以客户需求为基础,坚持创新,为客户创造最大价值。

(本部分执笔:刘春燕)

十二、漫宜生活——慢一慢的生活方式型住宿品牌

（一）企业简介

漫宜生活，以解决周边游旅行中服务接待短板为己任，于2012年8月正式起航，致力于做京郊精品连锁客栈品牌，为广大游客提供一个干净舒适温馨的住宿环境，解决旅途中与"住"相关的痛点。

漫宜生活在不断的摸索中，寻求着独特的发展之路。其前身为宜客驿站，性质为O2O平台，主要是将农家院整合到平台上，进行统一营销。在经过一年的运营后，创始人李崇昌决定打造属于自己品牌的客栈，于是正式更名为"漫宜度假"。随着休闲旅游的发展，漫宜顺应潮流，致力于打造"慢一慢生活"的生活方式，正式将公司注册为"漫宜生活"。

漫宜生活相继在北京怀柔青龙峡景区、房山十渡自然景区，怀柔黄花城水长城景区开设直营客栈，并结合互联网技术的发展打造智慧客栈，在北京周边游度假市场建立根基立稳脚跟。除此之外，漫宜在泰国清迈开设了第一家直营客栈，开启"泰漫宜之旅"。不仅如此，漫宜生活广泛合作，积极开拓域外市场，在云南大理、丽江等地与知名品牌"云山美地"合作开设六家客栈，逐步打造了自己的会员系统，创立漫宜生活平台，引入第三方客栈服务提供商，初步建成了一个以客栈为核心的周边旅游产品服务集合，线上与线下相结合的标准化服务新模式。

（二）机会识别

近年来，随着社会的进步和人们消费水平的提高，越来越多的消费者注重假日里的休闲娱乐，以此缓解生活和工作的压力。短途旅游异军突起也是在这样的社会发展背景下的必然趋势。人们外出需求日益膨胀，但与之相对应的周边旅游接待服务水平却是参差不齐，很难满足中产家庭的需求。

2012年，漫宜创始人李崇昌在一次与家人去郊区游玩时发现，虽然交通便利、风景优美，但却几乎没有一个能够提供较好品质与服务的旅店。他发现，在郊区能够提供接待服务的主要有两种类型：第一种，大概80%~90%都是农家院，就是以农民为主体的经营。农民接待比较热情，但是硬件设施较差。第二种就是剩下的10%左右，是以国营度假村为主体的经营模式，虽然硬件不错，但服务相对较差。

创业初期，李崇昌团队的想法是，创建一个O2O平台，即宜客驿站，把一些好的农家院整合到一个平台上，并将它们进行规范和统一，然后再进行集中的营销宣传，并发展或吸收会员。但是一年后，李崇昌认识到这种模式不仅需要大量的资金投入，而且整合的要求太高，尤其在农村，农户们对标准化的认可程度较低，很难去实施。

最终，创始人李崇昌决定自己租地建立一家高标准的客栈。2014年，位于北京青龙峡的第一家漫宜客栈应运而生。第一家客栈成立后，各方面反响非常好，于是在经过再三考量后，漫宜决定做属于自己品牌的郊区民宿连锁。

（三）商业模式

漫宜主要的产品是郊区院落或者说是庭院，服务方向分为两个：一是为北京的中产家庭休闲度假服务，二是为社会团体提供自然环境中的社交聚会场所。

在漫宜的定位方面，创始人李崇昌选取了一个平衡点，即差异化中体现标准化，在标准化中形成一定的差异化。

漫宜在改造店面时，遵循选址地区独特的当地特征和建筑风格，不会有非常大的改动。比如周围建筑都是木屋，漫宜也会将自己的建筑特征设计成木屋。这与传统的经济型连锁酒店一成不变的建筑风格形成了强烈的差异。这样就形成漫宜的房间大小、床不一样，以及可能出去之后的院子和风景不一样，这正好给游客带来了新鲜的体验感。但是漫宜同时也保留了一些快捷酒店在床品、洗漱用品等方面的标准化，比如拖鞋、毛巾、牙具、洗液等一次性用品。在这些方面，每个店配备的都是标准化的物品。李崇昌表示："大家出去玩的核心，实际上是安全卫生，这个东西要把它标准化。但是在体验环境上可以非标准化，这个就会达到一个平衡，为顾客带来高品质的体验。"

创业初期，漫宜的营销方式主要是顾客们的口碑营销，完全没有走任何OTA的渠道，也没有开展过付费的推广。后来随着公司的不断发展，漫宜开始通过自己的微信平台做一些软推广。创始人李崇昌表示，未来漫宜的营销渠道将会趋于多样化，会考虑与其他企业的合作，增加企业的曝光度。另外，漫宜也想通过策划一些标新立异的活动，拉开与其他企业的距离，更具有特色化。

针对淡旺季，漫宜也采取了一定的营销手段来刺激消费：第一，在改造的时候，漫宜争取其硬件条件能做到冬天也可经营，尽量减少改造对旺季营业活动的影响。第二，到了淡季以后，为了弥补景色方面的欠缺，漫宜着力为团队策划丰富多彩的团建活动，来营造融洽的氛围。第三，周一到周四，调低房价，利用高性价比吸引顾客。第四，推行会员系统。针对会员，适时推出"买一送一"等优惠活动。

漫宜努力打造舒适干净的住宿环境，提供新鲜丰富的特色饭菜，以及良好的室内室外休闲场地。漫宜有一个倡导，希望生活在都市的家庭能够"慢一慢生活，漫宜慢度假"，到大自然中去进行适当放松。在郊区休闲度假之余，完成各种社交活动，可以是聚会，可以是产品展示，可以是专题讨论，到亲近大自然的环境中去开展社交活动是漫宜的新玩法。

（四）创业团队

创始人李崇昌，建筑学出身，2006年就读北大光华MBA。李崇昌对服务行业很感兴趣，并认为其有极大的发展前景。在经过几年的积淀后，李崇昌决定与团队一起创业。2012年8月，一个旨在整合农家院资源，以解决周边游旅行中服务接待短板的平台——宜客驿站，正式起航。

在团队管理层方面，创始人李崇昌总管公司各个方面的事务；运营经理杨浩主要负责公司内部的运营工作；另一个合伙人是台湾人，拥有丰富的服务行业经验，在创立第一家店时，充分发挥了自身优势；泰国清迈的管理由漫宜的一位股东负责。

在人员配置方面，漫宜正处于快速发展的阶段，员工人数也在不断增加。除了财务、运营等办公室职员外，漫宜会招聘一位店长和副店长到郊区去负责管理每家店面。不仅如此，漫宜也充分发挥郊区低价劳动力的优势，在当地农民中招聘果园管理人员、厨房配菜等，人房比维持在1∶3到1∶4左右。在周末、节假日等满房时期，漫宜还会再增加招聘当地的临时工，以解决人员紧张问题。

（五）未来预期发展

关于漫宜未来的发展，创始人李崇昌提出两种业态：一种是改造型，即1.0版本，就是改造农家院；2.0版本是打造型，对场地进行规划，对产品进行整体设计，打造成一个新的院落。改造型的房价在300~400元，打造型的房价会争取到价位是600~1000元。

未来，漫宜生活将通过利用物联网、云计算等新技术，通过便携的网络终端主动感知旅游资源、旅游信息、旅游活动等信息，让用户对各种松散的旅游信息智能感知和利用，让游客及时了解、安排、调整工作与出行计划。

漫宜生活未来会搭建全国优质客栈掌柜信息、线路资源发布与游客信息资源智能提取平台，提升游客在吃、住、行、游、购、娱各个旅游环节的附加值，让游客在自由旅行过程中都能轻松获取符合自身的旅游信息、从而合理规划出行、预订票务、安排食宿、消费支出等，以极大改善旅游体验。

（本部分执笔：牟丽梅）

十三、穷游——发现最世界

（一）企业简介

2004年，穷游诞生于德国汉堡的一个中国留学生肖异的宿舍里，主要的目的是和大家分享自己的旅行经验和相关的旅行资讯。经过十几年的发展，穷游现已发展成为国内领先的出境旅游服务平台。截至目前，穷游网主要是为广大"穷游者"提供原创实用的出境游旅行指南攻略、旅行社区和问答交流平台，以及智能的旅行规划解决方案，同时提供签证、保险、机票、酒店预订和租车等在线增值服务。

穷游，其实与钱多钱少关系不大，它代表的是一种生活方式，一种更自由、更有深度、更有品质的生活方式。穷游的服务宗旨是"让中国人的出境旅行更加容易，帮助大家获得更好的旅行以及生命体验"。最初穷游名叫"穷游欧洲论坛"，主要是一个为华人留学生提供自助游互助交流的平台，用户主要是欧洲华人及留学生，上线的第一个月便得到了近万名网友的关注。2006年，穷游欧洲论坛正式更名为穷游，与此同时，加入了其他各大洲的自助游板块。2008年，肖异回国组建团队，穷游正式进入商业运作阶段。此后，穷游先后推出了免费、国人原创的中文旅行指南《穷游锦囊》、聚合出境游供应商尾单的平台"穷游折扣"、帮助出境游用户制订旅行计划的核心产品"行程助手"等。2011年，穷游获得挚信资本A轮投资。2013年，穷游再获阿里巴巴领投、挚信资本跟投的B轮战略投资。2014年，穷游和Airbnb建立起战略合作伙伴关系。2016年1月16日，穷游宣布获得近6000万美元的融资，投资方为香港众信和优投金鼎，跟投方为SIG（众信旅游占优投金鼎10%的股份）。

（二）机会识别

穷游成立之初的想法是源于肖异对旅行的热爱，他有一个带着女朋友游遍欧洲的梦想。肖异结合自己当时的经济条件试图安排经济舒适的旅行，因此他搜集了大量的促销房间、降价机票的信息，每周都会选择合适的路线出行。久而久之，肖异搜集并积累了大量的资料，由此肖异便想到在和自己处境类似的这类人中，应该有一部分人也有和他一样的旅行需求，如果他能将自己搜集的资讯及时地和大家分享，应该能帮助别人实现旅行愿望，同时也能够为自己的旅行增值。于是穷游欧洲论坛便诞生了，出乎意料的是，在网站上线后极短的一段时间内，大量的网友聚集于此，其间甚至出现了服务器托管商因为流量过大而解约的麻烦。这次成功让肖异看到了这部分市场的发展前景，他迅速地将眼光从欧洲转向各大洲，主打高质量、高性价比的海外游线路设计以及相关产品的销售。

2008年肖异回国后，选择了国内互联网创业环境较好的北京，与穷游的第1000个用户周彤联合创办了北京穷游天下科技发展有限公司。经过几年发展，穷游网作为旅游社区网站之一，其访问流量虽然不是国内最高的，但用户黏度远远超过其他同类网站。穷游依托用户的忠诚度和内容黏性，为那些对旅行有着高标准要求的用户群体建设了一个高度互动的社群。他们专注于做垂直旅游，结合UGC+PGC，不断地进行创新，致力于做有深度、有内涵的旅游产品，帮助用户改善出行体验。现如今穷游已经发展成为一个集"社区+搜索+电子商务"于一体的"出境自助游一站式平台"。

（三）商业模式

穷游始终坚持定位于那群对旅行有着高质量、高性价比要求的客户，现在穷游的核心产品有穷游社区、穷游锦囊、行程助手、"最世界·自由行"商城、JNE、穷游海外之家，移动应用包括穷游App、穷游锦囊App、穷游行程助手App、穷游最世界App。通过梳理，穷游把业务整合成"App、做行程、买折扣"三个链条，穷游锦囊、穷游社区等都隐藏在三个链条中。在"互联网+"时代背景下，穷游紧随潮流，不断对旅游方式进行丰富和创新。2015年9月，穷游在清迈推出了第一个Citywalk的产品，现在在上海和北京也有尝试。通过几次活动他们发现，活动的参与者大多是本地人，外地游客很难在较短时间内深入到城市的基底当中进行深度游，外地游客的出行大多还是停留在观光游览阶段，虽展现出深度游的苗头，但目前还处于初期阶段，市场效果不太明显。Citywalk项目是以征集全球Citywalk合伙人的活动为基础的，穷游和Citywalk合伙人的关系类似于按照项目众筹，Citywalk合伙人设计有内涵、有吸引力的项目，穷游作为合伙人的天使与合伙人一起做项目，利润按照一九或是二八进行分成。周彤表示，Citywalk采用的模式是一个创新的模式，因为在旅游产品的开发和生产过程中，没有哪一家企业采取这种做法。实际上，这种模式的成本并不高，这是符合互联网精神、自下而上创新求变的结果。

随着境内OTA基本"一统江湖"局面的形成，携程目前的发展态势相当猛烈，之前遍布在一线的去哪儿、艺龙、同程、驴妈妈等纷纷倒下，穷游的实力则慢慢在市场上凸显出来，因此穷游的竞争风险越来越高。为面对这一风险，穷游在组织结构上做了一些调整，保留原有的行政、人力、财务等支持部门，将技术部门、产品部门、数据部门、市场部等重新打乱整合，按照项目要求配置成项目组。目前已有的项目组主要有四个，分别是目的地项目组、行程助手项目组、穷游锦囊项目组和最世界项目组。每个项目独立运作，这样即使以后公司层面遭遇了某些麻烦，单个的项目依然能够继续进行。同时，由于四个核心项目相互独立，是同一链条上的不同环节，所以企业内部几乎不存在特别明显的由内部竞争引起的矛盾，存在潜在矛盾的地方应该是流量的引入问题，流量从上游传到下游，如果上游经营不善，下游很有可能失去很多潜在客户，所以在引入流量时项目之间可能会竞争先后顺序，这时管理层会提前做好综合分析，合理分配资源，各项目之间需要考虑的主要问题是如何团结共生，争取为彼此创造更多有利条件以增强总体实力。

（四）创业团队

穷游的创业团队包括创始人兼CEO肖异和联合创始人兼副总裁周彤，由于穷游一直专注于开发出境游市场，所以穷游的员工大多有留学的背景。肖异曾任职于雅虎德国，他是一个将自己的业余兴趣发展成一项事业的成功人士。在短短几年的时间里，肖异将一个小小的旅游论坛做成一个业务遍布各大洲的综合性服务平台，成为一个有相当大体量企业的CEO。在现在的管理团队中，肖异的工作重点简单来讲就是找人找钱。找人即：找到合适的人，认同穷游的文化，喜欢穷游的产品；找钱即：穷游在商业化的量级相当大，穷游主要的赚钱渠道是佣金部分，找到更多资金来源对于企业的运营有着举足轻重的作用。随着穷游的用户群逐渐向比较偏主流的中产阶级的转移，肖异表示穷游也要积极随着时代潮流而变，避免沦为不是被对手打败而是被时代打败的结局。

周彤，现任穷游的副总裁，他将旅行分为灵感、搜集信息、预订、在路上的体验和分享五个部分，认为随着互联网的不断普及，消费者不必过分迷信O2O，因为旅游不存在Online，在旅游这部分的O2O，这两个O都是Offline。互联网对于企业来讲，只是一种和消费者沟通交流的工具，所以，他认为OTA对穷游的冲击不是特别大，对穷游目前的业务发展持比较乐观的态度。

2014年，原今夜特价酒店联合创始人、窝窝团的联合创始人韩哲加入穷游，现任穷游首席商业运营官COO。现在周彤和韩哲主要负责穷游具体的商业业务线，将最世界的前一环内容做扎实，把线路、产品补齐，把供应量做充足，拟定合适的价格等。

（五）未来发展预期

中国旅游研究院的报告称，2016年中国出境旅游人次将达1.33亿，国民出游意愿持续走高。近期很多国家和地区为吸引中国游客纷纷出台新的签证政策，使出境自由行更加便利，出国度假过新年也渐成一种国人的旅行新风尚。穷游行程助手的数据预测帮助穷游提前在那些热门城市做好资源布局，满足用户对旅行产品和服务日益增加的需求，同时穷游也聚集了全球各地大量的Citywalk合伙人，对于某些区域的深度游也有了很大一部分的基础。由此可见，穷游已做好迎接大量出境游的准备，发展前景一片大好。

（本部分执笔：白奔）

十四、山楂小院（远方网）——乡村度假旅游尝试

（一）山楂小院简介

在协会客栈民宿委员会成立大会上，隐居乡里—山楂小院荣获"2016最受欢迎客栈民宿"奖。紧接着5月，又获得SMART海峡乡创峰会客栈类唯一奖项：年度最美客栈奖。在极短的时间内，人们便认识了这个京郊民宿爆款——山楂小院。

山楂小院是2015年远方网创建的隐居乡里平台下的代表性产品，它是远方网探索乡村建设运营体系的第一个样板院、一种可以在乡村迅速复制的乡村度假模式。隐居乡里致力于和当地农民一起合作，以农民为主体，帮助他们改造废弃的宅院，并把他们培训成民宿经营的主体。

冬天，北京的民宿基本不营业，但自2015年12月北京延庆虎叫村山楂小院试营业以来，这里的客房预订几近爆满，节假日入住率95%，平日入住率56%，甚至网上预订出现三个月内一房难求的局面。

（二）机会识别

随着国民收入的不断提高，城乡居民的出游热情也在不断攀升，另外伴随着互联网技术的逐渐成熟，我国的自助游开始进入到一个比较蓬勃发展的状态。同一时间中国出现了许多提供出游信息的网站，比如2006年成立的蚂蜂窝，还有2007年上线的远方网。

远方网是国内专门为自助游、自驾游者免费提供出游指导方案的网络媒体，通过提供系统全面的出游方案满足出游者对吃、住、行、娱、购、游等方面的信息需求，同时通过不断与旅游地深入合作，对大众未知的景区和景点进行挖掘和推介。

随着市场的成熟和用户消费习惯的改变，远方网决定转型，寻找更加贴合大众需求的旅游发展模式或产品，因为纯粹的信息提供已经不能满足大众旅游者的需求。由于企业之前并没有吸纳到相应的融资，再加上企业自身天然的优势（远方网之前比较侧重于做乡村的和小众的目的地攻略，因此相应地更擅长于包装和策划一些籍籍无名的旅游度假目的地），远方网就尝试打造一个独特的周边乡村旅游体验项目——隐居乡里。而山楂小院就是隐居乡里项目中的一个代表性产品。

"以后乡村资源就是最大的奢侈品，牛的人都在乡下住，这个很重要。所以

说,把握好乡村,对于每个人来说都是一个机会,因为人都要活命,乡村离自然最近,离你的命也最近。城市化发展到最后必然就是回归乡村"。

(三)乡村度假服务体系(商业模式)

山楂小院,或者说隐居乡里项目在摸索中形成了一个比较简单的模式,即通过和村民合作,公司提供策划、投资、培训和营销四个方面,之后由村民独立管理小院。

首先是策划投资部分,也就是寻找合适的院子进行创造性设计装修。针对这一点,山楂小院有其独特的选房策略。其一,选择小院作为策划投资重点,重点是考虑到现在消费者越来越要求个性化和独立性,而小院独特的气质恰恰可以满足目前消费者的需求,不仅有了足够的私密性,也更加便于管理;其二,山楂小院的房源一般都是选择在一线重点城市周边,两个小时以内的自驾车程,最关键的是这些小院都是由政府推荐,带有一定的扶贫性质,当地政府和农民的积极性和配合度都很高。接下来就是请专业设计师结合小院自身特点对小院进行二次解构设计,实现小院的独特功能,既满足现代人对住宿的特殊要求又体现了山楂小院独特的韵味。

其次是培训部分。培训分为两部分,线下培训和线上管理。线下培训即员工会对小院管家进行集中两个月的军训式培训,帮助这些管家养成良好的生活习惯和待客技能,与此同时,一个管家认领一个院子,每个院子都是独立的个体,收益也和这个管家挂钩。这样一来管家的培训积极性就很高。这个过程不仅培训了农民也提高了企业员工的综合素质,有利于双方进行更好的沟通。线上管理就是平台会设立起基本的质量准则,帮助这些农家小院进行客户维护、营销宣传,并设立严格的奖惩制度进行质量监督。到最后,线下的工作人员全部撤回,由每个管家管理每个院子的接待、住宿、卫生等具体运营,农村合作社则进行辅助管理。

最后就是营销部分。由于山楂小院房源100%来自互联网预定,所以网上营销就变得格外重要。网站在推广的时候格外突出在这个乡村小院或者乡村里应该怎么玩而不仅仅是这里的住宿品质有多好。比如春天来了怎么赏花、怎么带孩子一起农耕种植;夏天怎么来这里进行采摘活动;秋天怎么在这里掰棒子、打小米;冬天又怎么带孩子来这里喂养家禽等。通过这些与乡村有关的游玩体验,丰富顾客的住宿体验,提高顾客满意度和再次入住意愿。

山楂小院(隐居乡里)的盈利模式也非常简单。首先收回前期的装修成本,然后和农民一起分成,农民分得其接待服务费用,平台收取其营销成本。

（四）创业团队

陈长春，山楂小院创始人，军人出身，乡村旅游策划师，远方网创始人，有着8年乡村旅游度假产品研发运营经验。在与朋友合作的一个乡村度假酒店项目（山里寒舍）中获得巨大的成功后，2015年陈长春在远方网创建了隐居乡里平台，和当地农民一起合作，以农民为主体，帮他们改造废弃的宅院，把他们培训成民宿经营的主体，这就是山楂小院——远方网探索乡村建设运营体系的第一个样板院、一种可以在乡村迅速复制的乡村度假模式。

金雷，空间进化（北京）建筑设计有限公司创始人之一，2015年加入隐居乡里乡村度假服务平台下的"山楂小院"项目，他认为合理开发才是保护农村最好的方法，并且基于"不拆"的认知在做设计，目前隐居乡里的所有产品都是由空间进化团队打造。

目前整个创业团队核心人员由陈长春，两位设计师金雷、麦子，还有重庆驻京办前任餐饮总监老蒋4个人组成。团队内每个人各有所长、各司其职，为完成一年在北京周围复制出100个山楂小院，三年之内在全国复制出1万个这类院子的大目标而努力。

（五）未来发展预期

山楂小院扎根农村，急政府和群众之急，不仅有很好的群众基础，而且顺应了当今城市化发展回归农村的趋势，所以它将有很强大的生命力。随着社会的发展，乡村资源越发珍贵，因此开发乡村度假旅游体系大有文章，再加上远方网在策划营销乡村旅游资源上具有得天独厚的优势，更有利于以山楂小院为代表的隐居乡里平台占据更大的市场份额，赢得更多消费者青睐。但是在山楂小院蓬勃发展后，也应该考虑企业的人才招聘问题，其个性化和标准化的融合问题，其他同类型农家乐或者乡间旅社复制抄袭问题，以及山楂小院的核心竞争力到底是什么等问题。山楂小院还在起步阶段，所有的问题是挑战也是机遇，相信山楂小院不论如何发展，都会将满足顾客需要、解决好舒适度和实用度放在首位。

（六）经验总结

经过将近两年的摸索，山楂小院走出了自己独特的乡村度假道路，成功绝非偶然，在它成长的路上也有很多经验值得我们借鉴。

第一，山楂小院很懂得借势，借政府之势、借平台之势、借村民之势。其一，山楂小院系列开发从政府角度来看带有一定的扶贫性质，因此不管是小院的选址、开发、管理等各个阶段都有政府的支持，这对山楂小院开发本身而言，无疑是减了负。而且由村委会或者农村合作社进行辅助管理和监督,既减轻了平台自身的管理压力也更便于乡村自治。其二,远方网自身拥有较大流量和用户,且在包装、策划乡村度假和小众旅游目的地方面有着天然的优势和经验,所以在此平台下进行山楂小院的策划营销显得较为顺利便捷。其三,正常的酒店运营管理需要企业自身进行人员的招聘和培训,签订长期合同则难度较大。但山楂小院所选择的管家都是当地政府推荐的较为出色的村民,由于是当地人,便于管理而且较为稳定,相对于聘请外来人员更加省力高效。

第二,山楂小院更加脚踏实地,每一步都落在实处。在整个旅游产业都在简化模式、轻装出行的趋势下,山楂小院却着眼于补充供给,提供优质旅游资源,虽然从模式上看还是较重,但是山楂小院却走得更加稳固。从长远来看,不失为一个好的尝试。

第三,山楂小院紧抓市场,时刻关注顾客需求,回归本真也值得我们学习。

(本部分执笔:刘钦)

十五、世纪中润——中润旅游，润人如心

（一）企业简介

北京世纪中润旅行社有限公司（Beijing Century Zhongrun Travel Co., Ltd）（以下简称为"中润"）是经北京市旅游局批准，在北京市工商行政管理局注册，专业从事国内旅游的独立法人企业。公司主营业务为散客天天接、会议策划接待、周边游、夏令营、大型专列、老年活动和游学等。"中者为天下之大本，润者为万物之根源。"中润拥有多年从事旅游业工作经验的强大团队，团队创新、进取、永不言败，团队激情、勤勉、富于责任。中润坚守诚信经营的理念，期望以优秀的服务品质赢得市场的美誉。"中润旅游，润人如心"是中润孜孜以求的目标与责任，做北京最好旅行服务商是中润的理想。

中润是代表传统的一个旅行社，其CEO龚德海1999年开始创业，但是真正起点是2000年。从2000年开始，龚德海停薪留职，开始正式进入旅游行业。企业初期是包部门，做门市（挂靠）。直到2006年，世纪中润才正式成立。2006年之前，严格意义上来说，公司没有做专业化定向，基本上做的都是保持公司能够正常运转的事情。中润最早做过当时比较火的入境接待（接美国团入境），后来又做过会议培训（组织企业到其他企业学习），也做过组团。中润找到自己比较精准的发展方向是在2007年。虽然在发展的过程中，中润的小方向在不停改变，但是大方向——旅游的地接和落地一直没有变。

中润虽然还是传统地接社，但与普通的地接社已经有了明显的区别，它既有产品研发能力，也有资源整合能力，其定位是综合性目的地产品生产商和运营商。

（二）机会识别

因为不是北京人，做组团和其他事情所需要的人脉资源等是中润的弱项。相对而言，地接是一个比较苦的行业，中润员工利用比别人勤奋的优势，开始把所有的精力转向做全国各地到北京来的接待上来。2006年中润成立之后，其地接的方向就一直没有变。

2007年，中润抓住全国各地老年人第一次出游（属于夕阳红系列）会首选北京作为目的地的契机，开始设计"我送爸妈看北京"的老年人产品，该产品目前已经

发展成为中润一个较为核心的地接产品，其服务人群已经从二、三线城市扩展到了五、六线城市。

从2007年到2009年，中润拓展了全国各地的渠道，包括分子公司、各个城市的代理。2009年，中润又利用北京是节假日家庭带孩子出游或孩子假期夏令营目的地的首选的机会开始做亲子、夏令营产品，并按照老年人产品的模式复制。

现在，中润紧跟时代步伐，利用微信公众号：北京世纪中润国际旅行社（BJSJZR）作为线上销售渠道。公众号的内容分为三个部分，分别是分销中心（分销商城、分销注册、订单管理、佣金管理）、特惠旅游（北京一日游、品位北京四日游）、品牌旅游（品牌官网，包括老年团、亲子游、夏令营、北京品质游、北京伴手礼、演出门票）。其中分销商城里面，有中润具体的产品介绍（夕阳红——"我送爸妈看北京"、亲子游——"爸妈带我看北京"、品质游——"北京纯玩团"、夏令营——"读行少年派"等研学游）。

（三）商业模式

中润的经营战略是以创新引领市场，以差异化的产品抓牢市场，紧抓市场、产品、模式三项创新不放，让品质保障品牌。下面介绍中润的代表性产品及其商业模式。

老年产品"我送爸妈看北京"是该公司核心的地接产品。中润在该产品上采取的是反向策略，即中润定好产品、标准和价格体系之后，由组团社和渠道做分销的售卖。这对旅游行业来讲是一种创新和改变。该产品具有延续性，从2007年3月第一期开班一直延续到现在的第192期，且其积累的经验和渠道是公司其他产品的奠基石。从整个市场来看，中润的老年人产品属于中端定位，虽定价不是很高但提供的却是多内容、高品质的享受，包括全程VCD摄像、精密的光盘、专配的食品便当、定制的安全指环、吊牌、胸牌等。这一系列配套的服务是中润最大的竞争优势。

亲子产品"爸妈带我看北京"纯玩亲子游的成功开发和运营依赖于由老年人产品积累下的经验和渠道，其盈利模式是议价。虽然它的产品定价高，但却深受顾客喜爱。亲子产品的与众不同之处在于：中润的服务对象，是从大的市场环境里面细分出的长线亲子游人群。公司在小长假或者暑期有专门投放该产品的目标顾客，并会在亲子游与常规游结合的产品中为该类人群增加特别感受。例如亲子游与常规游的有机结合，其中30%是亲子体验，70%是旅游产品。这就形成了与同行间的差异。

夏令营产品不是一种纯粹的旅游产品，它更多地偏重于教育体验，是通过与非旅游的、做教育培训的企业跨界战略合作完成的产品组合。这种组合完成后会形成一种可复制、可由多种渠道（旅行社、报社、媒体、教育机构等）售卖的标准化产品体系。在做夏令营产品的过程中，中润整合资源成立了教育科技公司，又通过合股的模式参与到两个教育公司——中少童行、趣游学中去，与其形成战略合作，以增加产品的可行性和降低产品实施的难度。

不论是何种产品，不论顾客从哪个渠道报名，中润都有配送服务。顾客从出发城市到北京有人全程陪伴，抵京后由北京专业地接负责导游和其他所有环节的服务。顾客享受过服务后的分享和进行网上点评，被中润定义为完整的跟团游服务。这是一个标准化的流程。老年产品、亲子产品及夏令营产品都是按照这样一套完整流程打造的。除了上述三个产品外，中润还有"读行少年派"、出境游产品等。

（四）创业团队

龚德海，师范毕业，最早被分配到宜昌市建委，从事与旅游相关的工作，包括旅游度假村、油轮、码头的一些项目。2000年开始创业，正式进入旅游行业，2006年正式成立世纪中润公司。中润北京总公司的18个人，隶属于OP计调部门；业务部门，也被称为客服，主要工作是服务各个代理、各个地方的分子公司和渠道，财务部门有审核、财务会计，导游部，据悉，大概有50多个在编的全职传统导游、小车队，针对大部分散客体系专门做接送和配送服务。还有做小跟团服务的工作人员。

对外，中润湖北分子公司分别分布在武汉、宜昌、襄阳、十堰。福建、陕西也采取同样的模式。也即，先将分子公司定位在某个省，再把它分散到该省的某些管辖市，每个地方2~3名员工。北京总公司加上分子公司，中润大概有35~36位员工。旺季会招实习生，主要做OP、辅助计调。暑期时，会定向招收30~40名大学生辅导员专门做学生夏令营。

（五）未来发展预期

（1）渠道建设。中润现在仅开通了10多个省市、200多个城市的渠道。就全国来讲，那么多的城市，还有些地方的渠道需要慢慢培育。未来，中润将会利用更多的时间和精力来进行渠道扩展和扩张。

（2）开展横向合作，做横向的全国性专业化的公司联合。例如，中润以拥有将近两百万用户的中国最大的老年报纸——快乐老年报为牵头，联合全国知名老年产品的企业，做联合品牌。横向合作除了进行产品共享、渠道共享、标准化等方面的工作，将来将考虑引入老年人会员制，将老人3~5年的旅游做一个整体规划。

（3）进行纵向延伸。例如，中润在跟各地市周报合作做老年活动。活动上半年做广场舞比赛，下半年做票友赛等。此外，老人产品还有养生等还有待渗透。

在未来的发展过程中，中润可能要凭借移动互联网技术和专业团队。2015年，由于缺少专业化运营队伍，中润投入的天猫店运营失败。但这个方向不一定是错的，中润还要继续摸索。中润还通过微信端与纷享销客（通过移动端做分销的一个公司）和在新三板上市的点点客合作，让他们围绕中润的订阅号，给其专门定制，开发分销软件。

未来，中润主打的思路，除了传统的老年游产品，还有游学产品，且龚德海表示，中润会把产品做成三品系列，比如说美品、优品、上品。

（本部分执笔：王静）

十六、世界邦——用技术与达人改变定制游

（一）企业介绍

世界邦旅行网创立于2012年年底，是一家专门提供出境自助游商品和服务的交易平台，以提供"个性化行程定制服务，高性价比、高质量境外自助游"为目标。世界邦是一家典型的互联网公司，拥有现在业界创业公司里最庞大最一流的技术研发团队，前期花费一年多时间进行了网站的建构，包括产品线路、目的地和服务商的接入。2014年4月推出超级自由行产品，意味着世界邦前期基础工作的完成。目前商城提供上万条旅游线路，产品有超级自由行、定制自由行、包车自由行三种，顾客也可以在商场中单选产品。世界邦旅行网类似于天猫商城，一方面为顾客提供免费定制产品，在价格最优的情形下后台计算出适合顾客的线路，再由达人进行规划，为顾客提供全方位立体的旅行产品服务；另一方面商城中包含数万家目的地的服务商，顾客可以自己挑选签证、酒店、门票等单个商品。

世界邦成立至今，已完成三轮融资。2013年1月1日完成第一轮天使融投资，10月完成A轮融资，是由华岩资本和复星昆仲资本提供的数百万美元。2015年11月，完成新浪微博提供的1000万美元的B+轮融资。目前宣布进行C轮融资。

（二）机会识别

世界邦目前所针对的用户是白领和中产阶级，他们有一个共同点就是工作繁忙，没有时间去搜攻略、定路线，他们想要省心的一站式服务，世界邦正是为了这一类人的旅行需求，为他们提供舒适、舒心的平价定制产品。创始人张平合提到："我们要做的就是，让旅行者花在旅行之外的时间越少越好。我们就是出现在旅行者要的时间和空间交叉点上，提供精选实用信息。"同时，也为满足用户自己定制路线的需求，商城中有众多单品可供用户选择。

与其他传统的OTA公司相比，世界邦的优势有两点：一是强大的技术支持，可实现单项产品的实时搜索和组合，二是在提供初步路线的基础上达人为用户进行定制服务。在浏览网站的同时，就有旅行顾问随时在线为用户解答疑问。世界邦拥有6重超级服务——手机智能导游、指路精确到米、达人定制行程、定制客户手册、7×24小时紧急服务、不止机+酒一站全搞定。在这种超级服务下，世界邦推出的

第一款产品——超级自由行有着"独立出行、任意日期、达人设计、全程代订"的特点。2014年推出的定制自由行产品比超级自由行晚了三个月，在定制程度上却有了区别。超级自由行是微定制，定制自由行是全定制。另一位创始人赵新宇提到："因为这两个技术难度上和信息准备上有差别，就是做好一个微定制比较容易，你要想随时现做这比较难，也就意味着你要穷尽才敢给人定制，你不穷尽就不能定制。"2016年推出的包车自由行，则是在之前定制的基础上加上包车，让用户在旅行地不为出行发愁。

赵新宇在我们的访谈中提到，他认为定制旅行产品生命周期有5个阶段：第一阶段是可用产品（即旅行社的单团），可以将旅行社的单团产品拿过来直接用，只不过是跟团人员少，但价格要高；第二阶段是提供个性化产品，提供高端定制，针对个人需求将用户的需求满足到极致；第三阶段是将个性化规模化、平价化，个性化必然将高端化，但大多数人的接受能力并没有到这个阶段，因此考虑大众需求，打造规模化，将价格降下来。第四阶段是将规模化的个性化产品标准化，这个阶段需要大量的人力来完成，计算机只是辅助作用。第五阶段为智慧旅行，它关注两个点即终极人文关怀和柔性生产。终极人文关怀就是把达人对用户的人性化服务也标准化，柔性生产是提高达人定制路线时的灵活性和应变能力，为用户提供更舒心更顺意的服务。世界邦目前正处在第四阶段上，标准化的过程还需一段时间。定制旅行产品与跟团游产品的产品生命周期除了第一阶段刚好相反，两者第一阶段是相同的，跟团游第二阶段是标准化，第三阶段是规模化，第四阶段才考虑个性化、人性化服务。

（三）商业模式

世界邦是一家典型的依靠互联网技术提供旅行服务的公司，它与传统的OTA（如携程、去哪儿）又有着区别。它既包括携程的产品预订功能，又去哪儿的垂直搜索引擎内部比价功能，同时还有着达人定制服务。这种综合性的旅行服务网站必定有着自己独特的商业模式，那么世界邦比较典型的商业模式有哪些呢？

1. 用互联网技术的方式打造个性化和规模化

在新浪微博的访谈中，世界邦联合创始人赵新宇提到："要实现个性化服务，关键在于能否运用互联网技术充分提高人介入的效率、降低人服务的成本。"世界邦在前期1年多的时间里都在打磨自己的技术，申请了众多的专利。比如说前期的旅行小帮手用来收集用户的信息；离线地图，让用户在境外没有网的情况下依然可以寻找到目的地；全球自动计价系统，即用户在输入目的地、人数、天数后，后台计价系统会迅速从数据库中模拟出数条路线并标注价格。世界邦的运营模式是技术提供机械式的初步路线和价格，后期达人提供人性化的服务。两者相结合，才有了免费定制、平价定制的优势，商城中的数万条路线也是依靠技术解决的，解放了人力。

2. 提供平价定制服务，满足用户个性需求

定制旅行路线是世界邦的特色，用户在登录网站时会有达人在线随时服务，客户无须自己提前做攻略，只需将需求告知达人，达人和后台会为用户设计出路线来。相比其他专门定制的企业，世界邦旅行网的定制算是性价比较高的，甚至在旅游淡季时可以说是免费定制。

3. 对提供定制服务的达人独特的管理模式

世界邦拥有2000多名达人，达人为用户提供定制服务，获取服务费用以及积分兑换商城商品。达人也分两种，目的地端达人和服务达人。目的地端达人提供初级信息，在有服务能力的时候才会升级到服务达人。达人的管理模式类似滴滴打车，也是抢单模式。达人会有绩效考核，如果服务不到位或定制内容不合用户需求会取消抢单资格。

4. 打造金牌合伙人理念，跨界共创新融合

2016年，世界邦已与家电、互联网、婚庆、教育、移民等200多家企业开展合作，寻求业务需求契合的机会，丰富合作品类和收入渠道。金牌合伙人有着非竞争、高回报、结算透明的福利，金牌合伙人只需定期为合作伙伴推荐热卖线路信息，一键分享专属链接或二维码即可轻松推广，按销售数量提成并有世界邦运营专员提供全流程贴心服务。

（四）创业团队

世界邦两位创始人是张平合和赵新宇。张平合，曾是雅虎中国第一任总裁，鼎晖投资运营合伙人，有过通信和互联网行业多个领域领导公司的成功经验。他个人喜欢旅游，尤其是出境游，积累了大量的旅游经验，是朋友圈有名的攻略达人。赵新宇，曾在中国电信、中兴通讯等企业任职，是前鼎晖投资运营副总裁，在通信、IT、互联网等相关行业的多个领域具有丰富、成功的企业管理经验。

公司目前拥有2000多名旅行达人，为顾客提供全方位关于目的地的信息和服务。部门结构主要是产品部、技术部、商业化部、市场部（CPS组）、商务部。其中产品和技术人员占到总人数的2/3，从部门结构上也可以看出世界邦是一个互联网公司。商务部主要负责接洽商场入驻的店家、厂商，商业化部则是负责将设计好的

路线商业化，进行包装设计使之具有卖点。市场部则负责销售、渠道，CPS组是市场部下设部门，又称为金牌合伙人，即世界邦与同业合作，开辟新的销售渠道，最后按成单来分成。

世界邦的管理结构趋向扁平化，有着典型互联网公司的风格。

（五）未来发展预期

在庞大的技术体系下，世界邦实现了对单项产品的实时搜索和组合。这样的技术支撑在其他旅游网站是前所未有的，也是世界邦最大的优势亮点。同时，全服务定制自由行迎合了当下的忙碌又想有旅行体验的广大用户群的旅行要求，加上新浪微博的追加投资，与其海量用户和旅行资源相衔接，未来市场前景广阔。

（六）经验总结

在世界邦成立后的一年多，并没有推出爆款产品，真正的产品直到2014年4月才推出。这一年多的时间里，世界邦潜心研究旅行者的需求，"旅行小帮手"正是那时用来调研旅行中真正的需求而推出的，并能打磨技术，钻研出众多专利技术，这才能在爆款产品推出时受到大家的欢迎。技术是动力也是资本，在强大的技术支持下，世界邦这辆大车才能越走越快，也才能越走越远。

发散思维，提倡跨界融合创新，不只是咖啡馆三位一体的创意，在销售渠道上寻求同业的金牌合伙人也是如此。在如今分享经济热潮下，世界邦正是顺应了时代的潮流，甚至超前于时代，才有了如今的发展盛势。

（本部分执笔：陈阳）

十七、提谱旅行——用手机玩转旅行

（一）从景区宝到提谱旅行

2013年8月，张文威创建了景区宝，它是北京智能联信信息科技有限公司推出的一款专为旅行中的游人打造的旅行神器，能够为游人提供景点语音讲解，智能景区导览图，以及线路图等旅游服务；能够轻松化解导游不足的难题，满足游客多样化个性化的服务需求，并能让游客及时反馈分享游览感受，因而备受年轻游客的喜爱。

景区宝成立初期即获得顺融创投几百万元的天使投资，2015年6月更是完成了数千万元的Pre-A轮融资。2015年10月，因其发展重心与方向的转变，景区宝正式更名为提谱旅行(Tips Trip)。用一条条tips，带领游客全面了解景点，深度游览景区，并及时分享览物之情，游历之得，充分实现"让旅行更自由"的宗旨。

（二）机会识别

作为旅游行业的热爱者和创新者，提谱旅行创始人张文威在公司成立之初试图以景区二维码识别验票系统切入旅游行业，但随后发现不少大型景区以及上市企业均在做同种业务，并且已经对他们这些小型的创新型企业构成了竞争壁垒，于是他的团队又转而做景区地图定位和导航服务，致力于为深度自由行用户提供专业导游语音讲解服务。

《2015年国家旅游局数据报告》显示，2015年，我国国内旅游突破40亿人次，其中自由行人群高达32亿人次，占比80%，其中71.2%的自由行游客希望获得一站式的解决方案和完整的旅游产品购买、消费体验，缩短旅游决策时间。因而传统的旅游方法便不再受游客青睐，取而代之的是新兴的互联网智能旅游，提谱旅行在这种环境下应运而生。

从旅游的行前、行中和行后来看，在线旅游类的巨头公司把目光都集中在行前市场，对游客在目的地亟须的本地服务却少有涉及，但是在中小型旅游公司看来，这些被巨头遗漏、却为游客所需的服务正是新的商机。因此，对于目前还未有企业高度关注的行中市场而言，提谱旅行有足够的发展机会和空间。

"2013年到现在，我们每一天都在解决不同的问题，我觉得从整个行业来看的话,它不会有太大问题,关键问题就是我们这个团队能不能跟得上。"创始人张文威如是说。截至2016年1月,提谱旅行App已经拥有100多万的下载量。

(三)商业模式

提谱旅行提供的四大特色服务产品分别是:旅游地图系统、语音导游、旅行社交及游玩贴士。

1. 旅游地图系统

帮助方向感不好的用户找卫生间、景点、服务站点等位置,提供景区地图定位和导航服务。其中,景区宝完全自有地图底层和导航引擎,不需要依赖于第三方地图底层,使景区内导航体验更好。

根据提谱旅行开发团队的使用体验以及众多游客的反馈,第三方地图运营商在景区内地图服务上还不够精细全面,类似找不到目的地,定位不精准,路线有差错等问题经常出现,因这些问题导致游客在景区迷路、重复游玩的情况也时有发生。这不仅影响游客体验,造成在景区迷路甚至还可能影响到游客的生命安全,因而问题不容小觑。据此,提谱旅行自己开发了一套独立于百度地图、腾讯地图、高德地图的景区导航引擎系统,不必依赖于平台接口,确保了景区内定位、导航、位置共享等功能的精准和流畅,确保游客无后顾之忧,充分享受深度旅游的乐趣。

2. 语音导游

提谱旅行最核心的亮点就是它的语音导游服务。用户下载App之后,到达旅游景区时,系统会自动推送语音服务,为那些租不起导游和导游机,但希望在景区深度游玩的用户提供导游式的语音讲解服务。值得一提的是,提谱旅行的语音内容是由团队挖掘的景区内的专业导游进行讲解录制的,比传统的机械化语音讲解更加人性化。

3. 旅行社交

提谱旅行为了满足用户在旅行过程中实时分享体验以及结交朋友的需求,在App上增加了旅图板块。在旅图中,用户既可以发布照片,也可以上传视频,另外,在发布状态的同时可以显示定位,让同处旅图圈的游客们有机会结伴而行。与微博、微信不同的是,旅图上发表的内容既不会被大量的数据淹没,又可以让朋友以外的人看到,大家可以在旅图中自由地点赞,评论和分享。旅游类产品的使用频率低,提谱旅行的旅行社交功能是一种增加用户使用黏性的有效方法。

4. 游玩贴士

这项功能是提谱旅行从景区宝蜕变后的一大突破。在目前互联网信息平台上,景区内游玩信息几乎为零,但这恰恰又是游客最亟须的部分。普遍来看,大部分游客在行前都需要进行旅行规划和攻略搜集,但目前市场上攻略类App所能做到的最小单元基本都是抵达景区,唯独缺少引导游客如何在景区内深度游玩这样的功能。提谱旅行团队发现了游客这一核心需求,竭诚竭力自派外采小组,请资深旅行师深度游玩景区,将他们的感受、经验、认识提炼整合成一条条"游玩贴士"。这种化繁为简的方式大大方便了游客,他们在去景区之前只需点开提谱旅行查看这些游玩建议便能收获最全面的游览知识,得到最合理的游览指导,这不仅最大限度地节省了游客的时间,也能让他们在充分领略当地风土人情的同时,感受说走就走的旅游魅力,真正体会到"让旅行更自由"。

提谱旅行的商业模式原型源自传统的旅游业模式,即导游带游客游玩,教游客如何玩,介绍景区特色和消费项目。与传统模式的不同之处在于,提谱旅行为游客提供的是免费的活导游服务,它不会随意坑宰游客,不会向游客单独收费,它也不会出现传统导游市场因导游参差不齐带来的服务质量差异问题。当然,提谱旅行最吸引游客的还是它的服务方式,他们不再被动接受导游服务,而是自己选择想要的服务,"哪里不知就点哪里"。正因如此,提谱旅行才会被越来越多的用户所使用。

(四)创业团队

提谱旅行的创始人、现任CEO张文威曾是观众网的联合创始人,他大学时期便开始创业,主持创建了新生校园杂志,杂志内容主要涉及校园环境和日常生活。通过与周边商户的合作,张文威赚得了人生第一桶金。

大学毕业之后,张文威与校友合作开设广告公司,但连续亏损,最后以失败告终。紧接着,为了借鉴成功创业经验,张文威加入中国清真网,之后与人合作创建观众网,都取得了成功。

毫无旅游业经营管理经验的张文威凭着对旅游的热情创办了景区宝,也就是现在的提谱旅行,其主创团队成员还包括他的技术合伙人、运营合伙人和商务合伙人,团队中大部分人都是旅游行业的"小白",在经历摸索、碰壁、分析、选择、放弃、再探索等一系列过程之后,终于走上了这条旅游创业路,并且取得了现阶段的成功。富有活力和创造力的团队无疑是提谱旅行成功的核心力量。

(五)未来发展预期

张文威表示,提谱旅行目前正在筹备本地诚信旅行消费项目。国内欺诈游客的新闻屡见不鲜,三亚的宰客门、山东青岛天价大虾等现象常有发生,而提谱旅行要做的就是，帮助游客在众多商家店铺中筛选出富有特色的美食和物美价廉的手工艺品，从而让游客用最短的时间做出最优的决策，以最实惠的价格，收获更为优质的旅行体验与服务。与此同时，张文威希望有更多的公司和创业者加入游客行中市场，让服务链条越做越长，越做越深，共同推进市场繁荣有序地发展。

此外，由于目前全域旅游和深度旅游的关注度越来越高，讨论热度有增无减，如今国内数量上占主体的自由行游者已不满足于各地的标志性景区景点，景区周边的深度旅游已越来越受到追捧，所以，如何探寻和开发新的旅游资源将成为旅游行业新的机遇与挑战。

传统的景点虽不会没落，但将会成为周边旅游资源的跳板，未来的游客更倾向于以经典景区为中心，向周围发散，深度游玩，张文威如是表示。提谱旅行已经成立深度探索小分队，准备了房车，从丽江开始，沿着东边，到北边，到西边，再到中部，把这些地方全部扩展出来，生成一些市场上还未出现的旅游产品。

提谱旅行以"让旅行更自由"为宗旨，致力于游客行中市场，不断为游客解决旅行中的问题，其未来发展态势良好。

（本部分执笔：邓素葭）

十八、童子军——亲子游的初探者

（一）童子军成长史

童子军户外网成立于2014年，是一个针对4~12岁儿童提供周末周边活动信息的平台。其产品主要分为两大块，即周末好去处和亲子酷活动。目前其核心产品是为孩子设计有特色的周末活动。童子军户外网主打"软"输出，即设计孩子参与的课程、项目内容，而活动所用到的硬件设施则是由合作伙伴提供，比如住宿场地、餐饮场地等。童子军希望设计出标准化的户外活动课程，让家长和孩子在参与课程的过程中，可以获得相关技能和知识。

2015年童子军获得大道至简投资的300万元天使投资，加入诚信投资联盟。由于各种原因，童子军户外网于2016年关闭。

（二）机会识别

近两年，随着《爸爸去哪儿》一类的以爸爸为主角的亲子真人秀的热播流行，人们对儿童教育的观念也在发生变化。冯钰在陪伴教育自己的6岁儿子的过程中，发现寓教于乐的乐趣，并将自己的想法专业高效地落实下来。他主张给孩子"归于自然"的自然主义教育方式，利用周末时间带孩子去公园、山地、湖边等地方，在认识自然的过程中潜移默化地渗透各种知识和理念。

亲子游有着广阔的市场前景。由于今年国家二胎政策的放开，每年新出生人口达到2000多万。加上之前庞大的基数，稳定的增长与更新，奠定了亲子教育市场坚实的客户基础。据业内估测，亲子教育整体市场规模在2013年达到了320亿元，预计2020年将达到1000亿元。同时，消费能力的提升和消费观念的改变，对孕婴童消费的持续投入也是进入亲子游领域的又一趋势。尽管如此，中国的亲子教育市场还是处于一个非常初级的市场，市场开发率不足1%。于是一端是旺盛的需求，另一端是好产品的缺乏，冯钰在这样的情境下选择了亲子游领域。

冯钰将自己的目光聚焦到周末亲子游上不无道理，"实际上大部分家长还是没时间的，有的有意愿想去陪孩子，但是你真的让他去，他哪有时间？一个月拿出两三个周末来，或者一两个周末来，其实还是挺有难度的"。因此抓住周末这个短时间段，提供家长和孩子玩乐的项目，既有教育的意义，又能陪伴孩子度过欢乐的时光。

（三）商业模式

童子军作为一个信息和服务对接平台，合作伙伴主要有三种，即旅游营地、酒店、高校。旅游营地提供活动场所，酒店提供孩子们的住宿场地和餐饮场所，高校提供团队成员（领队和指导老师）。每团由一名经验丰富，经过系统培训，具备野外急救认证的领队带队，并由专家进行讲解和指导。每5个孩子配备1名指导老师，确保孩子的每个问题都有人聆听。每个课程都有完备的教案和考评标准，确保课程效果统一。全团人员均购买专业户外保险，涵盖骑马、滑雪、攀岩、漂流等项目。课程只收取孩子费用，其他单项费用全部明示。一价全包，团费以外不再收取任何费用。

盈利模式上，童子军户外网计划未来可以从两个地方产生收入，一是教练带队出去的分成，二是对教练的培训和认证进行收费。但冯钰说，目前这个市场还处于非常早期的阶段，所以他们需要做一些比较重的线下的工作来培养市场、并让这个流程成熟起来。

（四）创业团队

冯钰，童子军户外网创始人。此前曾担任千夜旅游（北京乐投信息）联合创始人及CTO，资深产品经理出身，多年技术研发和项目管理经验，在联想集团担任高级管理职位长达10年。目前是乐野儿童主题营地的创始人，同时也是全经联儿童产业委员会委员、自然之友自然体验师；获国际野外医学协会高级野外救护认证；2015年执行各类亲子活动超过200场，服务近万人；开发5大主题30余种户外教育课程。参与过大美儿童世界、绿骑士营地、北京教委学农基地等多个大型儿童业态项目规划设计。

童子军的教练团队都是经过严格筛选出来的，成为童子军户外网的教练都需要具备三方面素质要求：专业户外技能、儿童教育心理学知识和儿童安全紧急救护技能。为提高教育的专业性，童子军户外网的活动中使用了很多有专业背景的大学生，比如首师大生命科学学院的学习生物教育的大学生、北京体育学院的具备良好身体素质的大学生。他们既是童子军优秀的教练团队，也是孩子们生活中的良师益友。

（五）未来发展预期

在童子军户外网关闭之后，创始人冯钰没有对亲子游放弃，而于2016年11月创建了乐野儿童主题营地。乐野继承了童子军户外网的一些项目基础，目前拥有覆盖3~12岁儿童的安全教育、传统文化、自然教育和户外运动等多个系列，并通过研究欧美营地教育、日本自然学校等模式，探索出一套适合中国市场的营地运营思路，同时满足家庭用户、培训机构和政府学校多方需求，确保营地高效运营、合理回报。

乐野儿童户外主题营地也是融合了其在文旅、儿童领域的专业积累和经验而创立的，可为儿童提供融娱乐、教育、体验为一体的综合服务。同时帮助度假村、农庄、景区公园等资源方转型为面向家庭用户的休闲度假综合体，提供从策划规划、设计开发到运营服务的整体解决方案。在考察园区的优势和不足后，可针对园区提供无忧托管服务，包括派驻经验丰富的管理团队，进行岗位流程设置、人员招聘培训、内容导入招商等科学合理的运营管理服务，还有为园区提供设备设施租赁、分成合作等多种灵活的合作方式，提高园区投入回报率。该项目丰富了地产项目内容和行业服务内容，目前已经在北京、河南、安徽运营和在建多个营地。

（六）经验总结

在"大众创业，万众创新"的热潮下，创业者纷纷扎入，但往往伴随而来的是失败。童子军也未能逃脱失败的魔咒。失败并不可怕，只要认真分析原因，从头再来还是会成功的。在仔细分析童子军的发展历程后，我们研究出童子军失败的一些原因：

（1）亲子游的进入门槛低，有旅游经验的达人或者有消费资源的旅游供应商都可以切入市场，因此在初期导致进入企业太多，规范的商业模式和体量规模还未形成。但从童子军的主要市场——北京来说，早教机构、一些科普的博物馆、中科院都有涉及亲子游的项目。冯钰描述当时市场的情形是："就北京那边，到2015年下半年开始，一下就搞了特别多，一下子就特别乱了。""市场没起来，但是进来的人特别多。"

（2）竞争对手有着完善的商业模式。单说2014年进入亲子游的专业企业——麦淘亲子游和童游亲子营，二者的创始人都有着多年的旅游行业从业经验。麦淘的商业模式类似童子军，都是连接用户和服务商，是一个信息和服务对接平台。童游亲子营则是UGC和PGC模式形成产品线路并加以优化设计，同时连接旅游达人、用户、机构，形成消费闭环。

（3）目前亲子游项目的利润率较低，冯钰提到："人家一看你这个利润空间，人家根本就不愿意跟你谈，一节课45分钟你才收200多块钱，那一天能收多少钱，然后一分成，分个20%，一看这个钱也没多少。"同时课程推广的费用又较高，本来亲子领域里可以投入的就很多，教育、玩具、食品等，在亲子游方面家长会有自己的心理预期，"家长普遍还是有一些心理的门槛，一天多少钱，或者两天多少钱，实际上有一个心理价位的，网上太多了，很难去说服他，这样工作量就很大，我们推广的成本就特别高"。

（4）创业公司融资难，缺乏资金。同程旅游CEO吴志祥说过："2014年4月之前，大中小在线旅游企业都很活跃，但4月之后，初创小企业的融资活动就开始减少，到2015年更是少得可怜。"并且从2015年开始，投资界对在线旅游并不热衷，一方面是2014年投资结束之后需要一个沉淀和观察的时间，另一方面是投资界也认同B2C战场初创企业机会不多。这导致童子军在获得融资方面很是困难，再加之目前项目利润率低，推广成本又高，童子军面临着一个较为困难的情境。

（本部分执笔：陈阳）

十九、团建宝——专业的团建解决方案公司

(一) 企业简介

北京团建宝科技有限公司(以下简称团建宝),是国内首创的企业团建平台,专注于团建方案服务。团建宝以"让企业没有难做的团建"为愿景,全面提供团建解决方案及执行,同时覆盖企业内部激励相关的资源、信息及互联网解决工具。

团建宝成立于2015年6月,定位是国内首创的企业团建方案采购平台,专注于提供团建方案服务。2015年7月获得数千万人民币A轮融资,当年线上营业额超过1亿元。

(二) 机会识别

"团建宝的诞生是一个巧合"。2014年,创始人石永刚和团队为腾讯开发了一款团建报名工具,从发起调查到报名、缴费、出行、上保险、售后均在线上统计,节省了很多时间。当年,因为这个工具,公司接待了大量腾讯员工,总团建的费用超过1000万元,位列供应商交易之首,在此之后,就有了把这套工具商业化的打算。2015年,石永刚觉察到ToB(面向企业端)可能会成为风口,团建是公司竞争力的刚需,于是和合伙人几番探究后,推出了团建宝这个项目。在企业中,企业员工可能无法很好地融入团队,为了更好地融入团队,激发团队的活力,需要通过充满趣味性的团建方案,让员工充分体会自己作为优秀团队的一分子是多么令人骄傲和开心的事。但是,对于团建者来说,团建组织选址难、策划方案难,组织过程更是有无数繁杂的工作。对于企业管理者,任何一次团建都不是简单的旅游福利,必须兼顾"企业文化传播性"与"资源稀缺性"两大福利要点。

在这个"互联网+"的时代里,为了能让企业没有难做的团建,团建宝首创企业团建平台,专注于团建方案服务,将传统的线下团队建设活动与互联网完美地结合起来。企业管理者与HR可以直接从团建宝找到专属于自己企业的团队建设方案,一站式完美解决企业团队建设方案。

团建宝主要的目标客户群是企业管理者、HR、企业员工、品牌会员与粉丝和品牌代理与经销商团队等。这些客户的需求是使员工深入体验团队的乐趣,加深同事朋友间的感情,激发员工个人能量,增进团队内部协作,提高决策质量,从而在游乐和实践中促进企业的良性发展,帮助客户把"一群人"变成"一个团队"。

（三）商业模式

团建宝为企业提供高效、优质、专业的团建方案、执行及工具平台，积极服务各类型企业特别是创业型互联网企业的内部激励及管理。

团建宝团建服务包括：拓展培训类、旅行式团建类、企业微团建、聚会沙龙类。拓展培训类：拓展是体验与理论最好的结合，在充分的参与中，员工获得深切感悟。在凝心聚力，拼搏协作中突破自我锐意进取，树立良好团队精神。旅行式团建类：旅行是一个过程，在长时间的相处接触中，共同经历挫折、分享感悟，同心同行中释放自我认知彼此。企业微团建：微团建即WE团建，具有时间短、场地灵活、预算低、频率高等特点。在体现企业人性化管理及关怀的过程中，团建可以很细腻也可以很简单。聚会沙龙类：Party Time在欢乐的氛围中打开思维的束缚、打破社交的魔咒。借助多种主题独立空间，放松享乐。

对企业员工来说，踏青也好，观光也罢，旅行的关键除了"去哪里"还有"跟谁去"。跟同事一起旅行，可以深入体验团队的乐趣，加深同事朋友间的感情。团建宝通过充满趣味性的团建方案，让员工充分体会自己作为优秀团队的一分子是多么令人骄傲和开心的事。对团建组织者来说，团建组织选择地点难，策划方案难，组织过程更是有无数烦琐的工作。团建宝平台可以帮助组织者一站式搞定。可以通过平台投票选择目的地及方案，也可以通过平台组织报名付款。动动手指，一切轻松搞定！对企业管理者来说，任何一次团建都不是简单的旅行福利，必须在兼顾"企业文化传播性"与"资源稀缺性"两大福利要点的同时，能够激发员工个人能量，增进团队内部协作，提高决策质量，从而在游乐和实践中促进企业的良性发展。

作为团建组织管理工具，HR发起、员工报名等繁杂的操作可以在线高效完成；专业安全有活力的团建线下执行，让员工休闲+团队凝聚完美结合；既不同于传统拓展的严肃，也不同于日常旅游的随意。对每个产品的娱乐性、组织性、舒适性都有客观的评估。企业可以根据经济实力、团队状况自由选择；产品不以目的地进行归类而以团建目的为划分标准，无论是初创团队需要增进感情，成长团队需要提高技能还是成熟团队需要加强协作都能在团建宝产品中找到适合自己的那一款。

团建宝秉承"产品标准化""服务精细化"的互联网思维，以网络平台为依托，提供标准化的团建产品，在团建活动的每个环节设置产品标准，同时又鼓励执行团队为客户提供最适合他们的沟通方式，使团建产品周期目标标准明确，执行过程舒适贴心。

（四）创业团队

团建宝创始人石永刚（CEO）曾任海航旅业集团、海航旅业会展公司经理。曾任职于海航旅业会展公司，创办并经营"老大同味道"餐厅以及创办"北京易捷国际旅行社有限责任公司"，具有丰富的行业经历，并且具有多次创业经历，对创立团建宝提供宝贵的财富。联合创始人曲永松（CPO）曾任腾讯OMG高级产品经理，新浪门户移动产品部总监，还曾担任奇虎360新闻产品部的产品总监，对产品开发有丰富的工作经验，对产品认识和开发有着独特的见解。另一位联合创始人张帆(R&D Director)曾任于《现代教育报》教育信息化周刊，担任深圳腾讯计算机系统有限公司运营推广经理以及腾讯科技(北京)有限公司行政总监，对于运营推广和行政有着多年的工作经验。正是由于三人各自互相补充，并且对团建有独到的认识，勇于探索和大胆创新，才创建了团建宝。

团建宝公司空间开放，办公环境舒适，氛围轻松，分享互助，没有压力。团队中每个人都能从工作中获得快乐，大家团结一致，体现团队精神，同时十分努力，自驱力特别强，勇于挑战自我，完成工作目标。团建宝的团队近100人，平均年龄24岁。

（五）运营管理

公司内部分为品牌推广、平台运营、线下执行三个部门。为了提供高效和专业的团建方案，企业入驻后，一对一配备专业的团建专员，团建全程贴心陪伴，在团建不同阶段，提供全面细致的服务。团建前，团建专员进行详细的问题咨询，全面了解情况，深入分析和讨论后，制定专业的团建方案，团建根据具体情况量身定制，不再迷茫；团建中，实时跟踪进度，如若遇到计划变动，进行及时的现场协调，最快的交流沟通，确保方案的实施。团建后，团建专员会进行回访，聆听记录客户的问题反馈。

（六）未来发展预期

团建宝未来的发展是绝对值得期待的。得团队者得事业，在"众创"国策的推动下，中国正在进入一个创业高峰期，无数的中小微企业纷纷成立，传统产业也在努力转型升级，当前经济环境对团队和团队建设提出了全新的挑战。团建宝目前有600多套团建方案，作为独立的第三方平台，通过人性化的类目筛选为企业提供信赖的供应商及产品，专业的服务和顺畅的流程满足企业用户的需求。团建宝服务过的公司包括腾讯、百度、小米、金山、EMS等近100家企业。

石永刚的看法是，全定制服务沟通成本高，并存在执行风险，规模也无法做大，与之相比的标品在项目的可复制性和城市拓展性上有先天性优势，人力时间成本方面呈现极大节约。所以团建宝在模式上首先会坚持走标准化方案的路线，同时还会通过大数据来构建"智慧化团建产品设计方案库"，打造半定制方案，做法是根据需求从现有方案库里排列组合生成最优方案。

（本部分执笔：刘春燕）

二十、唯恩私人度假——专注精致的度假生活方式

(一) 维恩私人度假公司简介

唯恩私人度假是一家提供定制化旅游服务的在线国际旅行社,特许经营中国公民出境、入境及国内旅游业务,专注于以量心定制的方式为城市新锐精英阶层打造舒适、私密、个性化的旅行度假生活方式。

自2007年的深圳环球商旅,唯恩创始团队立足商务旅游,整合国内外旅游资源,服务了超过50 000名高端商务顾客。2013年,企业为满足日趋多样化、品质化的旅游需求,首度转型,布局天津市场,重点攻克自由行市场。2016年,企业正式更名为"唯恩(北京)国际旅行社有限公司",获得来自深澜资本的天使轮投资,并将总部设在北京,正式成为一个以线上覆盖旅游全流程、线下深耕目的地为主导的特色定制旅游服务提供商。

(二) 机会识别

2013年中国经济继续快速发展,人民生活水平显著提高,外出旅游的动机更加强烈且明确,而且随着80后、90后逐渐成为消费主体,旅游需求的个性化和特色化也变得更加突出,自由行游客数量激增。而且同一时间中国出现了很多针对自由行游客的线上企业,例如海玩网、我趣网等,这些网站的出现也对唯恩私人度假造成了一定的威胁,逼迫企业应对新情况加快转变。同时,当时由于政府政策原因,导致唯恩私人度假商务旅游板块顾客预算减少,市场流失,公司也正打算在私人定制上进行进一步挖掘。凭借强大的客户资源和高端旅行服务经验,唯恩形成了更加完善的私人旅行定制服务供应链,并致力于打造中国私人定制旅游的互联网新篇章。

维恩私人度假的主要目标顾客是旅游需求很明确、但没有深入研究旅游自由行产品那种精力和能力,且对唯恩私人度假整体的线下服务又比较信赖的新锐精英。这类游客属于自由行大市场中的一小部分,和唯恩私人度假内部资源匹合度较高。

维恩张总说过,"互联网可能也就是一个工具,就是能够帮我们从销售上和前期的服务上提高一下效率,互联网本身并不会给我们带来什么,真正给我们带来价值的肯定还是客户和服务。"不论时代怎么变,唯恩都一直将客户体验放在首位。

(三) 运营管理

如何在竞争日益激烈的旅游大市场中占据一席之地，并努力生存下来？唯恩私人度假给出了自己的答案，那就是找准顾客定位，创新旅游度假产品，严格把控服务质量是其核心策略。

所谓找准顾客定位，就是在不断变化的市场环境中，可以认清自己的目标客户，并对目标顾客进行维护和管理。为了准确进行市场定位，维恩私人度假也经历了一个反复的过程。最初唯恩私人度假私人定制板块定位的目标顾客是一些对旅游有明确要求，但是不愿花时间和精力去进行筹备的精英人群。公司通过异业（即与地产、金融、银行、美容院等）合作、渠道合作、客户介绍等方式获得原始客户，然后企业通过专业的销售人员向这批顾客群体销售公司会员卡，持有此会员卡不仅可以享受88%的折扣，而且卡里的1万元可以直接抵旅费。也可以说，此时公司90%的顾客都来自于线下销售。2013年公司进行第一次调整，确定以偏爱私人定制的自由行顾客作为目标顾客，会员方式也部分转移到线上进行操作管理。但由于技术操作方面缺乏经验，目标顾客太过庞大，线上流量不够，营销开支较大，此次变动基本宣告失败。经过这次尝试，目前公司的目标顾客和会员成长管理方式重新变为2013年之前那些懒一些且有一定消费水平的顾客群体，且以线下销售为主。

为了在激烈的私人定制市场站得住脚，唯恩只有不断创新其旅游度假产品，对旅游资源进行深度挖掘。首先，针对旅游线路，唯恩在原有国际基础上加入了国内一些度假碎片化项目，使得整个产品单价有所下降，从原来的境外3.5万元起价到现在的1万多元起价，大大降低了企业进入门槛，增加了企业客户量。其次，对已有的旅游资源进行深度挖掘。比如日本的其中一条线路，导游会带着游客搭乘日本地铁，到一些平时经常容易被忽略但又具有鲜明特色的旅游地点。同时导游会给游客分享当地风土人情，让游客觉得既舒适又有特色。最后，做好特殊资源的控制。唯恩私人定制现在和日本的两家医院进行合作，开发医疗旅游产品及路线。一家是东京国际诊所，较为高端，所有的体检项目加上相应的旅游配置，产品单价6万多元。而另外一个医院相对较为中端，它的体检项目只保留胃肠镜、脑部核磁共振、血液检查这三项精华，然后公司又设计了相对的配套旅游项目与其结合，产品单价约一万多元。这样公司不仅可以抓住高端顾客，也拓展了二三线城市高消费能力的高端用户，对公司来说一举两得。

严格把控服务质量是唯恩私人度假一直以来的坚持。从员工的配置、资源的采购到产品设计无一不体现着公司对顾客的重视，对服务的关注。其中与其他企业不同的是，维恩私人度假对所有产品包括自由行的部分项目都进行设计或者再设计，将私人助理嵌入在产品的每一个环节。客人早上从酒店出发到晚上回到酒店，一路上私人导游都是无缝链接。就像张强总经理所说，"服务是最首要的。不管到哪里也好，人的服务是不能少的，而且是排第一的"。

（四）盈利模式

唯恩私人度假的盈利模式很清晰。公司共分为两个部分，即商务旅游和私人定制两个板块。通过一年的摸索，销售会员卡模式已基本成型，效果也很好，因此公司继续将这种模式投向新的市场区域，比如呼和浩特等。

目前公司70%的盈利都是靠商务旅游板块，私人定制体量还比较小。但是唯恩看中了私人定制市场在未来8~10年的大好前景和无限潜力，据此公司调整了方向，即将投入80%的精力在私人定制板块，商旅业务则用20%的精力。

（五）创业团队简介

张强（COO），唯恩私人度假创始人，也就是现在的唯恩国际旅行社负责人。从2007年的唯恩商旅开始，张强一直致力探索什么是私人定制，怎样做才能让私人定制更加规模化。目前公司的核心领导团队共有4人。除了张总外，还有3位联合创始人，4个人各司其职，都利用自己的专业背景为公司拼搏。张总现在主要负责公司的产品运营；韩总有过在旅游行业工作的丰富经验且在医药领域扎根颇深，因此她主要负责公司的商务旅游板块以及一些渠道扩展的内容。另外两位异业联合创始人则负责公司的资本、财务、营销、对外合作、资源挖掘等工作。

唯恩整个的组织结构完全按照定制模式设置，有专门的采购、专门的策划、专门的销售，也就是说整个结构基本上由销售顾问、产品策划师和产品采购3类职务组成。和6人游的销售顾问制不一样，唯恩私人度假则是一个产品一个旅行顾问，不分旅游目的地。因此公司对员工要求极高，招聘也极为严格。和大多数互联网公司一样，唯恩私人度假工作环境活跃、轻松，很适合年轻人。

（六）维恩私人度假未来前景

虽然目前互联网行业创业公司都面临着生死存亡的局面，但是唯恩国际旅行社公司的未来还是值得期待的。首先是产品上，唯恩正在拓展它的产品线，深度挖掘这些产品线中的某些特色资源，并将这些产品线进行固化和规模化。在这种情况下，公司要做的就很多，但是却更扎实，根基也更稳固。其次，唯恩也在开发属于自己的App。一旦拥有了自己的App，唯恩就开拓了移动端市场，让顾客方便，就是给自己方便。另一方面，公司也在呼和浩特开了自己的分公司，并在当地进行了市场开拓。市场的不断开拓加上唯恩本身良好的口碑和优质的服务，相信唯恩可以越走越远。

但是，唯恩私人度假如何将自己的产品碎片化、创新化、规模化？如何控制自己资源开发的成本？如何应对同类企业的竞争？这些都是今后唯恩将要考虑的问题。

（本部分执笔：刘钦）

二十一、我趣——趣味自助行

（一）企业简介

"我趣旅行"（www.woqu.com）是集专业行程顾问、行程规划师和行程管家为服务特色的海外品质旅行在线服务商。在竞争十分激烈的在线旅游市场中，"我趣旅行"基于丰富的海外目的地产品资源，自主生产满足中高端人群的精品小包团、轻奢自驾游、品质参团游等多形态旅游产品，覆盖美、加、澳、新、欧洲、日本、泰国等热门海外旅行目的地，并为用户提供7×24小时产品咨询、行程定制、行中助手等管家式服务。

"我趣旅行"成立于2013年年底，2014年4月产品正式上线运营，不久便获得由腾讯领投、晨兴资本跟投的2000万美金B轮融资。B轮融资后，"我趣旅行"提出了"海外自助游超市"概念，将自己在美国市场的经验成功复制到其他海外目的地，并成功拓开澳大利亚及新西兰市场。2015年3月，"我趣旅行"目的地新增20个欧洲国家，并推出"自助游+欧铁"产品。现如今，"我趣旅行"目的地自助游产品总数已跃居在线旅游企业之首。

从服务产品来看，"我趣旅行"产品形态囊括了境外参团（半自助游）、当地玩法、酒店、自驾、接送服务、欧铁、攻略导购、签证、保险、电话卡、随身Wi-Fi、旅游专车等多个旅游细项产品，同时推出房车游这一热门单品，深挖当地特色玩法。以美国当地参团为例，"我趣旅行"在美国市场的业务涵盖美东、美南、美西、夏威夷等地，有超过850条旅游线路，产品行程从一日游到15日游，从纯巴士团、到邮轮团、私人飞机团、小公务机团均有覆盖，更汇聚了喷气式水上飞板、海上巡航、红酒之旅、户外探险等美国当地的特色体验产品，旨在为用户提供不同于大众团队游的旅行体验。另外，"我趣旅行"所推出的"房车自驾"并非是对自驾车型的一种补充，而是将其作为一种全新的自助游产品推向市场，为自助游爱好者提供了一种独特的自助游玩法，在享受自驾乐趣的同时，一并解决了"吃、住、行"三大需求。目前，用户可预订的国际知名房车品牌有20多家，包括Apollo、Britz、Compass、StarRV等，覆盖美国、加拿大、澳大利亚、新西兰等海外自驾圣地。

在战略合作方面，主打海外自助游的"我趣旅行"特别注重与相关行业的品牌合作，旨在为用户提供更好的旅游体验产品。2015年9月，"我趣旅行"入驻联通打造的"智慧社区"项目，与之合作推出日本签证及流量卡套餐；随后，"我趣旅行"还与京东旅游白条展开合作，深度自由行及境外参团产品接入京东旅游白条的分期支付方式。在成功拓开澳洲市场后，"我趣旅行"与Ozlook科技公司[①]展开战略合作，使得赴澳游客可在墨尔本国际机场的"中国角"享受Wi-Fi/电信服务及当地旅行产品的预订服务。

"我趣旅行"在产品设计上紧紧围绕"以人为本，从心出发"的理念，"在目的地上做减法，在产品和服务上做加法。""我趣旅行"CEO黄志文如是说道。

（二）机会识别

1. 打基础

"我趣旅行"在创业之初，便明确了出境自助游这一业务方向。在公司初试阶段，"我趣旅行"仅专注于美国这一单个市场，不急不躁，围绕目的地制定了全方面服务的发展策略，旨在深化目的地服务。在这一策略指导下，"我趣旅行"以供应链建设为核心，在有限的资源条件下，一个一个地拓展目的地，推进自身业务发展。

2. 拓业务

随着公司逐渐成长，"我趣旅行"将美国市场的成功经验复制到其他的海外目的地，并于2014年10月正式发布了澳新产品，继而又将业务范围扩展至欧洲、日本、东南亚、海岛等地。值得一提的是，"我趣旅行"在业务拓展策略方面不同于其他服务商，而是反其道而行之，由难到易逐步建设。简单而言，"我趣旅行"在前一阶段的基础上，逐步把供应链碎片化，将目的地服务产品转移到中国互联网上，进而方便国内用户进行交易。

3. 做深化

随着海外目的地的布局成功，公司产品规模和业务规模日益扩大，但"我趣旅行"并没有因此骄傲自满，而是及时进行反思。在经历了第一个销售高峰后，"我趣旅行"利用积累的客户资料和销售服务案例，进一步分析并总结了公司在发展过程中所存在的问题，发现自身所提供的产品服务并不聚焦，也不深入。通过分析业

[①] 注：Ozlook科技公司是"中国角"的业务和服务提供商，主要业务包括：旅游通信服务、旅游信息服务、旅游购物服务等。

界同行的经营状况，"我趣旅行"发现，中国的旅游创业企业中，绝大多数是以平台销售模式为主，而忽视了产品供给。实际上，中国的旅游行业中真正短缺的并不是平台销售，而是产品供给，尤其是自助游的产品供给，这其中，以长线路为主的自助游产品供给尤为短缺。

人们在规划长途自助游时，会面临签证、语言、出行等多重障碍。即使在线服务商将这些目的地产品搬到网上，也极少有用户能凭借自己的知识把这些产品组合起来，完成自助游过程。由此，"我趣旅行"通过对先前服务案例的分析总结，开始将业务重心从市场拓展转移到供应链的基础建设上来，从提供单一的产品预订变成为用户提供产品解决方案。例如，针对顾客有关签证问题的咨询，"我趣旅行"组建了签证项目团队，开始研究如何在等价的情况下，用科技改变体验，让"我趣旅行"的签证服务更胜一筹。数月之后，"我趣旅行"上线了iOS版本的"签证神器"App。签证神器App的上线与应用，不仅极大减轻了"我趣旅行"签证团队的工作量，缩短了服务流程，还有效提高了材料审核的准确性和客人获悉签证状态的及时性，成功提升了用户体验。

（三）运营模式

作为海外品质旅行在线服务商，"我趣旅行"自创业至今，自创了独特的运营管理模式。在服务流程方面，顾客首先接触的是顾问销售部人员，由他们先了解顾客需求，并将顾客的需求组合输入至企业后台的知识库中，由后台系统为顾客匹配一个相似度较高的产品模板，进而产生针对特定用户的行程定制基础模板，并对顾客进行方案报价。顾客确定行程之后，"我趣旅行"会为顾客保留三天的价格期限，在顾客正式下单之后，该订单才会进入企业管理系统之中，进而完成一次线上交易过程。

在顾客沟通方面，"我趣旅行"将微信作为直接沟通渠道。顾客预定行程之后，"我趣旅行"会为顾客分配一个虚拟的行程管家，其背后是企业的客服团队。该行程管家就好比顾客身边的智能导游，每天会为顾客发送次日行程单，还会为顾客推荐当地特色餐馆。此外，顾客的意见建议也可以直接通过该管家进行反馈，这些信息最终会汇集到用户运营中心，由团队成员负责收集、分析，以深入了解用户在旅途过程中的各类需求。

（四）商业策略

"我趣旅行"是为理性消费用户提供品质旅游及全程解决方案的在线旅游供应商。从出境游这一市场来看，最常见的策略是聚焦某类产品，比如门票、租车、度假酒店，以产品为中心在全球范围内做资源整合。但从消费者角度来看，尽管某类产品当地都很齐全，但一个目的地的完整需求未必能得到满足，消费者反而会被迫离开；再者，从企业角度来看，若要拓展多个目的地，企业资源整合的难度较大，难于形成核心竞争优势。为此，"我趣旅行"选择了另一商业策略，即在目的地上做减法，在产品及服务上做加法。也就是说，在确定一个目的地后，"我趣旅行"把当地所有的产品和服务都做得深入、透彻。正如创业初期，"我趣旅行"的目的地只有美国一个。

"首选美国的原因，是为了将来在多目的地进行模式复制。美国是一个幅员辽阔的国家，产业链非常复杂，里面有全球最大的邮轮市场和赌场，有很完善的自驾租车，有国家公园，有夏威夷这样的海岛，有各种各样的玩法……如果我们把美国研究清楚了，某种程度上说，其他地区只是美国的子集。""我趣旅行"CEO黄志文如是说道。

"我趣旅行"在打造海外自助游产品超市时，通过满足游客的刚性需求和软性需求，构建产品类型库，搭建底层通信系统。在交通、住宿、通信这一刚性需求层面，"我趣旅行"提供12000家酒店预订服务、自驾、接送、欧铁等出行方式以及电话卡、随身Wi-Fi等出行必备产品。同时，"我趣旅行"紧紧围绕"以人为本，从心出发"的产品设计理念，在目的地资讯的基础上，为用户提供了具有"导购"属性的产品，进而满足了品质客户的广泛购物需求。

（五）创始团队

"我趣旅行"CEO黄志文曾任芒果网总裁，2013年10月创办了我趣旅行网。联合创始人金祥宇曾先后任职于雅虎、阿里，具有在互联网领域从技术研发到产品、运营以及市场的超过10年的完整经验。副总裁王立勇，海外留学背景，从事旅游行业十余载，深谙旅游产品设计之术，拥有丰富的海外人脉关系。

目前，"我趣旅行"共有员工120余人。基于企业运营模式特点，"我趣旅行"将公司组织架构分为旅游产品部、顾问销售部、电商平台部和市场部四大部分，它们之间相互协调配合，共同保障公司的日常运营。旅游产品部主要负责产品设计，探寻最佳实践方案，起到了后线支援作用；顾问销售部则直接面向客户，基于用户的实际需求，为用户定制最佳的解决方案；电商平台部也称互联网产品部，主要负责互联网产品的设计和技术开发，保障线上交易过程的完成；市场部的主要工作是分析竞争对手及顾客消费趋势，制定营销主题、产品策略和价格策略。

(六)未来发展预期

未来,"我趣旅行"将继续在产品和服务上做加法,在产品深化的基础上再做精化。据悉,"我趣旅行"利用产品的海量性、灵活组合性等特点,将"家庭亲子"等各类主题定制化旅游线路提上了日程。在现有的目的地资源基础上,"我趣旅行"还将接入当地餐厅、购物等更多的资源,组合出诸如"机+酒+目的地资源""机+境外参团""机+自驾""房车+目的地资源"等多样化的产品。

此外,针对目前市场上的消费升级现象,"我趣旅行"计划将部分工作重点放在市场运作方面,研究如何更有效地把新型的品质旅游落到实处,获得消费者认可。

(本部分执笔:李超然)

二十二、燕海九州——从景区酒店到综合性旅游公司

（一）企业简介

燕海九州旅游股份有限公司的前身为燕海旅业集团，创立于2010年，是一家致力于发展旅游休闲文化产业的综合性旅游公司。公司成立初期一直专注于会议旅游市场，后来把握景区资源和周边游的旅游出行趋势开始进行转型，利用之前的市场资源优势先后创建了三大酒店品牌，分别为高端度假酒店"驿璟"、中端精品主题客栈"驿雲"和经济连锁酒店"驿捷"。三大连锁品牌组成"驿度假"酒店体系，特色原产地农产品组成"驿生活"服务体系，并成立了上下游产业链公司：燕海九州旅行社、燕海助旅分销平台，通过搭建基础的吃、住、行、游、购、娱等旅游产品布局旅游市场，形成全产业链经济活动的生态闭环。

驿捷度假旨在塑造周边游供应商产业链的龙头企业，成为周边游、短期轻度假行业的资源型一站式服务企业，通过燕海旅游搭建周边自助游B2B分销平台，更新周边游市场的同业操作方式，带动酒店和景区发展。

（二）创业核心团队

创始团队的核心人员以师怀礼和孟凡淼为代表，曾在北京铁路培训中心、茗汤温泉度假村、华御温泉度假村、东彬坝上草原假日酒店、张北中都原始草原管理处等就职，创团成员大多都出身于温泉度假酒店，有酒店各个岗位工作的经验，都深入接触过酒店的运营管理和市场销售，并且在温泉酒店工作期间学习到台湾一些新型的管理经验。由于当时会议市场非常火爆，再加上温泉度假酒店的季节性歇业等一系列因素的影响和作用，2010年团队开始创业。

（三）创业历程及其企业转型

2010年会议市场火爆，创业初期他们直接进攻会议旅游市场，成立了旅行社性质的会议公司——燕海九州，最早叫燕海九州会议服务有限公司，主要承担政府企业的年会以及各种的会议奖励。

随着消费者结构发生变化，旅游市场需求的进一步升级，他们发觉并认定自驾游市场的价值，于2011年成立中国自驾游门户网，从传统的会议公司走向网络公司。

2011年至2012年期间，他们曾提出类似于俱乐部的概念。但是在计划通过提供旅游攻略服务，组织人们旅游活动的过程中发现城市周边的住宿品质难以得到保证，服务和产品都无法掌控，而且在做自驾游的过程中，产品无法实现标准化，也很难实现批量化生产，最后导致成本过高。此外，在2012年年底，政府针对公款消费的三项规定出台，公款消费需求减少。在此背景下企业第一次尝试进行转型——抓住景区资源，往资源上靠近。

从2012年年底开始，他们尝试去做酒店。整个2013年是参与尝试期，2014年在2013年的市场基础上继续深入，到2014年年底已经开到七家店，从而在2015年进行规模扩张，并于2015年年底将燕海整体上市做新三板，所有的主体以燕海为主。

（四）主要业务及产品服务

公司主营业务是为酒店经营及会议组织、门票和酒店销售代理等住宿及其他配套服务。其中会议组织是指公司承接各类企事业单位的会议业务，满足客户需求并收取费用；门票和酒店销售代理指的是公司通过自有渠道或第三方网络平台获取客源后向景点和第三方酒店导流并收取费用；酒店经营业务则包括了自营酒店和委托经营管理酒店的经营。

旗下燕海旅业的业务模块相对来说比较多，包括之前的会议旅游以及现在的O2O分销平台。将燕海作为分销平台，除了自营酒店以外，还采用营销托管的模式代理很多酒店，同时线上跟所有的OTA打通，线下跟所有的旅行社打通。

此外，服务于团建市场的拓展培训公司，致力于做团建拓展。为了企业能更好地体验团建服务，驿捷首次提出了全能领队这个概念，以"休闲度假+团建"的模式为企业客户提供一站式团建服务。

公司的整个体系就是为以前传统的团建市场模式服务，现在转嫁成为酒店团队服务。创立于2013年的驿捷品牌是目前"驿度假"酒店体系中知名度较高的一个，以"创休闲度假之首"的愿景，秉承"满足客户休闲度假"的服务理念，在产品及服务流程的设计上不断整合创新，提供更具人性化、更便捷的优质酒店及旅游度假休闲服务。作为连锁度假酒店，驿捷的定位是经济型度假连锁酒店，与一般经济型酒店不同的是，驿捷以城市为核心，周边景区为据点，专注服务于城市人的休闲游和小假期，选址均在城市周边的每个自然景区附近，每一家酒店的风格也会根据所在景区的特色来装修，完全突破了一般意义上的标准酒店。目前已经成为众多中产家庭和企业团体出行首选。

驿雲是旗下第二个主打精品客栈的品牌，与驿捷相比，定位会更高端一些，

"驿雲精品客栈"同样选址在优质旅游景区内，以当地特色的民宿为基础，最大限度保留原有民宿文化，并对住宿设施进行改造升级，提供时下流行的精品特色民宿。不仅融入当地人文气息，还最大程度上还原历史面貌，不仅满足基本的住宿需求，更在居住环境上提供极富情调的装饰设计。驿雲精品客栈提倡轻旅行慢生活，将民宿与传统酒店优点相融合，把现代企业管理与当地文化相结合，坚持"精品客栈自助游一站式服务"理念，为游客打造了一个舒适的"漫"生活氛围。

驿璟品牌则是燕海旅业按国际五星级标准精心打造的集温泉养生、餐饮住宿、高端商务会务、婚礼婚宴等多功能于一体的度假型温泉酒店。

针对休闲度假市场以及休闲度假的概念，驿捷度假连锁酒店创始人师怀礼提出"休闲度假旅游是人们利用闲散的时间，通过放松身心、获得体验，实现其追求健康、亲近自然、陶冶情操及增添生活情趣的一种休闲活动"。为了使宾客能更好地享受休闲自然的公共环境，公司致力于特色休闲区域开发利用，最大化利用优质的景区酒店资源，推出丰富的产品组合套餐：酒+×，打造轻松休闲的公共环境。创始人师怀礼说："每一家驿捷，都精心选址于城市周边热门景区、旅游目的地，以优美的山水环境为背景，加上品质化的硬件设施、管家式的旅游服务，全方位满足城市游客关于休闲度假的所有旅行需求"。

（五）商业模式

1. 经营管理模式和盈利模式

公司目前酒店业务的主要经营模式是直营和委托经营管理两种。在直营店模式下，公司首先进行选址考察，与业主签订房屋租赁合同，投入一定资金进行设计、装修，达到运营标准后对外营业。委托经营管理模式是，公司与经考察合格的第三方酒店签订合作协议，在销售和采购端依托于公司现有体系，由公司向其输出管理流程和技术、采购和销售渠道等资源，对第三方酒店进行综合经营管理。

公司旅游咨询服务的盈利模式主要有两种，一种是为企事业单位组织各类会议，收取服务费；第二种是为景点、第三方酒店提供客源或承接旅行社、散客业务为其匹配所需景点、酒店，从中收取服务费。

2. 市场运作模式

在价格方面，其定价标准设在正常的中产阶级能够接受的范围，然后再根据具体的客源结构和季节需求进行进一步的调整，所有门店统一管理，自下而上和自上而下相结合，快速反馈市场，同时要求店长有较高的市场敏感度。

在客源方面，采取B端+C端并举的方式拓展多元化客源渠道。燕海旅业最初主要做的是周边游度假酒店资源，成为B端市场，通过采集周边游酒店资源对接给各家线上平台及旅行社，从中赚取佣金，在这个过程中，遇到好的资源之后，燕海旅业便开始发展自营酒店，从驿捷、驿璟到驿雲，逐步扩大品牌布局，燕海旅业也开始面向C端市场。周边游市场的确很大，但目前还没到竞争阶段。具体来说，一是直接走线上渠道，通过携程等线上的OTA；二是借助百度的平台做推广，进行精准化的市场布局，同时在直销的过程中，注重与客人产生良好的互动，建立良好的口碑，形成良好的品牌认知度，刺激其重复购买。此外，为了解决景区季节性需求的问题，深度挖掘顾客需求，由单一的提供吃住转变为小的目的地服务，力图将短途以及周边游和长线游组合起来，把中端的客单价和高端的客单价组合起来。

3. 个性化与标准化并行

他们在个性化中寻找共同点，针对不同人群打造不同酒店，与此同时坚持标准化运营和服务模式。师怀礼提出，个性化就是要融进当地文化特色。

为满足不同游客的住宿需求，燕海旅业打造了驿捷度假连锁酒店、驿雲精品客栈和驿璟精品度假酒店三大连锁品牌组成的"驿度假"酒店体系，虽然定位在不同消费人群，但均以贴近当地文化为特色。三个酒店品牌都坚持个性化运营，在每家店的装修风格上，始终坚持与当地文化特色相结合，根据不同目的地文化来营造不同的酒店装修文化，甚至包括饮食。师怀礼表示，个性化下的共同点主要是得形成自己的标准化运营和服务模式。在服务上，虽然每个目的地酒店的饮食都各不相同，但在操作流程上确有规范的标准，这样不仅能满足游客对于特色饮食的需求，还能保证产品品质。在人力资源安排方面，根据景区酒店本身的特征将餐饮流程与客房流程进行结合，最大化利用人力资源，定期对各店店长进行系统培训，实现服务标准的统一。在餐饮运营方面，一方面会根据当地特定的人文风貌来确定菜品，并与当地的村民合作，为顾客提供比较接地气的地方家乡菜，同时有效把握大众化的消费习惯；另一方面，建立中央厨房，实行统一配送，提前完成菜品的加工并进行直接配送，这样不仅可以有效控制时间成本、物流成本、采购成本、人力成本等，也用这种方式来完成餐饮标准化机制的建立。

4. 扩张模式

他们以直营+加盟的模式完成全国布局。由于酒店都处于景区，各个酒店之间有一定的距离，管理线比较长、管理成本高。在进行市场拓展时，他们采用以点带面的扩张模式进行，先在当地小范围进行经营，设立直营店，获得一定的规模和品牌认同度之后再带动加盟，从而带动委托管理。在正式开始做加盟之前会了解加盟商的需求，完善基础体系。现在公司已经完成了销售体系（线上线下的打通）、管理体系（人员储备和培训）和物流配送体系（中央厨房概念的提出以及统一配送机制的完成——降低运营成本、保证服务以及产品品质）等基础设施的建立。但是目前加盟店的数量只有84家，且大都处于华北地区，华南地区的加盟店将在2017年年底开始着手。

（六）未来发展预期

驿捷度假的CEO师怀礼表示，拥抱资本市场的目标，就是在周边游的蓝海中快速抢占优势资源，将周边游碎片化的产品元素纳入燕海的业务范围。针对三大酒店品牌之一的驿璟，师怀礼提出计划把驿璟转向旅游地产项目，主要做的是管理输出跟品牌运营，将来希望通过做好这个品牌将地产跟旅游结合起来。

饭店行业的知名学者秦宇教授指出，从城市走向郊区是整个酒店业发展的一个大的趋势，也是未来的一个主题，根据驿捷度假目前的发展模式可以尝试进行同城密集扩张，好好把握稀缺的景区资源，在保证产品服务品质的前提下做好品牌。针对景区酒店本身的特点进行差异化营销，并形成标准贯彻执行。

此外，师怀礼先生还提出，服务人员老龄化是一个必然的趋势，作为以休闲度假为主题的景区酒店，尝试进行人力资源方面的改革创新未必不是一个新的发展方向。

（本部分执笔：靳秀娟）

二十三、游啊游——东南亚自由行服务商

（一）公司简介

游啊游旅行网（http://www.youayou.com）是爱嘉游(北京)科技有限公司旗下的专业出境自由行服务网站，成立于2013年10月，定位于"东南亚自由行特卖汇"，主打出境自由行服务，是一家面向境外尤其是东南亚、港澳、中南半岛三大旅游目的地优势旅游资源进行综合开发打包的在线旅游服务商。2015年7月获安芙兰创投1200万元A+轮融资，在铺设线下渠道上持续发力。

作为一个直接对接客户和航空公司、酒店以及所有目的地活动的O2O在线旅游服务商，游啊游将致力于成为中国最大的境外目的地旅游服务预订平台，给用户带去更实惠更便捷的出境游体验，让更多出境旅游的爱好者体验到"最简单、最自由"的游啊游旅行网服务。

（二）创业历程

1997年，艺术出身的周旭东受到经济大潮的影响，在广西与同学四人共同创办了北海天马旅行社，尔后将公司转手，进入国企山水旅行社担任副总经理。两年内进行再次创业，成立了美嘉环球国际旅行社，瞄准东南亚的出境游市场。

2013年，已在传统旅游行业深耕多年的周旭东把目光聚焦在火热的互联网行业，决定在美嘉国际旅行社的基础上创办游啊游旅游网，开始进军在线旅游这一熟悉而又陌生的领域，打造东南亚自由行特卖平台。

2014年，他们先后在越南、柬埔寨、泰国等有实力地接社注资合并成立股份公司，并在新加坡、马来西亚、老挝、缅甸设立办事处，实行统一管理、统一采购、联合运营模式，确保接待价格优势和服务品质保证。与此同时，游啊游与越南国家航空公司、泰国航空公司以及柬埔寨吴哥航空公司签约成为战略合作伙伴，多方联合为消费者提供国际机票产品与服务。

（三）创业核心团队

游啊游创始人除了周旭东之外，还有联合创始人邓文龙、仲毅等。早年周旭东看到了传统旅游市场的弊端，决心要"改变行业规则"创办一家在线旅游网站，但是提前设想好的域名"游啊游"已经被注册，而注册这个域名的人正是公司现在的

另外两位创始人邓文龙和仲毅,两人曾在酷讯和百度就职,主攻机票业务和生活服务领域的电子商务探索,2011年辞职创办了赶火车网,并做到了在线火车票领域市场份额第二的业绩。直到2013年,三人经朋友介绍而相识,一拍即合,决定进军在线旅游市场。一个敢想,两个敢做;一个是天马行空的艺术生,两个是思维缜密的工科男。来自两个时代的三个人在旅游O2O市场,达成了近乎完美的配合。

(四)机会识别

不同于传统旅行模式,移动互联网的旅游模式更具个性化。在移动互联网时代,手机在手,几乎就可以实现让旅行说走就走。从传统旅游模式转向互联网模式,对于周旭东来说几乎可以称得上是第二次创业。作为二次创业,网络部门的技术团队和产品研发全部都是重新组合。"移动互联网改变了很多,尤其体现在个性化需求上",作为美嘉旅游转型初体验,游啊游旅行网已经在尝试用互联网给消费者提供服务,现今已成为美嘉旅游从传统转向互联网端的新试水。在周旭东看来,转向移动端、转向互联网,尝试改变、尝试用传统思维转向互联网思维,才是传统旅行社应该要做的。

线上线下交互的生活体验方式在深刻地改变着人们的习惯,但是传统旅游从"客户——旅行社门店——批发商——采购——消费"的运营模式还普遍存在,电商模式对传统行业的冲击使得这种传统的运营模式不仅效率低下,服务质量也屡遭诟病。后期,随着O2O领域的蓬勃发展,垂直化运营给旅游业提供了足够的想象空间,游啊游CEO周旭东提出"要颠覆以往的旅游模式,改变行业规则,去除中间的三个环节,让客户与商家直接对接"。

2013年国内旅游人数达到32.62亿人次,其中出境游近亿人次,消费达到2000多亿元,而出境游中的60%目的地聚集于东南亚一带;虽然市场广阔,不过相比于成熟的香港旅游市场,目前还没有任何一家专攻东南亚市场的在线旅游公司。周旭东指出,之所以将市场开拓方向定在东南亚,"一是因为有东南亚市场的资源和行业基础,二是东南亚出境游已成为我国出境游主要目的地,潜力巨大"。

近几年,在中国的年轻人里流行一场"说走就走"的旅行,但是语言障碍、选择困难和行动拖延成为"走不成"或"玩不爽"的三大症结所在。一个Wi-Fi、一部智能手机加一款App的组合,完全可以克服以上障碍,随时、随地、随心拿起手机打开App,搜索、下单、付款,即可在想要的时间获得上乘的体验。此外,App设计里的"地图导航""查找周边"等功能,以及支付宝付款、验证码兑现这种免除货币兑换麻烦的消费方式,更为游客提供了贴心周到的服务。这种在旅行中边走边下单边体验的方式，真正赋予了"自由行"更丰富的含义：更自由、更简单，不要日程、随心所欲。真正做到无须语言交流、选择困难有救、行动拖延无碍。

（五）主要产品及服务

游啊游旅行网，作为国内首家以目的地服务产品为供应链的O2O旅游平台，主要服务80后、90后喜爱自由行的用户，为其提供东南亚自由行特价产品，包含自由行、租车、酒店、一日游、门票、餐券等特价产品。

公司大部分客户来自于一线城市，公司在线旅游网站涉及所有境外旅游相关的产品，包含机票、酒店、餐厅、景点门票、租车服务等旅行必备资源，也包含特色SPA、按摩、表演、邮轮、私人导游服务以及当地特产等当地特色休闲度假产品，同时未来会提供支持智能手机客户端的App应用。二线城市的拓展是游啊游旅行网以后发展的重点，他们立志要为二线城市的旅游提供更多的方便。

（六）商业模式

1. 场景营销，深化购物体验

目前游啊游通过开发App在移动互联网的服务来搭建游客与商家的直通车，不让用户在出发之前预设消费项目，而是要置身场景中之后再下单，进行场景化营销。对于用户来说，通过游啊游的移动端的服务升级，在到达旅行地之后可以实现类似国内团购的服务体验。为了更好地优化用户体验，打破语言障碍，游啊游旅行网为目的地商户独创了一套商户后台，用户去到当地体验接机、餐厅、SPA、购物店、一日游等自由行项目，只需扫描门店内游啊游旅行网专属二维码，即可购买实时使用。游啊游努力将场景化消费发挥到极致。

2. 深入直采模式，为顾客提供一站式服务平台

游啊游从成立最初就决定从旅游目的地初级供应商那里入手，从O2O发展的角度打破产业链条，在每个旅游目的地拓展自己的平台业务，筛选优质供应商直采资源。目前平台上的所有资源、产品全部直采，目的就是缩短旅游产业链，让游客和旅游产品、服务直接连接，为游客打造一站式东南亚旅游目的地O2O服务平台，从而增强对产品质量服务体验的把控。传统旅游行业中，链条长、用户痛点多、层层分销的存在逼迫用户为叠加费用埋单，而目的地的所有产品由分公司直接采购，不仅在价格和质量方面能够得到充分的保证，还可以去除中间层层分销的环节，使得用户在微信(youayoulvxing)、PC、App平台可以在任何形式中购买产品都能直接得到相对应的服务。现公司已在东南亚目的地设立3个分公司(泰国普吉分公司、越南分公司、柬埔寨分公司)，经过大量的考证和对实地旅游用户的研究，搭建了一个去繁

求新的新平台。

3. 将目的地服务体验做到极致

线上的平台搭建终究离不开线下渠道的支撑，得益于十几年东南亚市场的开拓经验，游啊游目前已经和几千家商家达成了合作关系，同时派专人在泰国、越南、柬埔寨等国家设立服务基地和进行市场拓展，解决游客落地服务和采购问题。

"线下渠道费时费力，没几个人愿意干，不像搭建一个平台那么简单，但是越是没人愿意做的领域越容易形成竞争壁垒"，周旭东从美嘉环球国际旅行社的传统模式中，跳出来还是有其考量的。为了更符合大众消费的需求，有效保障中国游客旅游品质，游啊游深入到东南亚当地，与众多商户达成战略合作。同时为了提高游客境外游体验，提高平台的便捷度，让用户的旅行变得更简单更便捷，游啊游旅行网会定期推出东南亚1元接机、游啊游旅行网携手泰航免费接机服务等优惠项目。

（七）未来发展前景

游啊游一直努力为热爱旅行、热爱生活的人提供专业可信的便捷平台，今后将致力于成为中国最大的境外目的地旅游电商平台，让更多出境旅游爱好者体验到更简单、更安全、更自由的方式。

在未来的产品开发方面，周旭东提出"真正的旅行不是到此一游，而是通过旅行中内心有所触动来发现生命的价值，未来游啊游旅行网会有更多深度体验的旅游产品，这也是未来五年我们要做的一个很重要的事情"。针对目前赴泰旅游依然以跟团游为主的现状，游啊游旅行网将背包就走的年轻人定位为主要消费群体，通过航空公司、酒店以及目的地活动与消费者的连接，将陆续与东南亚各大航空公司合作，完善各种服务体系，打造一个全新在线旅游平台，为用户推出更多东南亚特价自由行产品，给用户带去"最简单，最自由"的出境游体验。

在市场扩张方面，一直以来游啊游服务于一线城市，接下来二线城市的拓展是游啊游旅行网以后发展的重点，将力求为二线城市的旅游提供更多的方便。此外，针对境外游的业务，虽然目前公司的市场以东南亚为主，但下一步会逐步开拓日韩、澳大利亚、美国以及欧洲地区的市场，并进行现有营运模式的复制。与此同时，抓住机会将泰国的市场做得更细致更深入。

最后从公司的层面来讲，周旭东说道，"一个公司创立以后企业真正的战斗力还是企业文化"，下一步会着力于团队文化建设，为下一场市场战役和进攻做好充分的准备。

（本部分执笔：靳秀娟）

二十四、游心旅行——自在旅行，记忆游心

（一）企业简介

游心旅行成立于2014年，是一家追求旅行体验至上的定制旅行平台，努力为实际出行配以细致的贴心服务，用完美体验重新定义每一次旅行。他们基于对用户需求的深刻洞察，对旅行意义的独到见解，以专业买手姿态搜罗全球景致，精选出涵盖自由行、定制旅行、半定制旅行及碎片化的一系列高性价比旅行产品，全方位满足个性化需求，让旅行自在，记忆游心。

2014年8月，游心获得由鼎晖创投、著名投资人邓锋投入的Pre-A轮融资。2015年2月，又获得韩投伙伴、美林控股和清华紫光顺风投资的A轮融资，估值已经超过1亿美元。2015年11月，获得B轮融资，估值达十亿人民币。2016年4月，游心旅行完成对会玩旅行的并购，未来双方将强强联合，开拓更加广阔的海外目的地旅游市场。

（二）机会识别

开放的心态与较高的消费能力正在成为中国游客新的标签。旅行不再只是简单的商品买卖，而是一种互动式体验，从旅行者的角度出发，以最便捷、最有趣、最个性化的方式增加对当地历史、文化、人文、美食的了解，感受自身与外在世界的联系。而好的定制服务绝不仅仅只有优质的硬件设施，还有对用户的深入了解与积极互动。游心旅行根据定制需求策划和推荐最适合的行程、最精彩的景致，不追求过分的奢华，但坚持有深度、有态度的品质体验，使定制旅行成为尊贵但不昂贵，可持续购买和体验的生活方式。

创始人蒋松涛回忆道，在做游心之前，花了半年时间把市场上的在线旅游平台都做了竞调，尤其是定制方向的。他发现先前很多定制平台一直做不起规模，而且一般企业都将自己的客户群体定位在人数较多的白领阶层，很少有做高端定制的。除此之外，他曾在投资行业工作过，这为自己积累了不少具有高消费能力的客户群体。他也提到："我非常看好两个大趋势，一是未来在线旅行的发展机会很大，二是整个中高端和个性化的发展机会很大。"

关于游心的逻辑，创始人蒋松涛提出："只有当一个平台可以为一个用户提供多种旅行服务时候，满足用户不同的旅行需求时候，这个平台对用户来讲才有价

值,也才更有黏性。因为高端定制的目标客户群体比较小,所以更需要培养、需要开发和精准营销。"

古有云"乘物以游心",旅行不单是将出发地与目的地的距离缩短,在路上就是开启一段心灵的游历。坚持"自在旅行,记忆游心"既是初衷,亦是团队的游心旅行观。

(三)商业模式

游心旅行致力于发展为兼具C2C与O2O模式的定制旅行平台,推动旅行新方式形成。游心首先是一个细分的概念,主要做的是中高端市场,基本上是白领和中产阶层及以上,家庭年收入在50万以上的这部分群体,是主要针对这部分用户创立的以定制为主的一站式旅行服务平台。

游心有三大业务,主要都是围绕着用户的需求。一是定制服务,基本上占业务收入的70%以上,且定制的平均客单价比较高,基本上达到了3万~5万元。二是自由行套餐,主要像机+酒这一类套餐。三是目的地的选择碎片,包括签证、门票和热气球的单项等。

2016年4月,游心旅行宣布完成对会玩旅行的并购,未来双方将强强联合,开启"车+×"升级旅行体验,开拓更加广阔的海外目的地旅游市场。通过此次并购,游心旅行完成了以互联网PC端和移动App端为流量入口,涵盖包括中高端旅行定制服务、行程推介与规划服务、碎片化旅行产品、全球性专车服务在内的大旅游生态圈布局,形成上下游产业链同时发力。游心将借助会玩旅行在海外目的地开发以及互联网技术系统方面的积累,实现深耕海外目的地的目标,提升并完善业务中的数据能力,对游心拓展旅游生态圈形成重要的补充。

关于获取用户,游心主要是:①与拥有高端消费群体的商户合作,如与工商银行白金卡会员、爱败妈妈、马会、商学院等合作,通过对这部分消费群体的精准营销,将其直接变为游心的用户。这种方式不仅转化率高,而且效果较快。②广告宣传。主要在地铁口、商场、电视、网络等投放广告,这一方法虽然接触很多用户,但是最后不一定成为游心的用户,可利用漏斗模型不断地进行筛选,最终形成自己的用户,并利用会员制将用户沉淀下来,发展成为游心的固定用户。③口碑营销。游心高品质的服务为顾客留下深刻印象,更愿意主动与朋友、家人分享,为游心带来更多忠实用户。

游心旅行的盈利模式是,绝不在机票酒店门票等中间环节赚取差价,仅在用户满意的基础上收取部分服务费,如同Airbnb只赚取相应服务费的模式。游心旅行的这一模式不仅为游客提供了性价比最高的产品，更是不断要求自己为游客提供更好品质的服务。

（四）创业团队

游心创始人蒋松涛拥有清华五道口EMBA学位，是从一位投资界的精英摇身一变成为了跨界"创客"。游心旅行人才来自鸿鹄逸游、太美旅行、穷游网、赞那度等旅行业骨干力量，也吸引到腾讯、网易等互联网精英的积极加入。截至2016年3月，共有员工100多人。其中，业务人员大概占一半左右，技术人员占1/3，还有辅助部门像人力、财务。

在团队组建初期，游心主要以原来太美定制团队为班底，不断招贤纳士组建团队，期间还并购了五星汇。游心的定制团队，拥有最早做定制旅行服务、真正服务过高端人士的经验。业务人员都是经过重重筛选而出的专业人员，只有这样才能保证最终对客户端的高端服务品质。蒋松涛表示："游心旅行有一整套评分和信用的体系，包括一些评分、奖励、末位淘汰等，贯穿在事间、事中和事后，以此保证所有的服务提供商提供不低于游心的用户体验。"对专业人才和创业同道的珍视、渴求是每一个创业团队的财富和机遇。

2016年4月游心旅行完成对会玩旅行的并购后，会玩旅行创始人葛咏加入游心管理层。葛咏为资深IT工程师出身，又有在默多克麾下历练10年的运营经验。面对并购完成后两家公司的整合，葛咏表示："接下来最大的挑战是双方人才与技术的快速对接，加入游心旅行之后主要负责互联网线上产品及运营管理相关工作，计划用最短的时间完成双方资源、业务层面的整合，以及系统化的搭建，从而实现游心旅行大生态系统的建立。"

为了提供更好的服务品质，游心创始人蒋松涛在团队的设计上，主要采取了两个非常重要的二八原则：第一个二八原则是，80%及以上一定是专业的旅游服务提供者，只有选择经过专业训练、有过服务经验的专业人士才能有更高的把握提供专业的服务。第二个二八原则是，超过80%及以上的员工只是提供资源、线路的规划设计和咨询的，这意味着只有不到20%的员工才能直接跟客户发生接触，这不到20%的员工是很重要的，他们是直接影响客户体验的。为了更好地激发员工的工作积极性，游心与员工进行深度的利益捆绑，即我给你好的客户，你提供很好的服务，获得好的收入。

（五）未来预期发展

对于未来的发展，创始人蒋松涛表示："这是最好的时代，资本寒冬加快了行业的择优过程，势必会有一些旅游企业因为资金而暴露出更多的问题，而这也是游心的一个机会，我们考虑通过增加投入、并购等动作扩大公司规模，增加利润，更好地掌握上游资源。"

游心旅行并购会玩后，车+×业务将成为另一大业务增长点。游心旅行借用共享经济的概念，在打造C2C平台优势的同时，产品理念也再度升级。在车+×业务中，车仅仅是帮助用户完成海外目的地需求的载体，未来主要是根据服务的场景，在各个环节引入优质的资源进行匹配和对接，进而全新打造针对中产阶层海外综合需求的产业链。

未来旅游市场的发展趋势，一是越来越注重旅行的品质，二是个性化的需求越来越多，三是更侧重于目的地。而游心正好可以满足未来旅游市场的这一需求，未来游心的发展非常值得期待！

（本部分执笔：牟丽梅）

二十五、远帆票务——专业的景区门票在线分销商

（一）公司简介

北京远帆信息技术有限公司（简称：远帆票务）成立于1998年，是一个提倡"旅游DIY，我的旅游我做主"的专业旅游票务公司。远帆将技术和市场营销两大平台合而为一，创建了中国领先的旅游票务分销平台"中票盟分销平台"，实现了网络化售票、分销售票、第三方网站和App的接口售票、验票、查询、汇总、统计报表以及防止黄牛党倒票等全方位管理门票及销售功能。出票采用先进电子票通关凭证，使银行移动预付费卡实现景区刷卡增值转换。开放式的平台使各种景区资源和渠道顺利在平台实现转化。

目前，远帆在北京拥有270多家分销机构，近40所高校创业团队，300多家校园代销点；2011年3月远帆与山东省旅游局下属好客易行协会合作在山东济南设立分中心，山东各县、市设立直营店，为打开华东市场做好铺垫工作。2009年，建立独立的网络售票系统，2010年开发出电子票务系统，将移动终端、互联网平台加以综合应用，已达到国内票务技术先进水平。目前，能够针对北京、天津、河北近30个景区，山东60多个2A—4A景区进行独立出票和验票。远帆票务是驴妈妈、携程网全国票务战略合作伙伴（全国两家）、搜狐旅游独家战略合作伙伴、北京市政一卡通"票卡合一"项目的独家合作方、北京及华北区滑雪票务联盟发起单位之一、北京票务团购主选合作单位之一。2011年冬季，更是独家主办了第一届天津欢彩雪世界冰雪嘉年华，从票务销售到景区服务，实际操作一条龙。

（二）机会识别

在自己的定位上远帆票务也一直在思考，到底谁是远帆的客户。B2B、B2C、O2O模式一直在不停延展，但远帆很精准的定位就是两个市场，一个是直客市场，一个是同业市场。经过争论和定位，远帆票务清晰地瞄准了自己的定位，只做桥梁。左手牵着景区，右手牵着远帆票务的战略合作伙伴。从根本上，对于景区来说，远帆票务是一个专注景区的运营商，解决了景区的一些困惑。打个比方，景区流量少，可能它的产品的组合没有跟上时代的脚步，有一些闭塞，这也是现实的问

题。远帆票务不停地用自己的能量和自己的思路,给一些景区提出一些可行性的组合型产品。这样的概念融入之后,景区的销售会越来越好。远帆票务对同业来说,是一个细分旅游市场只关心门票的供应商。

(三) 创业历程

远帆票务的口号是"因为我们的关注,所以我们远帆"。 远帆票务1998年成立,从大学生门票开始起家。随着大学生市场和旅游市场的细分,远帆票务进行了第二次改革,把人群重新定位,定位到了成年人。在成年人的范围内,远帆票务的客户群体又细分了,并精准地把它散发,定位到旅行社,从根本上解决了旅行社原来的票团签,到现在散客也可以做。现在,远帆已经进入到第三次革命,将自己的技术进行提升,进入了无线互联时代,通过二维码进行扫描,进行景区通关。公司用了短短6年时间,占据北京主要旅游休闲景点30%以上的市场份额,尤其是北京高校票务份额达60%~70%以上。遥遥领先的市场地位,使得"远帆票务"成为北京旅游休闲景区票务代理的首选。

(四) 商业模式

远帆充分发挥其中票盟电子商务平台拥有的电子商务网站、电商平台、传统旅行社/会议公司以及异业渠道这四大分销渠道的优势,凝聚团队力量,帮助合作景区获得更优的营销与推广效果。

1. 门票产品的三个提升

远帆票务把门票形成三个概念。第一是标准化,因为门票的价值只是在游客进入景区通关的凭证,它的核心价值也就是通过一个凭证来进入景区。第二是可复制性,远帆一直在不断地跟景区沟通,话术已经成为远帆的模式。一个好的景区谈判专家可以带领一群大学生一起去谈景区,谈完一个景区之后,这个大学生自己就可以自己与别的景区洽谈。用半年或者一年时间,该大学生也成为谈判高手。第三,景区也是一个易规范的产品,因为景区可以实现市场统一对外价。比如峨眉山景区的门票,它对外实行价格统一,那么远帆票务的门票就被规范化了。

2. 远帆票务的价值创造

远帆票务的价值创造,是对产品进行提升。首先,通过优化产品组合,提高产品在市场上的竞争力。然后针对产品的销售,根据不同的销售渠道销售不同的产品。此外,专注于门票领域的远帆票务秉持着对景区和分销商7×24小时的服务理念,实行到人到岗,第一时间解决战略合作伙伴在通关过程中的突发事件。

3. 对合作的景区的完美支持

对于合作的景区，远帆票务会做到以下三点：第一是支持，第二是营销，第三是产品。第一是支持，远帆有强大的技术团队进行技术支持，包括提供给景区的一些系统的支持、通关的支持，关于闸机的问题，远帆票务也提供技术支持，但是需要合理分配，比如这家景区适不适合安闸机。第二是营销，在门票的细节和门票产品的组合上和合作商、运营渠道商进行了精准的分析，所以远帆票务很关注门票的产品营销。第三对于产品，因为有的时候景区的产品可能过于闭塞，就是说远帆票务如果只是卖门票，把客人领进来，是行不通的。在一家景区里有很多组合性产品，当进行产品有效的组合，能让游客获得更大的优惠，产生浓厚的兴趣，就能给景区带来流量。

所以远帆对景区而言，是景区的售后服务，因为景区跟远帆票务合作以后，远帆票务可以形成产品扩散，这样的情况下所有的产品服务商指定给远帆，只有点对点的直观的对接，处理所有的问题都是很容易的，沟通会很顺畅。远帆票务也是景区的渠道销售商，扩展了很多渠道。目前就远帆现在合作的渠道商，在不同领域当中一共有600多家，所以远帆的销售对于景区而言并不单一。

4. 远帆票务的顾客服务

第一点是服务，所有的产品和所有的结果都是因为服务。远帆票务在服务上只有严谨认真，才能对分销商产生珍贵感，因为远帆票务拿到每个分销商都需要一个漫长的过程，所以远帆票务在意每个合作伙伴。对于产品，远帆票务并不盲目地对接，不会把所有产品全部上架，而会根据分销商的企业状况和用户人群分类进行有效的组合。他们在进行有效组合的情况下，对产品进行有效的分析。对于产品定制，远帆票务根据产品不同的性质进行延展的服务。

5. 远帆票务的分销系统平台

远帆票务的分销系统通过渠道商，也就是景区采集，放到远帆票务的平台，然后通过这个平台散发到远帆票务的分销渠道商，根据远帆票务的产品延展到C端客户。通过渠道商的返佣和回款及时反馈给景区，远帆票务对所有的线上的旅行社和线上的平台直线提供技术上的支持，和远帆票务的API对接，保证流程技术严谨。所以远帆在做一个电子商务的平台，一个分享性的平台。

（五）未来发展预期

截至目前，远帆合作的景区以及休闲娱乐度假村等有几百家，近千款产品，涉及景点、游乐园、动物园、戏水、温泉、滑雪以及亲子娱乐、度假村酒店等。其中，远帆独家代理运营或者属核心景区的近50家，其中北京占到近20家；远帆通过强大的渠道分销，截止到2013年年底，营业收入超过亿元；独家代理的景区，远帆入园量占到该景区散客人数的70%以上。

远帆票务现在主要的思路是联合一些大的OTA和一些弱小的旅行社，以及有资源的机构和团体，做好资源平台的整合。其他远帆将继续专注于第一平台的定位，重点着力门票第一产品的设计和渠道的延伸，兼顾其他产品的延伸。

（本部分执笔：高颖）

第五部分 第三届中国旅游创业创新高峰论坛实录

一、会议议程

第三届中国旅游创业创新高峰论坛（2016年）
论坛主题：相融相盛 携手同行

回首过去的一年，双创成为推动社会发展的强劲引擎，新常态、供给侧改革等正在发生，而智慧旅游进一步落地，一带一路战略规划在旅游业也初现端倪。资本寒冬猛烈冲击投资界与创业者的同时，我们看到"并购"成为大中型企业拓展自己商业帝国的重要方式，资源的进一步集中，造就了事实上的垄断。无处不在的"无间道"让企业在成长道路上如履薄冰，面对不知会从何处杀出的对手茫然失措，2016，何去何从？

有压力就有动力，乱象中更是创新型企业崛起的大好时机。本届峰会，立意大局，着眼实务，将与业界嘉宾们探讨供给侧改革、共享经济下旅游业创新创业的契机，集思广益，拆解趋势、破解困局，推动中国旅游业创业创新发展。

指导单位：中国旅游研究院
主办单位：北京第二外国语学院
　　　　　中关村智慧旅游创新协会
承办单位：北京第二外国语学院酒店管理学院
　　　　　北京企略天下管理咨询有限公司
支持单位：北京市海淀区旅游发展委员会　北京市西城区旅游发展委员会
协办单位：中韩营销协会
媒体支持：爱方得、《中国国家旅游》《旅游世界》《旅游休闲》《中国城市报》、人民网、凤凰网、吼豆网、TimeOut北京
活动支持：牛到家、视友直播、乐嗨直播、视纪网、趣现场、春雷传播、丽得姿
会议时间：2016年4月9日星期六
会议地点：北二外第4教学楼竞先厅

时间	内容	嘉宾
4月9日（星期六）上午	主持人：李崇昌，漫宜生活创始人、中关村智慧旅游创新协会监事长；王俞，北京第二外国语学院酒店管理学院副院长	
8:30~9:00	签到暖场	
9:00~9:10	高峰论坛及与会嘉宾介绍	
9:10~9:20	中关村智慧旅游创新协会领导致辞	中关村智慧旅游创新协会会长　张德欣
主旨演讲		
9:20~9:50	供给侧改革与旅游创业创新	中国旅游研究院产业所所长　李仲广
签约仪式		
9:55~10:15	"亚洲旅游营销节（ATMF）"战略合作签约及"亚洲旅游大奖"评委发放聘书仪式	中韩营销协会会长 ATMF创始人　慎云哲 中关村智慧旅游创新协会会长　张德欣 北京第二外国语学院旅游管理学院院长/中国旅游改革发展咨询委员会副秘书长　厉新建
10:15~10:40	"中国旅游创业创新先锋榜"颁奖 智慧旅游创新实践奖 目的地旅游创新实践奖 旅游服务创新实践奖 创新坚守奖	颁奖嘉宾： 中国旅游研究院院长/国家旅游局数据中心主任　戴斌 北京第二外国语学院旅游管理学院院长/中国旅游改革发展咨询委员会副秘书长　厉新建 中韩营销协会会长 ATMF创始人　慎云哲 中关村智慧旅游创新协会会长　张德欣
10:40~11:00	《中国旅游企业创新创业发展报告2015》发布	北京第二外国语学院酒店管理学院酒店管理系主任　李彬 中关村智慧旅游创新协会副会长　温婧
11:00~12:00	议题一：旅游大数据的挖掘与运用	主持嘉宾：北二外"中国旅游大数据研究中心"主任、副教授　钟栎娜 研讨嘉宾： 百度大数据资深产品运营师　付洋 去哪儿大数据总监　罗震 众荟慧评事业部总经理　焦宇 妙计旅行CEO　张帆
12:00~13:30	午休	

续表

时间	内容	嘉宾
4月9日（星期六）下午	主持人：刘腾飞，喊你玩创始人、中关村智慧旅游创新协会理事；王俞，北京第二外国语学院酒店管理学院副院长	
13:30~14:45	议题二：城市微旅行的开发与设计	主持嘉宾：北二外酒店管理学院　李朋波博士 研讨嘉宾： 九十度创始人　高弘 穷游网联合创始人　周彤 稻草人旅行网创始人　左慧敏 满洲里市旅游局副局长　刘涛
14:45~15:00	共享经济下的酒店生态圈	云盟酒店发起人、驿家365连锁酒店创始人　高树军
15:00~16:10	议题三：共享经济下住宿业的颠覆与创新	主持嘉宾：香港理工大学酒店及旅游业管理学院助理教授　刘赵平博士 研讨嘉宾： 小猪短租VP　潘采夫 亚朵酒店VP　王凯 华宿荟创始人　黄栋庆 远方网创始人　陈长春 唯恩私人度假CEO　韩雨霏
16:10~16:20	总结与会议闭幕	北京第二外国语学院酒店管理学院院长　谷慧敏

二、第三届中国旅游创业创新高峰论坛实录

【暖场活动：面对面建群】

王俞：相融相盛、携手同行。欢迎大家参加第三届中国旅游创业创新高峰论坛。我是今天的主持人，北京二外酒店管理学院的王俞。

很荣幸作为东道主主持这次的高峰论坛，我也有很多感慨的地方。我想请问坐在台下的朋友们有多少位连续三年都见证了这里的精彩呢？很多。感谢大家，我相信大家的世界也会像我们的高峰论坛一样越来越火，越来越旺。

但我个人还是有一个小疑问，这么多次的高峰论坛，每年都有很多媒体朋友过

来助阵，为什么没有把我捧成网红呢？这个疑问谁能回答我？我来之前仔细想了一想，因为我们这个平台是把各位正在旅游创业道路上坚定前行的创业者们，把你们推成红人才是我们的目标。就以前两届跟我一起搭档的主持人来说，第一届的冬东现在职位上节节高升，第二届的谢中事业也是蒸蒸日上。尽管大家都知道创业道路上到处都是艰辛，但我们相信想要达到顶峰必然要经过一个爬坡的阶段，但只要上了这个坡，我们的前景是非常美好的，也祝愿大家的创业道路能更加顺畅。我们今天的平台也是给大家一个交流的机会，希望大家在这里能有所收获。

刚才介绍了我前两届的主持人，大家是不是想知道我今天的主持人搭档是谁，是否也是一个非常幸运的人呢？对。确实如此，而且我本人也是非常有幸，因为今年作为主持人，我还有一个bonus，上下午两个非常高颜值的帅哥，首先先请上午的第一位主持人合作者——李崇昌，有请崇昌。

崇昌是北京漫宜旅游文化有限公司的创始人兼CEO，也是我们旅游创业协会的老相识了，从建筑师跨界到旅游业，从北大的MBA，到京郊的客栈老板，他坚持致力于都市京郊休闲平台的打造。你好，崇昌。刚才看到我在问问题的时候，你也举手了，我相信台下的很多朋友都想知道，这几年你是怎么样从建筑师转为一个旅游创业者的？

李崇昌： 首先十分惭愧，对旅游来说，我基本上跟大家相比就是一个门外汉，主要是以前对郊区的休闲生活比较向往，自己对郊游的整个市场，所谓现在的供给侧有一些很无奈的感觉，所以自己误打误撞进入了旅游行业创业，本来就是跨行业，加上自己走的是一个新路，所以创新创业对自己来说也是N多波折和插曲，2012年认识了老张，加入了协会，得到协会很多同行、前辈们的指点和支持，在此表示感谢。

今天有幸成为这个论坛的主持人，很高兴见到很多师长、比较熟悉的老朋友在这里，代表我们协会欢迎大家的到来。

王俞： 好，谢谢李崇昌，有专长，再加上跨界，确实是我们现在互联网创业一个引领潮流的人物。

就像刚才所说的有非常多的高朋在座，下面我先来介绍一下今天现场莅临的主要嘉宾，欢迎：

中国旅游研究院院长、国家旅游局数据中心主任戴斌先生（戴老师也是我们二外学校的老领导）；

中关村智慧旅游创新协会会长张德欣先生；

中韩营销协会会长慎云哲先生；

中国旅游研究院产业所所长李仲广先生；

北京第二外国语学院酒店管理学院院长谷慧敏女士；

北京第二外国语学院旅游管理学院院长厉新建院长；

北京第二外国语学院酒店管理学院的书记姚睿先生；

北京市西城区旅游委副主任贾文静女士；

北京市海淀区旅游委副主任冯军先生；

满洲里市旅游局副局长刘涛先生；

中关村智慧旅游创新协会的副会长刘宏伟先生；

中关村智慧旅游创新协会副会长温婧女士（也是二外的博士）；

山东青年政治学院院长张青女士；

中关村智慧旅游创新协会秘书长苗利娟女士；

香港理工大学的刘赵平先生；

另外还有众多来自旅游行业的创业者、学界的同人和媒体界的朋友，在此一起热烈欢迎大家的到来，谢谢。接下来有请中关村智慧旅游创新协会会长张德欣先生致辞。

【嘉宾致辞】

张德欣：很开心在这里跟大家再次相会，今天是第三届了，三年来一路走来非常不容易，特别感谢大家能在周末上午这样一个时间跟我们相聚，现在正是春暖花开的好时节，也是我们思想风暴、脑洞大开的好时机，在这里可以用几张小图片来传达我的感想。

如果连续三届参加我们峰会的人会知道，我们最初是于2012年9月有一个旅游创业家俱乐部，经过三年以后在今年的1月15号成立了中关村智慧旅游创新协会并走上了正规化的发展道路，在这个过程当中有一点小小的感悟，跟大家做一下分享。

在这里面实际上已经有一些人算比较牛了，比如有现在去哪儿CEO谌振宇，曾经获得李克强总理亲切接待的张文龙，面包旅行的彭韬，在凯撒的刘宇等，当初这几个人有的现在已经发展非常好了。

这是2013年1月，我们在"去哪儿"成立了中国旅游创业家协会，是旅游行业第一个相对而言规模比较大的创业创新联盟；接下来的这三年我们做了很多跟服务旅游创业创新者相关的事情，还是有一些的启发和帮助。

这个是1月15号我们在北京市民政局注册了中关村智慧旅游创新协会。协会的发展方向，一是智慧旅游，二是创业创新，三是文化交流。

有几个小小的感悟，这是乔布斯的话，求知若饥，虚心若愚，对我来说其实更喜欢它更粗糙的翻译，保持饥饿和愚蠢。在创业创新的过程中，这两点是非常重要的，保持饥饿是让我们不断地学习，去吸收各方面的知识、经验、教训、能力等。保持愚蠢是让我们保持非常专注的能力，非常傻，简简单单，傻傻坚持，这其实才是创业，所以保持饥饿和愚蠢才能让你走得更远。

这个大家都认识吧，这是六小龄童，当然我们习惯了他大圣的脸，可能不太熟悉他这个脸。去年他和百事可乐有一个视频，里面有一句话，苦练七十二变，方能笑对八十一难。我们在创业创新的过程当中，会遇到太多太多的坑，这个坑我们需要逐一去填平，所以不断有各种各样的问题出现。我们不是来问问题的，我们是来解决问题的，我们最终的目的是把问题解决，所以说在克服磨难的过程中需要我们有坚韧的毅力和非常强的执行力。

简单说一下团队，这三年来我们虽然有一定的发展，但相对来讲还比较缓慢，这也受制于团队，因为团队这个事情在创业的过程当中，从现在看它是第一位的，没有一个好的团队，单枪匹马其实做不成很大的事情。作为中国人最熟悉的经典的团队就是西游记的四人组，在这个团队的人实际上他们都有各自的优点和缺点，但唐僧能把他们很好地融合在一块，唐僧是一个很好的领导者，所以这是中国式互补型的团队，大家可以根据自己目前项目的情况去判断一下。

第二个团队复仇者联盟，每个人都非常厉害，都是各个领域的翘楚和精英人物，这种情况下你的团队都是精英，怎么去管理，怎么样去处理和精英之间的关系，这是非常关键的，这种团队也是创业公司的一种。

第三个团队，更加吸引人，高颜值团队。不但要有高颜值还要有才艺，正所谓明星团队。纵观这三个团队，在我们创业的团队中都会出现，究竟哪一个团队适合哪一种类型的创业还是要根据大家的兴趣、爱好，自己掌握的资源优势和自己将来的方向去决定我去搭建一个什么样的团队，但无论如何都必须要有这个团队。

这是前不久非常疯狂的《疯狂动物城》，它描述了一个理想的乌托邦的世界，它能很好地反映什么呢？在我们旅游行业很多大佬其实他们公司的LOGO都是一些动物，就是动物大战，但从我们行业组织来看我们希望能达到一个相融相盛、携手同行的效果，所以我特意拿了一张《疯狂动物城》的图片，希望大家能和谐相处、共生共融、共扶共帮，只有这样我们才能改变中国旅游业的未来。

欢迎大家多多关注中关村智慧旅游创新协会，也希望创业者和团队能加入到我们的协会当中，希望能跟大家相融相盛、携手同行，另外也再次非常感谢各位的到场，谢谢。

李崇昌：谢谢张会长，其实刚才听老张聊这个团队，西游记多少还是虚拟的人物，我想随便聊一个更好的团队，不得不承认中国共产党是一个非常棒的创业团队，从十几个人到现在几千万人领导了一个十几亿的国家，所以我觉得中国共产党是一个非常好的创业团队，值得我们学习。

刚才我也讲过面对旅游市场供给侧的无奈，我参与了旅游创业，在座的很多创业人士相信也有同感，有请中国旅游研究院所长李仲广先生就这个方面进行精彩的阐述，谢谢。

（一）主旨演讲：供给侧改革与旅游创业创新

演讲嘉宾：中国旅游研究院产业所所长李仲广

李仲广：各位领导、老师、同学们大家上午好！

很高兴能和大家就这个热门的话题进行交流，这个话题在我们高校来说，就是我们的知识点、重点，现在搞的经济、管理，供给侧改革是一个必须要知道的话题。很高兴第三次参加我们的大会，刚才张会长提到我们是从创业家协会到创业创新大会，现在我看到大家都成为网红了。刚才王院长谦虚了，说不是网红，在旅游业界我们都是网红，再过两三年可能就是整个互联网的网红。在过去这些年我们培育的品牌和项目，都是经历了这么一个发展过程。今天参加这个会议，很高兴。

我想"供给侧改革"看起来可能会让人想到经济学比较高深的名词，供给学派，供给主义。如果你早上打车的话，可能就能经历这种供给侧改革、供给曲线的变化。今天早上我用约车软件约了一辆出租车过来，这个就是我们现在供给侧改革里面一个著名的例子，就是随着专车和互联网用车预约这方面服务的增加，我们供给曲线变得更有弹性了。

我想跟大家交流的是两个方面的问题，一是如何理解两种关系，二是我们旅游创业创新在供给侧改革里面应该怎么做。

第一个问题，如何理解他们的关系。我感觉可以从三个方面来理解：

（1）从政策制定的背景来看，我们的创业创新和供给侧改革是相互衔接，一脉相承的。

（2）从理论来看，供给曲线的移动，供给曲线弹性的增加，形状的变化，需要靠我们创业创新。

（3）从中国目前面临的问题来看，也是需要我们特别是旅游业的创业创新来解决问题。

第一，两者的关系，推动我国供给侧改革的主力军。从2013年以来中央出台一系列政策，我们的刺激消费、双创、新经济、新动能，包括现在的供给侧改革，他们都是一系列承前启后的政策，我们的旅游消费是如何推动供给侧改革的呢？我想，在2009年的时候，中国为了保GDP8%，工业起到了非常重要的作用，中国的工人登上了《时代周刊》。现在大家有一种感觉，就是我们中国的游客，在各种各样的场合都能听到他们，他们也会像中国工人一样，也能登上各大杂志的封面，因为他们在推动中国的转变，推动世界经济的发展。比如"欢迎中国"这些面向中国游客的一些政策和服务。

戴院长在2009年提出中国旅游业发展的一个基本矛盾，就是日益增长的旅游休闲需求和落后的商业模式之间的关系，这个矛盾其实不仅是我们旅游业的矛盾，中国经济也面临同样的问题。比如中国人不在国内买国产的马桶，跑到日本买浙江产的马桶；不在国内买奶粉，到国外买奶粉。这是目前供给侧改革非常流行的话题，也是对我们主流精英影响比较大的事件。

2012年、2013年的时候，中国和日本的关系非常紧张，当时监测中日旅游市场的时候，这个市场应当是下降的，或者说中国游客在日本应该是不开心的。但恰恰相反，我们政治处于僵局，但旅游市场却很火爆，那时候中日之间的旅游市场是出境旅游最火爆的市场，而与香港那边的市场陷入低潮，形成一个非常鲜明的对比，大家都骂到日本旅游的中国人。原因是什么？我们中国人在日本旅游时的满意度是非常高的，排名在前八左右，在亚洲也仅次于新加坡，但高于韩国以及周边市场。这个现象让我们感到非常奇怪，同时我们看到中国的一些企业，跟随中国游客的步伐到日本创业。大家知道苏宁在日本收购了一些零售店，我们支付宝也在日本落地，我们看到中国的好多投资也到了北海道，到日本当地的一些著名景区去投资，这表明产业在跟着市场走。这是很奇怪的现象，最终买马桶盖事件引起"两会"的关注，从而形成一个热门话题。

在2015年春，李克强总理在"两会"的时候回应了买马桶盖事件，原来这个问题是原国家旅游局局长在政协的经济委提出的，目的是推动旅游消费的转型升级，李总理主动提到买马桶盖这个事件，是说我们的消费需要升级。我们都知道后面的双创以及一系列的政策是去年的主流话题。

戴院长经过多年的艰辛工作，在2015年出版了《创业》这本书，全名叫《创业照耀旅游的星空》，里面有30多个主题演讲，专门调研创业企业。这在时间上虽然是巧合，但实际上却反映了我们中国经济和中国旅游业发展的一个趋势。同时我们在2015年也做了很多内参和要报，因为当时涉及用车、用房领域等共享经济发展面临的一些问题，用房，法律是否允许？用车，法律是否允许？这面临很大的争议。当时我们也跑这方面企业，做这方面的调研，提出了推动这方面发展的一些建议。我想说的是，整个供给侧改革，过去几年的政策制定演化跟我们的消费推动是有密切关系的。

第二，供给侧改革主要靠企业创新创业。我们作为一名经济学的学者听到这个供给侧改革自然会想到的我们的制度学派、制度忠于技术，还有供给主义等这些名词。当然还会想到"供给会自动创造自己的需求"，以及与他相反的凯恩斯的学派提出的"需求会创造自己的供给"，这是两种不同的研究范式，也是两种不同的学派。同时我们也会想到20世纪80年代英国和美国两大供给学派的政策实践，还会想到"看得见的手"和"看不见的手"，这些跟供给侧改革相关的一些学术概念。

但我想说我们核心的问题是政府、政治家在经济发展中的直接作用可能要减弱，而我们企业家的作用要增强，这个是由理论逻辑和目前的政策逻辑来决定的。

第三，我认为在我国的供给侧改革当中，旅游创业创新是大有可为的。那么，怎么看这个问题呢？目前中国经济面临的主要问题是下行，表面上需求过大、产能过剩、库存较多、价格下降，但实际上我们的产品质量，也就是供给质量是不行的。在经济开放的环境下消费者跑到国外去消费了，国门如果不打开只能选择在国内消费，但国门是打开的。2015年开会的时候李克强总理说我们不能不开放，开放的同时要加强竞争意识，提升我们的竞争力来吸引消费者。那么，我们该怎么做呢？供给侧改革提出了这样几个主要任务：去产能、去库存、去杠杆、补短板。就这几个方面的任务，前面有一些论述，论述五大发展理念，这些大家可以去看，但这句话是整个供给侧改革最精练的一句话，也是目前我们理解供给侧改革最简短的一句话。

从我们的旅游观察来看，国家经济和旅游业供给侧是目前面临的比较大的问题，除了刚才抽象的产能、库存、杠杆、短板这些问题之外，在经济领域当中还有一些比较具体的问题存在，比如说景区，一到节假日，景区特别是很多国有景区的供给曲线是垂直的，而需求，门票价格相对比较高，但对于很多消费者来说是比较低，所以需求量总体来说比较高。这是目前的拥堵问题和假日的供给侧问题。

第二看中国的旅游供给价格的扭曲问题，我们都关注过中国的旅游价格在国际上的排名。其实燃油价格、酒店价格在国际排名上来看是比较高的，2012年我国在国际的竞争力排名是第37，相比于我国二十世纪八九十年代中国入境旅游主要靠价格优势，确实发生了很大的变化。以前中国的旅游在全世界的价格排名是绝对靠前的，但最近几年竞争力排名是下降的，它包括很多方面，比如燃油、价格指数等，一些消费者来中国旅游时会碰到的各种消费支出。

另外，来看旅游业的服务质量，目前国内旅游业的服务质量，消费者评价只有70多一点；中国出国旅游的游客评价国外的旅游服务质量，在过去几年这个分数比国内的市场高3~5分，这3~5分其实就是发展中国家和发达国家的区别。这个也可以反映我们目前供给侧整体的一个情况。

还有一点，业内喜欢把旅游市场划分为两个市场，一个是中国市场，另一个是中国以外的市场，这样划分是有一定问题的。中国人出国旅游的时候，有时国外无法提供国内的一些服务项目。比如，百度、高德、携程在国外都用不上，哪怕你有很高的旅游能力和支持能力，在国外还是会非常困难。这是一个供给侧面临的非常大的问题。

现在中国的游客在全世界走动，但是中国人的全球旅行系统还没有建立起来。我们看到复兴集团和万达等一些大型机构目前正尝试去构建一些中国人的全球旅行系统，但这种情况还是太少了。年初的时候，携程在国外有200多家酒店，相对出国旅行的中国人的需求来说，数量还是太少。中国人到世界各处去旅行，从中国到非洲、从中国到南美、从中国到南极等各地去旅行，目前来看，供给是完全跟不上的。不光是目前所观察到的，出去旅行也能立即感受得到，这就是国内与国外在供给质量上的区别。这几分对中国来说，党中央已经付出了很大的努力，2011年的时候我们提出2015年生活性服务业达到75分，这个是很难的，目前来看有一些已经达到了，但是有一些还没有达到。

这是谷歌在2012年发布的"外国人在中国的痛点是什么"，谷歌利用它的大数据发布了中国入境旅游报告，这里深刻地揭示了中国的痛点——卫生，厕所，饮食都是他们的痛点。目前大家都搞出境旅游，对入境旅游关注比较少，我看到有几个创业项目政府和地方都不太重视，但我觉得对于入境这一块，应该更多地鼓励他们做这方面的创业，特别是对于外国人创业和与中国合作而言。

最近国家旅游局提到从景点旅游到全域旅游,我们的供给模式将发生改变。我想说我们在国内、入境、出境三大市场全面竞争力下降的原因,反映的正是中国的经济问题。每年达沃斯世界论坛都会发布中国的综合国力和旅游竞争力排名,两个排名是一致的。所以说现在我们从旅游发展和国家发展的角度提出与其临渊羡鱼,不如退而结网,大家提出这个产业的新动能,就是新经济。旅游业是一个新的动能,我们希望能够建设美丽中国,我们希望中国的城市能够更加国际化,北京、上海能跟中国香港、纽约、新加坡一样,外国人、外地人来了也很便利,希望我国的产业更有特色,更多地考虑外国人的需求导向,更好地推动社会旅游、全球旅游系统以及城镇化和新农村的发展,这些都是旅游问题,这些中国的发展问题就是旅游的问题。让更多的中国人去旅行。

有一幅16世纪时由葡萄牙人制作的中国地图,非常精确,但当时我们还没有这方面的技术。大家可以从地图上看到欧洲人旅行的足迹已经遍布全球。

在人类历史上有过两次大的迁移,这两次迁移对目前这个世界的格局起到了非常重要的决定性的作用。今年携程说我们中国人要开始全球旅行,希望五十年之后中国人的全球旅行是在政府的推动下进行的。国家旅游局也分析了供给侧改革对我们行业的影响,新动能的作用、扩大内需的作用、推动产业结构的作用、开放的作用等。

当前旅游业的创新创业应该自觉转移到我国的供给侧改革上来,这是我第二个要跟大家分享的观点。我们的作用是什么?我觉得可以体现在以下三个方面:

(1)①要解决供给侧的主要问题,通过转型来去产能,通过共享来去库存,通过发展旅游业在内的新经济来去成本,通过实业、创业来去杠杆,通过三农扶贫来补短板。这是很明显的,不管是我们最近招聘的也好,和社会联系的也好,还是做项目的也好,我们清楚地看到各行各业都转到旅游领域中来,这是需要我们明确的第一点:要解决主要问题。

②确定中国发展的总体思路,也就是我刚才提到的解决这几个中国经济未来之路的问题。

③针对旅游业自身的供给侧改革,我们要加强我们的制度变迁、制度改革,这是我们今年旅游工作明确提出来的。我们的制度要改革,我们的基础设施要大力推进,品牌化的旅游产品要丰富,同时还要大力推动双创,今年的双创工作中国家旅游局也提出了一系列的政策措施,比如我们的大会示范基地和创业名师等工程,大家都可以关注一下这方面的工作。

我刚才列举的这几个方面，应该说是今年非常具体的工作。大家可以关注一下这些政策，当然国务院和国家的政策也值得我们关注。

（2）我们在供给侧改革方面的作用就是要形成一个共创的概念，企业、政府、专业三方主体共创。第一旅游产业，我们的部门hold不住，因为它太大，是整个国民经济的事情，我们需要和整个社会一起来做这个事情。我们的制度也要针对中国经济的发展，进而提出我们总体的思路，我们总体的想法。

在好多地方，如果让旅游专业的人或者旅游局来施政，能不能提出我们施政的思路？能不能很好地指挥整个部门来推动这个地方的发展？由此来看，制度也是一个问题，还有我们的专业。刚才提到乔布斯的概念，我认为我们的专业也需要一些革命性的产品理念，目前都是技术+旅游，反过来旅游+技术，旅游+互联网少，但如果真的能做到的话，这个产品一定是革命性的，我想这是大家对专业人员的一个期待，同时也包括创新主体。我们的研究领域，原来更多地考虑游客的心理分析，而把实践停留在服务层面，研发、资本、企业家、专利技术、发明等，这些生产要素我们考虑得太少了。这些要素大家可以上知识产权局检索一下，旅游专利非常非常多，大家一定要关注这方面生产要素的深化和变化。我们也会在戴院长的带领下针对市场主体方面进行一些研究。

最近看到一本书，贾康写的《供给侧改革》，和共创的概念是完全一致的。

（3）要把亿万群众的创造力和积极性调动起来。高校也面临这个供给侧的问题，实干兴邦、实践是检验真理的唯一标准对我们也适用。我们在过去几年也做了一些和产业接触的工作，孵化了一些项目。这个是面对中国游客处境、旅游购物的一个孵化项目，针对中国旅游购物大会，研究购物的问题；针对中国人在欧洲用车的问题，也创造了一个项目，因为这是中国人在欧洲旅行的一个痛点；针对自由行游客，预订车票、用车，路上制定行程，本地宝的供给情况，游客用餐、游客看电影等，以及游客在酒店使用客房的这些项目。

这个是根据游客的动机倒回来的一个循环，游客的感受和收获，针对整个集群进行的创业，在旅游的各个环节进行的创业。这是住宿业上的创业，现在的民宿、客栈、短租都是住宿新的创业领域。像房车、木屋，这些都是最新的创业项目。

我就跟大家简单地说一下以上这些问题，时间超了，谢谢大家。

（二）"亚洲旅游营销节（ATMF）"战略合作签约

王俞：非常感谢李仲广所长，刚才从政策、经济学的角度给大家深入浅出地分析了一下目前中国旅游业存在的供给侧的很多问题，而且也提出了创新和创业给我们带来的诸多商机，非常深刻，我也从中学习到了很多。

刚才李所长也说我说我不是网红是谦虚的说法，确实不是谦虚，我没被选成网红有三个原因，我是三高人群，学历高、颜值高、体重高。实际上我想要在这个场合营销一下自己，说明事实营销多么重要。接下来这个环节是亚洲旅游营销节的签约仪式，请相关的嘉宾上台。

有请中关村智慧旅游创新协会会长张德欣和中韩营销协会会长/ATMF创始人慎云哲。

亚洲旅游营销节（ATMF），是由韩国工商产业直属的中韩营销协会发起的，策划首个亚洲旅游营销类综合性国际奖，汇集了亚洲各主要国家地区政府、工业企业的旅游资源到亚洲顶级营销专家的专业领域打造旅游营销庆典活动。营销节的宗旨是促进亚洲各国各地区之间旅游文化的发展，提高亚洲旅游服务水平，挖掘亚洲旅游优秀营销案例，最终为亚洲旅游产业发展做出贡献。

下面有请张会长和慎会长签署战略合作协议。本次签约后，中关村智慧旅游创业协会将与中韩营销协会在亚洲旅游营销节后继续全面的合作，期待两位的合作能推动中韩企业发展，并为振兴亚洲旅游产业做出贡献。

（三）"亚洲旅游大奖"评委发放聘书仪式

王俞：首先，由慎云哲先生为张德欣会长发放专业评委证书；请北京第二外国语学院旅游管理学院院长厉新建先生接受评委证书。

亚洲旅游大奖，将会聚亚洲各国最具权威的评委专家，打造亚洲最具影响力的旅游营销奖项，亚洲旅游大奖旨在奖赏最具创造力、最具时尚的旅游类品牌、机构，促进亚洲旅游品牌的整体营销。

期待张会长和厉院长的加入能使ATMF成为更加有价值的奖项。

（四）"中国旅游创业创新先锋榜"颁奖

张德欣：因为我们跟创业创新相关，所以设了中国旅游创业创新先锋榜。这次榜单里我们有四大类的选项和十家企业，很荣幸由我颁发创新坚守奖，因为我们特别想给一批有理想、有情怀、勇于坚持的创业者进行一个表彰和奖励。

1. 创新坚守奖：穷游网、驿家365

穷游网获奖评语：从早期的旅游BBS社区到专业的UGC网站，从穷游锦囊到行程助手和微旅行平台，穷游为自由行游客的穷游不断提供时尚范儿的旅行服务。2004年诞生于欧洲留学生宿舍的穷游历经十一载创业，将穷游的旅行方式深入人心,穷游的生活方式也渐成风尚,旅途永无穷尽,创业也将永无穷尽。穷游的创业观是创业坚守,不断成长的核心价值观。再次感谢穷游。

驿家365获奖评语:秉承燕赵之风的驿家365连锁酒店集团,从去如家酒店偷师学艺到深耕华北市场,从打造中端品牌到中端酒店线上平台,驿家365持续为区域市场客户创造价值,从连续举办六届中国连锁酒店高峰论坛,到组织中国连锁酒店品牌之旅,作为一家区域连锁酒店公司,却一直组织行业层面活动,赢得了同业的尊敬。再次有请高树军先生。

2. 智慧旅游新实践奖(颁奖嘉宾戴斌):妙计旅行、世界邦

戴斌:我看了一下他们给我准备的获奖评语,因为这两家公司我都比较熟悉,所以也非常感兴趣。第一个是关于妙计旅行的,在中国目前的旅游创业企业里面,面对需求式的创业创新是比较多的,面向自由行市场的创业创新也是比较多的,但是面向供给侧的真正的改革是比较少的。过两天我们要开中国旅游科学年会,主题就是大数据与智库建设,旅游研究与智库建设。我今天早上看了一个新闻,火箭第一次在海上成功回收了,有两家公司可以做到。阿尔法狗战胜了李世石,这一系列带有革命性的科技的变化给我们的影响,对我的冲击是非常大的。我总觉得一个国家、一个产业的发展,如果只是在需求层面上,在既有需求的层面上通过价格竞争来做文章,这个产业没有大的出息。当然对价格竞争我没有任何的贬义,因为价格的竞争是必然的,所以从这个意义上来说,我对所有利用现代的科技、知识对我们的旅游产品乃至旅行方式进行深刻变革的公司都怀有深深的敬意,比如说我们现在一些利用VR做旅行设计的公司,当然我说的VR不是某宝上拿59块就可以戴个头盔的这种东西,这种简单的模仿是没有意义的,只是一个噱头而已。因为这是我们原始创新的东西,所以当我今天看到中关村来了一些企业,希望真正能有一些数据科学家来做支撑,针对旅游行业这种分散的旅游需求、散客化的旅游需求、碎片化的消费模式和非常分散的跟当地居民的休闲生活高度融合在一起的供给体系之间如何搭起桥梁提出建议,这对我们今年旅游创业创新可能是一个重要的方向。所以我想今年的年度关键词是"均衡",均衡的概念是什么?我们过去是绝对的不自由,就是跟团游以及所有的打包。但绝对的不自由不是没有好处,可以通过规模优势把价格降下来,把信息的收集成本、决策成本降下来,这么多年为什么将托马斯的旅行当成近代旅行的起源呢?你以为决策没有成本呢,看话剧到底是看小王子还是疯狂动物城,很多时候是很难决策的,我们研究消费的差异绝对没那么容易。所以我们过去围绕目的地信息搜集、围绕我们的消费决策,以

及旅行时的伴侣和行前准备工作做了大量的创业创新，但在目的地这一块，它的分散碎片化的东西如何进行有效的搜集？特别是一些新的供给方式如何跟上来？从根本上改变我们的商业模式，客观地讲我们的创业创新模式还任重道远。我观察了几年并且一直在寻找中国旅游行业中我们的iPhone，寻找旅游企业中间的乔布斯，不是简单地学就可以了，而是跟着旅游群众大部分的需求，在转型中去寻找需求。

前一段时间远大集团的途远公司做乡村旅游，就把远大公司的绿色建筑技术和乡村旅游的供给结合到一起，这种才是有分量的。就像我们在学校，我说一个老师天天上课，这个老师讲得好不好，真好，一节课从头到尾都有笑声，我说如果我是校长就把这个老师开除，你是来当教授？还是当郭德纲？你一个教授就是应当稳坐磐石，他可以不网红，但不可以不厚重。我们中国的旅游发展到今天，4万多亿的消费应当产生一批有价值、有技术、有逻辑、有厚重感的公司，不能只是很好玩，创业当然很好玩，但哪有那么多好玩的就把业创成功了呢？一个教授要写多少篇文章，他嘻嘻哈哈就把教授当了？没那么简单的事情，创业也是一样的。所以从这个意义上来讲，我还是念一下你们给我准备的颁奖词。

妙计旅行获奖评语：在众多聚焦于出境自由行的在线旅游公司中，妙计旅行属于"异类"，因为它创造性地运用人工智能与极其复杂的算法技术来解决游客的个性化旅游路线搜索、设计问题，为顾客打造最具效率、智能化的定制游工具。妙计旅行也成为业内备受关注的、"纯纯的"技术创新主导的旅游创业公司。

这个文案是谁写的？你这个不能有太多的专业词，我都看不懂。一个好的文案，是易于传播，但是听起来还是非常专业的。简单地讲，您看过我们月底要发中国旅游思想者的奖，这个文案是我抓的，让他们帮我搜集一些材料，我来主写，那是另外一种风格。但你这个，这个是刚做完A轮的，可能刚刚起步的，讲大数据？我曾经请教过CC，我说你给我讲讲什么是大数据，大概是三年前了。还请教过郑南雁，我说你给我讲讲什么叫大数据，他说院长你看过《人鬼情未了》吗？我说我看过，他说真正的大数据智库领域就是把人，把你不相信的事情变成你相信的事情，把鬼可以通灵看到的事情变成一个现实。他从这个点切入然后就抓住我了，他可能知道我比较文艺范儿，如果上来就讲代码，讲数据科学家，我可能就没兴趣看了。这个颁奖词要用大众听得懂的语言，感到你很高深莫测，但是又平易近人。

世界邦获奖评语：（这个公司我帮他们站过两次台，应该说这是个起源点，我当时见的时候觉得很好。就是在中国的出境旅游这么多的公司中，我们大众在国内旅游没问题，但出境旅游我们是面临着语言的问题，面临着文化差异的问题，旅行证件的问题，旅行住宿的问题，保险的问题。所以我们希望有人来帮我们，但又不希望完全地局限于这个，一个绝对的自由和绝对的关键这两个东西，我肯定不愿意。所以他们当时找我的时候，我一般都会让他们帮我查一下这个公司，如果不了解的话，不是你让我去我就去了，一般不了解的话，我可能会让他们查一下这个公司的背景，我要看一下这个企业的发展方向是不是一致，选择什么样的标准，团队很重要，直觉很重要，学术直觉很重要，当然这个直觉怎么来的是另外一个问题。）

拥有近百人的技术研发团队、超过10万条自由行线路、众多资深旅游达人，世界邦旅行网为大众旅行者出境自由行提供定制化解决方案。这一产品与服务模式背后，是世界邦两年多来不断通过技术创新构建的技术支撑系统，是旅游达人、旅行顾问与游客构建的P2P共享模式系统，从个性化产品的规模化到定制化产品的终极人文关怀，世界邦正在探索一条定制化旅游发展独特之路。

有请妙计旅行创始人张帆、世界邦旅行网联合创始人赵新宇上台。

王俞：非常感谢戴院长给我们的很多启示和建议。我知道在众多如何过周六的选择当中戴院长决定过来支持我们创新创业的峰会，也是给我们很大的鼓励，再次感谢戴院长。

接下来我们第三个要颁发的奖项就是旅游服务创新实践奖，有请颁奖嘉宾中韩营销协会会长慎云哲会长。

慎云哲：尊敬的来宾，大家好，我是来自韩国亚洲旅游营销节的慎云哲，也欢迎大家来关注我们亚洲旅游大奖。我宣读一下今天的旅游服务创新实践奖。

3. 旅游服务创新实践奖：发现旅行、唯恩私人度假、6人游旅行网

发现旅行获奖评语：在喧嚣浮躁的年代，发现旅行秉承"少即是多"的理念，拒绝"大而全"，主动控制并放慢目的地扩张的速度，以实现通过重度垂直的方式打造一系列性价比极高、体验度超出用户预期的爆款产品，再通过聚焦线路和聚焦目的地的高频次采购直接掌控资源，继而获得对品质和成本的控制。创业三年来，主打性价比和高品质的发现旅行已经在年轻的出境旅游消费者群体中积累了很好的口碑。他们是在用小米的极致单品思路做旅游产品。

唯恩私人度假获奖评语：私人定制旅游市场仍然是较为前沿和小众的市场，唯恩私人度假从商务旅游市场进入该市场，正在依托其独家性、稀缺性的产品资源，

以模块化定制的形式，为游客提供高品质、一体化的旅游策划、旅游顾问等私人专属服务。

6人游旅行网获奖评语： 价格战使旅游业的根基——"服务"与行业渐行渐远，凭借资深旅游顾问对产品和服务的经验，凭借现代信息技术手段打造的旅游服务体系，6人游专注于根据用户的需求提供与之相匹配的旅行方案，大幅提高了传统定制化旅游的服务效率，为不跟团、不自由行的游客创造了独特的价值。正如戴斌院长所说，6人游用时尚的方式向传统致敬，向经典致敬。

下面有请这三个团队的代表们上台领奖。

李崇昌： 最后一个奖项是目的地旅游创新实践奖，有请北京第二外国语学院酒店管理学院健康产业管理系主任张超教授宣读获奖企业名单及获奖评语。

4.目的地旅游创新实践奖：海玩网、远方网、九十度旅行

海玩网获奖评语： 海玩网服务于出境旅游消费者，主要业务聚焦于海外目的地的地道、优质的吃、喝、玩、乐产品与服务。海玩网精心打造了一个融合外国人采购和中国员工包装的产品设计与采购系统，大量采用零渠道供应链，同时采取多种措施对服务流程进行品质控制，在实惠、方便的基础上保持了高品质的服务。

远方网获奖评语： 专业、独特一直是远方网作为攻略网站的"基因"，如今创始人陈长春将这一基因复制到中国广袤乡村的农家院的改造与升级中。远方网通过与每个乡村合作，着力打造"隐居乡里"民宿，其中"山楂小院"的探索成功已初步积累了经验。陈长春团队正在努力探索一条将农家院华丽转身为有人文情怀的民宿的道路，这条路虽充满挑战，却极具现实意义。

九十度旅行获奖评语： 在体验经济时代，旅游产品不应该成为一种标准化产品，而应该成为激发旅游者心智的体验品。在产品开发过程中，九十度注重深度挖掘目的地文脉和地脉，将淹没在现代化大潮中的历史人物、事件和场景挖掘出来，让旅游者深刻体验到文化的魅力。近年来，九十度打造的文化主题游产品《复兴博物学，醉在玉渡山》《夜骑龙脉》等经典产品屡获好评，成为体验式旅游的经典作品。九十度将创意与专业融为一体，把旅游产品打造成独一无二的艺术品。

有请三位获奖企业的代表上台领奖。

（五）《中国旅游企业创新创业发展报告2015》发布

王俞： 感谢各位嘉宾，接下来要进行本次峰会的重头戏之一，也就是每年都会发布的《中国旅游企业创新创业发展报告》，下面有请北京第二外国语学院酒店管

理学院酒店管理系主任李彬、中关村智慧旅游创新协会副会长温婧女士。

温婧：各位嘉宾，各位创业者朋友们大家好，接下来这个环节由我和李彬一起发布《2015中国旅游企业创新创业发展年度报告》。

我们这个报告分几个部分，第一个部分是整个调研工作包括纂写的背景和一些过程，这个部分由我简单给大家汇报一下。后面的干货部分由李彬博士给大家做精彩阐述。

即将看到的这份报告是我们研究组的工作也是过去几年学院工作的延续。从2014年起中国旅游创业家协会也就是现在的中关村智慧旅游创新协会，联合北京第二外国语学院酒店管理学院，开始有计划性地对旅游创新创业企业进行观察、走访，我们尝试记录旅游行业创新的现象，总结行业创新创业的规律，挖掘创业成功的关键性要素，我们也在反思，根据看到的一些企业的创业过程反思创业失败的心路历程。

我们将这些观察都总结在了年度报告里，今年发布的是第三年的总结经验。过去大家都喜欢为某一个成功的企业写书，但重点是在观察旅游行业中成长中的企业，希望通过我们持续性的书写，能把握住旅游行业创新发展的脉络，也希望给致力于旅游行业创新创业的企业朋友们带来一些启发。

今年的工作报告是从去年底开始展开的，在张会长的支持下，二外教授带队的小组连续走访了将近40家旅游创新创业企业，这些企业中有一些是前两年已经走访过的企业，因为他们的一些特质我们选择做长期的追踪研究，比如周末去哪儿玩、6人游。另外今年也补充了一些新的企业，这些企业中他们本身发展是不错的，只是因为我们每年的样本有限，过去没有纳入到我们的案例当中，比如世界邦、指南猫，另外也纳入了去年新成立的项目。总体来讲，我们的调研涵盖了旅游行业多种类型的创业项目。

在这里特别需要提到的一点是从2014年开始，所调研的每一家企业都是到企业现场去，和企业的创始团队进行深入的访谈，无论这家企业是在上海或深圳，还是在别的城市。根据调研的样本所形成的这份报告，将从创新创业环境、创业创新理论框架、创业创新新模式、创业创新案例分析等部分来进行详细的阐述。下面就有请李彬博士给大家分享2015—2016年报告的精彩内容。

李彬：谢谢温婧博士，今年已经是我们第三次做这个报告，同时也是我个人第三次上来了。今天好像"网红"这个词比较火，我不是网红，但我个人的体型是比较厚重，又厚又重，开个玩笑。

往年都是这样，我们要把更多的时间留给今天来的创业企业的各位嘉宾，让大家针对创业的各种热门话题，包括优秀的做法做一些交流。我们这个报告，刚才温婧博士已经介绍了，更多的是调研，大部分是在跟企业更多深入接触之后得出的结论，这些结论更多的是创业者的做法和他们的思考，同时结合了我们从所谓的理论层面稍微做了一些总结得出来的，下面我把一些基本的情况给大家介绍一下。

我们这个报告有这样几个部分和以往是类似的，还是从环境谈起，旅游创业创新的环境发生了哪些变化，围绕着这个环境企业是怎么做的，也就是创新创业的模式有哪些。当然今年我们也总结了更多新的创业创新的模式，这也是基于前面戴院长和李所长所讲的供给侧改革，大家可能会看到一会儿我们讲的可能不是以往那些所谓的商业模式的创新，就是基于需求层面、市场层面做的创新，更多的是后面的供给层面包括技术创新、管理创新等这些方面的创新创业的模式。

这个模式介绍之后，我会总结第五部分就是旅游企业失败的案例，分享一下我们的一些思考。最后是创业企业的一个新的报告的发布。

从环境这一块来看，前面李所长已经介绍得非常详细了，解释也是深入浅出，我想强调两点：从宏观经济层面，虽然经济发展到中低速的增长趋势，技术和消费者的变化也不断地出现，但我们始终想强调下面这一点，在我国这样一个大的经济体当中其实是存在着很大的结构性的不平衡，这种不平衡就造成了一个所谓的梯度效应，也就是说我们创业创新的空间是非常大的，叫发展的纵深空间很大。所以你会看到不管"一带一路"的沿线国家还是城市，还是在未来城镇化发展过程中的乡村、城镇乡村等，其实是存在着很大的创业空间的。这也造成了我们在研究当中发现，同样一个模式同样的市场会存在着很多的企业同时在生存，同样在发展，这就说明中国的发展其实是一个梯度不平衡的现象，所以跟各位创业者说，所谓的风口其实一直是存在的，只不过这样的环境你是如何去做的，你是如何通过你的供给侧改革做供给侧改革方面的创新，去抓住环境当中的机会，抓住这个发展的空间当中存在的机会。同时从行业的运营层面我们也看到旅游业的发展现在似乎是一个向美丽、快乐、健康这样一种生活方式转变，我们待会儿看到一些旅游企业的优秀做法也是朝着这样的方向去努力。

在环境的运营当中也可以看到更多的一些碎片化的产品出现，很多的企业利用这样碎片化的产品，碎片化的需求，如何进行创新、如何进行创业，这也是未来需要各位思考的一些方面。因为前面的嘉宾谈到了更多的环境，这里就不一一说了。

重点说当前我们所做的关于旅游企业创业创新的一些模式，因为我们是做学术研究的，这里面稍微提一点理论性的东西，虽然被戴教授批判说有点理论化，但不妨简单看一看。我们从一个更一般性的框架去思考当下旅游行业中的创业企业到底是处于一个怎样的位置，或者说一个定位的问题。我们这里用三个维度画了一个立体图（编者按：参见第一部分图1），一是产品服务的维度，单向产品到整体产品的维度。纵向是信息技术的渗入的维度，它可能在企业当中起到整合性的作用，也可能是另外一个维度是辅助的维度。另外第三个方面，是市场的范围，从利基市场，另外是全市场，也就是市场大小的范围不同，我们画了这样一个立体的图。可以看到当前所谓的巨头，携程，一定是在这样的位置，这个就不看了，也不说了。但更多的创业企业在这三个维度的划分下，它的位置、定位是不同的，我们就不再一一讲了。例如刚才颁奖时做得比较优秀的企业，像海玩、6人旅行。想强调一点，大家在创业的过程当中可以思考自己定位的问题，你到底在哪一个位置，这个位置有多少创业者，有多少独角兽，能判断出来之后，再思考在未来的发展和转型的过程当中如何来做，围绕着这个图我们希望进一步跟大家介绍的是现在新的创业创新的一些模式，这就是我们提出来的一些现在比较典型的创业模式。

首先是技术创新驱动，刚才戴教授一直在强调技术创新，包括他对整个旅游业的深刻影响。这里面获奖的几家创业企业也是从这个维度去说，其中像张帆的妙计旅行，就是纯粹的更多以技术来解决旅游问题的公司。

更多的创业企业在技术创新的维度，更多地加入了达人的因素，通过技术和人的服务，双方的结合来更好地做一个创新。我们举一个例子，比如说世界邦，这家企业比较低调，可能在几年前创立之初做了这样两件事情，一是通过技术团队打造产品背后的技术支撑系统，像PPT当中展示的很多技术创新的手段，他们也有很多技术创新的专利。同时围绕技术系统和专利，他们也做了一个事情，即所谓资深的达人，他们的达人队伍也比较壮大，同时这些达人如何进行管理、激励，比如说通过这些达人，他们自主研发了一个平台，包括像滴滴打车一样，如何让达人抢订单他们也是自主研发的，包括达人如何和顾客进行交流，他们也自主研发了一个像QQ一样的聊天工具。很多技术创新的工具就不一一列举了，当然基于一个出发点是通过技术问题解决定制化旅游当中所有的痛点，同时配上他们所说的达人的经验、知识、人文关怀的东西，弥补技术所带来的缺陷，所以这是一个相对比较典型的企业。

另外还有6人游，也是我们一直持续关注的一家企业。去年6人游获得了我们的奖项，今年为什么又颁给它，我们确实感觉到，6人游在发展过程当中没有把自己完全定位在一个技术公司，而是定位成一个旅游的服务公司。但跟传统的旅游服务公司相比，它又通过自己的技术研发，通过自己的技术创新来打造一个更加有效率，更加有执行力的服务体系，从而和传统的旅游服务商最大的区别是它效率更高。这个PPT当中列举了一些6人游在技术研发针对服务体系的具体做法，我们的想法是它通过服务加技术的手段使工作流程更加标准化，提高了服务效率，这可能也是未来很多的旅游企业，特别是传统的旅行社，传统的旅游公司需要借鉴和参考的。

在这些比较受关注的技术创新的公司背后我们也发现了新的变化，就是线路创新的模式，我们会看到在市场当中，包括九十度、稻草人、穷游，他们更多的是做微旅行，虽然时空微缩了但主题更加凝聚了，文化和历史的东西更加厚重了，同时顾客的参与也更多了，这样的路线参与更加走心了。

还有比较常见的，像价值共创，一方面是C端、顾客端，包括定制的方面更多的价值共创和参与。另外是B端，供应商以及达人，通过创客平台、达人经济、众创、众筹等模式做了一些创新。另外是B端和C端的共享经济模式，比如像胡家、桔子瑜伽都是按照P2P的模式去打造的。

最后是垂直市场，像光影旅行是做摄影旅行的，还有周末玩的产品。包括餐饮企业，有专门做毛肚火锅的企业，做了十几年的，他们做的是微细分，深耕细作，这个词是现在非常流行的，也是特别倡导的工匠精神、工匠心，这些企业打造了十几年就针对这样一个小的市场。当然我们后面会提到这样企业最大的问题，可能是壁垒的问题。他们后续在下午做分享的时候，会跟大家做进一步的交流。这个就是刚才颁奖的海玩网，它通过打造目的地碎片化的吃喝玩乐的产品，打造了全球供应链网络，有将近两千种的SKU和一千多供应商，这个模式也是非常受关注的。

关于创业失败的研究，我们也在想什么样的原因造成了企业的失败，我们现在发现过了创业浪潮这个高峰时刻会看到很多企业正在面临转型甚至消亡，所以这里特别提醒大家，或者说是警示，什么原因造成了旅游创业的失败，我们想到一个重要的原因就是创业者的成长能不能跟得上或者匹配上你企业成长的需要，很多企业成长很快，或者需要成长很快，但我们的创业者往往是没有跟上这个成长的步伐，就像婴儿一样，虽然自己的身体成长很快，但他的大脑、心智各方面的素质跟不上，也就是创业者没有成长起来。

这个结论是我们调研了一些市面上的创业企业得出的，当然这个资料我们做了一些处理，因为我们尊重创业失败企业的要求，不能公开。但从失败的研究事件链条当中发现一个比较有意思的现象，创业期间在他们进行反思和回顾的时候，他们会说某一些事件，像这些事件，我们叫"潜伏性的事件"，有一个潜伏期，虽然作用没有发生，但在后续的过程当中会逐渐地发酵，逐渐地扩散，以至于在企业某一个时点做一个大的变化的时候，结合着一个破坏性的事件，比如说某个创始人的离开，比如某项融资的失败，虽然融资失败大家觉得很正常，但一定会考虑前面是不是有某些潜伏性的因素和它进行叠加造成的效果从而给企业致命性的一击。

这样我们发现的一个归因的模型，主体的因素是创业者和创业企业的匹配，另外是创业企业和创业环境的匹配，这三者之间的匹配。总结出来的原因就不再说了，重点说的是下面的，创业者的因素包括创业的心智成熟程度，特别是过度的自信和自恋，因为我们有老师在研究心理学，特别强调水仙花，自恋的表现比较明显。除了环境给大家更多的自信，其实在创业者的领导力方面，包括过度自信方面需要很多的自我提升和提高。

最后是一个新的研究，这个是对中国女性旅游创业者的研究，由我们的美女院长和美女副院长带领美女研究生团队做了一个针对中国女性旅游创业者的研究，这个研究也调研了十几位女性创业者针对创业历程、创业心得的一些思考，利用一个文学化的语言，通过故事，给大家展示出创业的战场上除了刀光剑影、生死别离其实还存在着美丽、温情的女性创业团队，她们做了哪些事情，这本书我们也给大家做了进一步的展示。

这是报告的主体内容，如果大家感兴趣的话，还是像以往一样，我们会在八九月推出这个报告的详细内容。最后感谢所有在座的，给我们大力支持的企业和创始人，也感谢张会长和温婧会长给我们的调研提供大力支持，最后感谢各位老师和研究生给我们这个课题的大力帮助，最后向PPT的制作者和资料的整理者，一并表示感谢，谢谢大家。

李崇昌：下面进入论坛的分区讨论环节。

（六）议题一：旅游大数据的挖掘与运用

主持嘉宾：钟栎娜副教授，北二外"中国旅游大数据研究中心"主任

研讨嘉宾：付洋，百度大数据资深产品运营师

罗震，去哪儿大数据总监

焦宇，众荟慧评事业部总经理

张帆，妙计旅行CEO

钟栎娜： 接下来我们进入一个非常轻松有趣的环节，第一个议题是大数据在旅游行业的应用。大家知道大数据是信息时代最新的生产力资料，我相信在座的有很多创新和创业型的企业，对创新和创业性的企业来说更是如此。

这么多好的作料怎么炒出更好的菜呢？我们今天非常荣幸邀请到四位不同类型的都在玩旅游大数据的企业嘉宾，请四位嘉宾上台。

妙计旅行我自己已经关注很长时间了，觉得特别好玩，虽然自己没有用过，但一直想用一次。我有一个问题，创新创业的旅游里面做定制旅行的特别多，很多团队在做这个东西，妙计旅行有点像机器人在定制，怎么能让妙计旅行的机器人比专家还聪明呢？

张帆： 感谢这个问题，正好这也是大家的困惑。我们其实是一个纯技术背景的团队，有超过一百位工程师，相当大比例都是做人工智能研究的背景团队，为什么我们杀入到旅游行业里面来？正是这个问题中问到的，怎么机器做得比人还好。

这个问题出现在前两天阿尔法狗赢了李世石之后，其实这个事情应用在旅游上也是一样的，增加了一个佐证吧。首先说一下机器和人是怎么分工的，不能说是超过人。其实机器也是来源于人，机器所用的这些数据全部都是由人产生的，只不过并不是由一个人产生的，到今天为止随便搜一个景点可能就能在网站上得到数万篇游记，但这些数万篇游记很多已经被浪费掉了，因为大家可能没有办法全部看完，但其实这些里面都是有价值的信息，而机器如何把这些信息里面的共性和对大家有帮助的信息提炼出来才是关键。

什么样的计划是好的计划？现在有无数的定制公司出来，其实里面也良莠不齐，也有稍微玩过两次就敢说我能给你做定制的，当然也有非常专业的，到底什么样的行程才算是好的行程？我们试图用理性的方式思考到底什么样的行程是好的行程。所以先想到人是怎么决策旅行的，分两块，主观决策、客观决策。

主观决策当我要旅游的时候到底去巴黎还是伦敦，去巴黎到底去埃菲尔铁塔还是罗浮宫，去罗浮宫到底是逛两天还是半个小时，其实每个人答案都不一样，这个也没有绝对的对错，所以机器没有办法告诉你罗浮宫该玩多少时间，这个其实我可以告诉你有多少人去这样玩，但最终的决定是由你来确定的。

同样我也不相信，随便一个达人能告诉你的这个东西就是你想要的，其实这是有非常强烈的主观偏好的。试想两个旅行达人，都是对巴黎很熟悉的，让两个人互相定制一个路线方案，会都满意？其实很难。这就像去饭馆吃饭，这个饭馆都没有来过，请个专家点菜吧，有多大概率专家点的菜都是大家爱吃的，这个并不是说专家不好，而是说这个需求是由你自己决定的。

当你确定说，我去巴黎要去罗浮宫，罗浮宫要逛两天，埃菲尔铁塔我要登到塔顶，米其林三星我要吃一顿，当你确定之后这就不再是一个主观问题了，这就变成了一个客观问题，我如何最高效、有效地完成我自己的诉求。这就变成一个数学问题，就是有好坏之分，能让我在路上少花时间就是好方案，多花时间就是差方案，我去的时候开门就是好方案，去的时候关门就是一个差的方案。所以我觉得这种情况下，这就变成一个数学问题，有好坏之分，就能打分，就能排序，机器某种程度上算得比人还好。

我举一个例子大家就明白了，比如我现在有一个诉求，我有九天的假期，我要去巴黎三天、马德里三天、巴塞罗那三天，这是我的需求，我应该怎么买机票呢？按现在的玩法是我打开去哪儿看看从北京出发到哪里最便宜，我们很容易发现到巴黎最便宜，所以就马上买了，买了之后再去买后面的机票。这样得到的方案，其实在技术上也有这样的算法，叫贪心方案，每一步都是眼前最好的方案，但得到的是全局最优吗？一定不是。有可能巴黎这张机票便宜了，但导致我后面两个地方贵了，有可能我去马德里比巴黎贵两百，但我能赶上两张一百块钱的特价机票。所以旅行更多的是一个全局问题，当然说更具体一点，这就是一个阶乘问题，三个城市就是三的阶乘，如果去十个城市就是十的阶乘，那就比较恐怖了。

如果十个城市，先不说我有多少可能性，我们先想一下有多少基础数据你才有机会得到一个好方案，比如我要去十个城市玩二十天，首先我要知道这十个城市之间两两之间的交通，10×10就是100种，玩20天，我要知道每一天的交通就是两千种，如果我再考虑三种交通工具那就是六千种，我再考虑每种交通工具有五个网站，那就是三万种。当我面临这样一个请求的时候，我先要做三万次查询，才有机会找到一个最好的方案，这个是人能做到的吗？我不相信。所以虽然我并不认为机器能完全替代人，但我认为机器可以帮人去专注于主观问题。

同样的道理，假如这个专家是一个武术高手，他拿一把砍刀，可能依然比不过一个小孩拿着一把冲锋枪，所以我觉得我们希望做的并不是替代这个人，而是给这个人专业的工具让效率更高。谢谢。

钟栎娜：非常感谢。大数据和人工智能，不知道大家有没有被说服，反正我是被说服了，大数据更好的一个玩法。旁边的是焦总，我们算是老朋友，见过很多次。因为众荟慧评网长期以来积累了基本上算是中国最大最全的关于酒店点评的数据库，我们经常在说怎么样纵深地去做，怎么样纵深地去玩。每次看到你我都想到Qupartmater（音），大家知道它也从酒店点评起家的，现在已经做成了国外旅游最大的接口了，我很想知道焦总这边手握这么大的数据量，这个金矿怎么挖呢？

焦宇：我先描述一下我们和Qupartmater他们的区别，Qupartmater更像是去哪儿，其实它搜集的点评很多，或者它是点评产生的一个平台，它所有利用数据去做的事情是为了解决，怎么能让旅行更方便，客户体验更好。但我们众荟慧评恰恰做的是相反的事情。我们是怎么能让旅行者掏更多的钱，听起来好像有点耸人听闻，我们是做B端的，我们的对象是酒店，这实际上是供给方，我今天才知道原来我们做的是供给侧改革。

先说一下我们在点评上做的一些事情，前两天人都被刷屏了吧，关于和颐酒店的事情，我们昨天发了一篇微信文章，也是在数据里看小卡片这个事情在中国到底是一个什么样的现状，其实发现在点评里大家抱怨小卡片这个事情从2009年到2016年几乎是指数性上涨，也就是说这个市场是很活跃的，当然也有很多人调侃小卡片是很精准的，因为我住了两晚上，人家只给了一张小卡片，也在做收益管理。

我发现一个很有趣的现象，大家觉得管理不是太严谨或者低成本的经济性酒店在小卡片这个问题上并不是最严重，最严重的反而是一些高星级的酒店。我就发了一个文章"你以为小卡片最多的酒店是如家吗？"如家的朋友就偷偷跟我们说，说你们是个有良心的公司啊。我说那你转啊，他说我们现在不能转，怕引火烧身。

这是一个很典型的应用，我们怎么通过数据能让我们的酒店，能让我们的服务提供者用更好的方式了解到客户体验。刚才我们讲的客户体验实际上是我们作为个人旅行者的客户体验，很多时候我们说旅行社会有很不好的事情，比如宰客或者带客人消费，但实际上从行业角度来说绝大多数的酒店、旅行提供者也好，他们非常关注客户体验，好人还是比较多的，但问题是他们很少有比较好的方法去真正了解客户体验。

所以我们用了点评中分析出来的东西，帮助酒店了解客户的感受到底是什么样的。我们差不多四年前开始创业，我去年得到的数据是，去年一个评奖——中国集团酒店品牌60强，有将近50个品牌都是我们的用户，他们都在用点评关注自己的客户体验并改进，我们的客户几乎囊括了中国所有本土高新的品牌和经济性的连锁品牌。据我们的调研数据发现，其中有60%的集团已经在用这个东西考核他们的店长，也就是说，其实中国的酒店服务行业对客户体验的管理或者说利用占非常非常高的一个比例。

另外以后钟老师尽量要想到我们，因为我们做的远远不只是点评，我们是为了让旅行者掏更多的钱，在酒店行业包括OTA行业有一个常用的词——价格战。价格战在本质上当然有一部分是商业考量，很大的一部分其实它的问题是当我们两个博弈的时候，如果你降的价格比我低，你都拿去比。如果我们俩能保持平衡的比较好的价格，我们两个是都得利的，但因为我不知道你会怎么做，你也不知道我会怎么做，所以我们都在不断地降价，最后价格战实际上是因为无知导致的，刚才我们段院长说人鬼情未了的意思，大数据实际上就是让你知道更多的信息。

我们做大数据的公司是什么，大数据公司相当于是琅邪阁、东厂，就是一个特务机构，想办法用更多的科技手段帮大家找到能帮助你决策事情的途径。我们从去年开始试图进入酒店行业的收益管理，收益管理说白了就是希望酒店能卖出更多的钱。酒店的收益经理一直在做这件事，需要知道竞争对手卖了多少价格，已经预订的房间卖出了什么情况，本质上是讨论市场供给和需求的关系。大家都知道三亚在过年时的情况，理论上来讲我们的消费者乐于支付更高的费用以便能在最合适的时间、最合适的季节、最美好的环境下度过这个旅行，但如果由于大家对市场情况的不了解，很有可能大家进行恶性的价格战，两个方向：降价、升价。前年的时候三亚的价格非常好，去年的时候所有人把价格都抬得高高的，包括很多包房商买了很多的房子，但最后由于价格高可能还有其他原因导致三亚市场是赔钱的，这都是无效的对市场的反映行为。

我们现在在和携程、去哪儿紧密合作做这些事情，我们可以比较精准地用这些OTA上的预订数据提前大约90天监控这个市场，会不会有比较好或者比较差的趋势出来。如果进入30天周期的话，就非常精准地能预测到，我们有时候也开玩笑说我们经常期盼能看到我们的数据线有一个杜蕾斯峰，如果有这样一个峰值的话会知道这个市场在那段时间会比较好，酒店的收益者就可以另外定自己的价格、房间，这样让整个酒店的收益能得到更好的发展。所以以后就不只是点评了。

钟栎娜： 刚才讲到东厂和琅邪阁，东厂有执行功能的，琅邪阁只是提供信息服务，你们现在还只是琅邪阁吧？

焦宇： 坦白讲如果深入下去的话，有一天我们会成为东厂的。

钟栎娜： 去哪儿和携程合并之后，携程那边应该掌握了更大的数据，这么大的数据打算怎么玩呢？

罗震：数据，我们去哪儿从2011年才开始大规模地正式做这个事情，之前可能提到数据，无非是我看看数据或者报告，2011年以后我们开始做一些大数据的尝试，有一个团队做这个事情。像张帆张总说的，我们刚才聊过之后，这一块我们之前有很类似的想法。去哪儿从创办开始，我们就想能颠覆中国的旅游行业，这个行业还是把一些非标的东西变成标准化的，能用到线上来，让大家更方便预订。

所以最开始的切入是机票、酒店，从各个业务开始做，逐渐业务品类丰富了以后，只是在我们的大盘子里，因为我们有三亿多用户了，这么多用户又有足够多产品的同时，我们可以考虑碎片化的产品了。出境是非常热的话题了，随着生活水平的提高，出境的门槛越来越低。所以我们想把一些碎片化的东西，机票、大交通、大住宿、小交通、小住宿、景点安排、吃饭、玩，这些东西全部可以整合到一起的。

无非是这个中间用机器替代人，之前的做法是中国有这么多旅行社，其实每个旅行社报线路的时候是人来做的，比如一个资深的旅行社的从业人员，他会说他很清楚机票什么时候比较便宜，什么时候回来比较便宜，当地常规的行程安排是什么样的，可能那个地方他没有去过，但他有这样一份经验数据能出来，所以不同的旅行社规划的东西可能是不太一样。但现在发现同质化越来越严重了，可能同一个地方的线路基本上大同小异，大交通、大住宿有了，景点的门票有了，旅行中间的小轿车也有了，这些东西都有了，我们可以把这些打造出来，相当于有一个机器人在做旅行社的产品服务。

钟栎娜：好像有看到过去哪儿推出过跟妙计有点像的做线路的产品。

罗震：对，无非是说机器帮你从海量的数据中选出最优或者最适合你的方式，因为我们做的更适合的推荐是这样的，我记得大数据有一个基础的体系，我们对所有的用户拆分出了足够多的用户画像，每个用户相对能分出七八百个用户标签，我可以根据用户过去的历史行为、历史消费记录、所在城市、地理信息，各种各样能挖掘出来的信息给你打上不同的标签。比如我跟张总出去，给他推荐的可能都是四星的，给我推荐的就是七天、速8，因为每个人的需求点不一样，有的人可能关注更省钱。如果出境直飞的话，一般都说直飞很贵，但有一些中转会便宜很多，像我这样有时候不太在意这种路线，因为我出去旅行，如果价格便宜还能多去一个地方，时间上不太在意的时候会有不同的选择。

钟栎娜：我理解罗总这边很大的一个方向是，手握用户的数据库为他们匹配和推荐最优的路线。

罗震：这只是说现在我们能做这个市场比较好的一个相对比较有优势的地方，我们自己有足够多的生产力，就供应侧的数据和用户端的数据，当两端数据都积累足够丰富了去做这个事情可能更从容一些。

另外一个，我们从用户端开始，会有一些对行业的，毕竟规模比较大的，像您刚才说的跟携程开始有一些合并了。我们现在已经跟携程做一些数据和信息上的打通，打通以后可以对中国旅游行业有所贡献，我们想促进这个行业更好地发展，包括很多传统的旅游局，甚至每个省的旅游局，比如中央电视台好客山东、威海，他们做这些线上线下媒体广告投放的时候，可能不太明确我的客源从哪里来的，如果90%知道从北京来的那就好了，类似这种客源的分析，过来每个省旅游人群的用户属性、特性可以让他有针对性地做这样的广告的投放，或者其他线下产品的营销，这其实对整个旅游生态是一个很好的帮助。

还有就是我们积累了足够多的用户数据和供应数据，其实是希望有一个SaaS的平台把这些东西共享、开放给所有的业内伙伴。

钟栎娜：我知道在座有一个企业掌握着中国更多数据，来自百度大数据的副总。百度地图、百度外卖等，掌握这么多用户习惯、用户行为之后，对旅游行业有什么用法或者想法吗？

付洋：这个部门在百度已经成立三年多的时间，我们之前和现在其实重点还是在做模型的研发，让机器学习人脑学习一些事情，这些是比较偏科技方面的研究。我们也主要是在做，比如在内部产品大数据的创新上给一些支持。大家知道百度和携程的收购之后，我们就会重点做比如在线旅游市场的营销优化，或者酒店方向会员的激活，新会员的拉新等这些新的尝试吧，我们希望能把百度的数据真正落到实际的业务当中去。

今年我们也希望能把之前几年我们研究的一些模型或者一些数据的服务拿出来，跟大家做一个行业上新的创新或者探索，其实百度数据确实很大，真的在某一个垂直行业；在旅游这个垂类上更好地应用，真正地指导我们去了解比如游客的需求，或者了解产品的设定、运营去指导它的话还是有很长一段路的。我们现在的定位是拿出来现在研究的比较核心的数据，把一些数据能力开放出来，希望以一个为旅游服务者服务的定位和姿态给大家提供一些最基本的支持。

我们现在比较核心的能拿出来给大家服务的几块数据，一块是搜索，这部分的数据是百度比较核心同时也是优势非常大的，我们发现搜索的数据中流量数据占了很大的比例。大家出游之前或者行前、行中、行后都去做攻略，查自己想要的信息，很大一部分人打开百度找自己的信息，所以这部分会拿过来，我们现在针对这部分的搜索信息，比如帮助大家去发现我们的游客有什么样的目的地，他比较偏好什么样的酒店，他更关注线上哪一类的在线旅游的网站，我们会根据他搜索的一些行为给我们数据的分析结果。以及包括搜索的用户，他们大概都是什么样的家庭结构，有没有宝宝，消费能力怎么样，房产、车产等这些用户画像，这部分积累了大概十万多的用户画像的标签。搜索这一块根据我们的数据结果，其实可以根据大家实际的产品，或者运营的策略来给大家一些帮助。

第二块其实非常想跟大家分享的是我们今年会拿出来定位这部分数据来给大家做一些支持。定位这部分我们慢慢发现，因为我们定位的平台已经开放了一段时间，每天积累了大概230亿～260亿次定位的数据，这样庞大的数据可以帮我们做很多的事情。现在在旅游行业可以拿这些数据帮我们看，比如说游客的常住地，他在游览的过程当中或者某一个期间游览的轨迹，包括他对境外的旅游目的地，甚至是到了境外的一些地方的轨迹等。这部分我们可以说提供比如像可视化的平台，或者纯的数据接口的形式，来帮助大家去解决一些问题。这部分数据，百度现在已经达到70%的市场份额，我们希望拿出这些数据跟大家应用，一起来探讨。

很多人会问这个定位数据是不是百度地图来的，我特别想在这跟大家说，因为希望百度地图有这样一个定位的开放平台，如果大家有需要也可以到我们的平台上使用或者合作。现在我们积累的这么大量的定位数据主要来自于三块，在座的很多都是我们数据的贡献者了，一是百度地图，大家在用的过程当中会产生很多定位的数据；二是如果大家用到小米或者华为手机的时候，有部分手机型号出厂内置的应用嵌了定位的功能；三是天气啊，一些应用软件也会给我们贡献一些定位的数据，这些我们都会统一进行数据的处理，后续也可以作为大家应用当中的一个支持。

还有第三块，我们今年会开放出来的，网络上评论的舆情的数据，这部分是百度自己的开发师会用一些技术去抓取八千多万的网络评论的数据，主要会帮助大家做一些网络上负面舆情的监控。举一个例子，前一段时间在网上有一个新闻，三里屯某试衣间传出来的视频，很多人会看，但其实我们通过这个舆情的系统会发现，这个消息其实来源是在某一个论坛，而且发出来的时间是在大家热传的两三天，并且已经以一个文字形式开始在传了，只是我们知道的时候是用视频的形式引爆了。所以说想通过一个例子告诉大家，这个舆情的监控，我们可以帮助大家来分析比如出现一些好的或者不好的消息的时候，帮大家看这个消息是怎么样传播的，从什么源头上开始的，大家都对它是什么样的观点和态度。

上面说的这些我们的数据和想要给大家开放出来的形式，我们也非常希望能在旅游的垂类上跟大家合作，或者给大家提供这个服务之后，我们可以从整个行业的研究，从对旅游人群的分析，甚至做到对单个游客有什么样的需求，什么时候要出行了，出行的时候目的地偏向哪几个，酒店偏向哪些，常用的出行方式是怎样，这次出行是否会带上老公或者宝宝，可能接受的旅游预算是什么，希望能从这类的分析精准到个人，也非常感谢主办方给这样一个机会。

我们今年在慢慢逐步地把这些数据能力开放起来，希望能在旅游行业当中给大家提供一些帮助吧，做一个更好地提升旅游服务的事情。

钟栎娜：今天特别难得能请到四位来自不同企业的嘉宾来讨论，就大家的观点来看，大数据这一块金砖在旅游行业里究竟有没有一些闪光、可用的地方，或者哪些是雷区不太容易接触的地方。

张帆：我先说一下我们的看法。我其实一直是做搜索的，也是做各种推荐的。我讲一个我觉得可能是风险的地方，其他行业大家都认为是管用的东西到旅游行业不一定管用。您刚才讲到那一点，我有点自己的观点，比如用户个性化。其实这是蛮常用，也是一个证明和可用的，在旅游上比较困难，因为低频，比如一个用户打了七百个标签，一年就住了两个酒店，你怎么打？很有可能是错误的，当然可能对一些重度用户可能就没有这个问题。

我开始也这样想的，我尝试去做，帮用户节省时间。但我们后来发现，可能你发现同样一个用户，他这个习惯并不简单可复制，比如他在巴黎可能住相对比较一般的酒店，因为主要时间是放在玩上。但到了威尼斯就是完全另外一种行为逻辑了，可能主要的时间花在酒店上，同样两次，这次跟朋友，这次跟家人去，可能都会产生非常风马牛不相及的情况，所以我觉得除非有过多的信息，否则太浅层的数据就做推荐，其实这种数据的应用是有可能会产生风险的。

这也是实战过来的，我也完全这么想过也去做了，但真正从用户的角度考虑会发现，可能反而会有大量的错误产生。当我每上一个功能做一个推荐，发现有多少人是满意的，如果极端一点讲，80%的人都满意了，但20%的人产生的负面影响到底有多大，比如全部的取消跟直接不用选到底是怎样的代价，会做一个评估，对绝大多数客户都是有利的情况下才会做这种决定。通用方法很多，但旅游还是蛮特例的，跟其他的行业有点不太一样，反正多一点考量吧。

罗震：旅游确实是一个低频的东西，但我们所做的这些东西，我们之前所做的工作，每一步的工作，我们用数据的方式来优化产品，但同时会用数据的方式再通过数据来验证我们这次优化是不是有成效的，我们是这么做的。所以先从效果上来说，举个酒店的例子。

我们叫个性化的rate，因为我们有一个数据，前两页点击的转化率是最高的，如果掉到第三页的话转化成购买就非常低。所以我们会把内地的用户分成多个群，每一个群随机抽取一些人出来，给他们不同的结果，看验证的转换率，我们最后提高了50%，到订单的转换比例更高。说明你给他推荐的东西是有效的，像您刚才说的，一年只出去玩了两次，但开房的要求其实蛮高的，在国内开房的频率蛮高的，包括其他类似的机票、火车票，包括他旅行的地点，我们这边很多的用户只有不到5%的用户是我们的购买用户，剩下是去哪儿的用户但从来不购买。

其实有一个问题，两个人行为相似，我们在去哪儿上所有的操作、行为都非常相似，我买了，他不买，其实我的东西可以推荐给他，这是同样的，这是一个相关的逻辑。所以我觉得现在来说，相当于虽然他的购买数据是相对来说比较少的，但你能知道他所关心的是什么，我一个只住7天和速8的人谁有空天天关心希尔顿这些酒店，其实这些角度是可以深层次挖掘的，但说准确率肯定比要做的高频的消费要困难得多，其实是很困难的。

钟栎娜：听明白了，总之两位意思就是大数据让人变得更难。

焦宇：我得看问题是什么了，什么东西比较难，我觉得张帆做这个东西就是比较难的。我先讲讲为什么说旅行推荐比较难呢，我以前也做过推荐，其实众荟慧评最开始是想做旅行推荐的，最后发现很难做，所以及时转向，跑到一个比较容易做的领域。

我从业内来看，包括世界邦、穷游、蚂蜂窝都是很棒的，也有很多很好的研究算法。因为旅行实际上是特别复杂的场景，要考虑的东西特别多，而且这里面有特别多的东西其实本质上是我们现有的数据并不能表达内部关于喜好、情感的东西，而且像刚才张帆讲的他说是低频，其实很大程度上来讲不在于是高频、低频，而在于旅行本身就带有一种探索未知东西的特性，你没有去过，所以从你的行为或者相关人的行为里未必能知道这个东西，这是很难的。

我记得我当时跟携程的孙总有过这样一段对话，我说这个东西一定是有一天会达到的，会越来越好，所以我觉得像张帆在做的这个事情我是一直很感兴趣的。举例子，我是做产品出身的，我一开始做一个酒店的推荐，但因为不是在大平台上做的，其实也是从点评中了解到很多酒店的特性，我知道你有游泳池，但我不知道游泳池有多少人，我想去游泳的时候是想了解这些信息的，我们试图用这个去做。我举一个先例吧，教育是什么呢，在算法上我们做这种推荐的时候，实际上是利好，在你不知道全中国或者今天北京的朝阳区一百家酒店里其实最合适你的是那三家的时候，我给你推荐另外三家，只要让你相信这就是你想要的就足够了，反而不需要做真正的全局最优，这是从客户体验角度来讲，我告诉你很多残酷的实话，因为你愿意听。

付洋：我分享两个我们现在新探索出来的数据、模型或者结果。一个是前一段时间一直在做的一些新技术的开发，最近会有两个比较有意思的地方，一个是我每次讲完之后大家都觉得大数据时代没有隐私，可能在座的大家手机里面的比如设备信息，包括大家在百度上搜索的痕迹，以及包括大家行动轨迹的定位变化，我们现在都收入进来了。

我们现在会有两种方式，一个方式是在有网有电的环境下放一个硬件设备，大家的手机只要开Wi-Fi功能，但并不会在Wi-Fi列表里看到我们这个设备的名称，但实际上我们已经可以抓取数据了。这部分数据可以做人群分析了，但肯定不会违法地把用户的信息发出去或者做一些应用，但我们想说这个数据能力现在已经不仅仅在旅游，已经在很多垂直行业中应用了。

还有一个新的好玩的地方，比如我们没有去另外一个酒店住，或者你想要了解其他企业的一些游客人群分析的时候，我们可以帮助大家做的事情是，你来告诉我这个酒店位置的信息，包括这个酒店Wi-Fi的名称，我们工程师可以解析出来连接过这个酒店的游客他们有什么样的特征，包括常住地是什么。

这个常住地，大家可以想你们的身份证信息和现在的居住地是不是一样的，我相信在大城市的很多人这两个信息是不一样的，之前用证件信息查是不准的，现在用定位定出来，真的是游客的常住地，我们会用非常长一段时间里的定位变化来算出来，这个人他的常住地在这，工作地在那，这是两个我觉得比较有意思的地方。

讲到难的地方，其实我们现在看起来，数据的打通还是有一定难度的，现在的数据非常大，而且移动端的数据明显超过了PC端的数据，怎么样判断在电脑上搜索的人是拿着手机又出去旅行的人，或者在手机上搜索的出去了回来之后是不是又在电脑上搜索过其他信息，这一块是比较难的。我们现在有几十个科学家在做这方面打通的研究，通过你在百度所有产品留下的所有数据来做一个匹配，这个我们能更客观或者更全面地用这种比较全的数据告诉大家,这个用户他的需求和特征是什么,就这个我们觉得现在还比较难。

钟栎娜: 谢谢您的分享,最后还有几分钟的时间,我想有很多人是慕四位的名而来,所以我想给台下观众留一点时间,我们有两个机会希望留给台下观众提问。

提问: 我是来自武汉的,武汉组织了一个大学生创业的团队,从哪个途径可以比较稳定地获得大数据让我们开展更深入的研究和应用。

付洋: 刚才提到好几个数据上的服务,地图的接口可以到百度地图,或者有一个百度的开放平台的网站上会有定位的接口的服务给到大家。像我们提到的旅游垂直行业的搜索、定位、舆情这些服务,大家就直接搜索百度大数据,上面会有我们这个部门在很多垂直行业上的服务解决方案或者一些开放平台接口的申请,大家到那去看一下就好。

刘赵平: 我是香港理工大学的老师刘赵平。大数据从技术角度来讲能挖掘出人越来越多的东西,但这个技术如果掌握在一个坏人手里就是犯罪,掌握在一个好人手里是帮助用户。您几位在使用数据的价值观方面有没有什么原则?

张帆: 靠价值观肯定是不够的,肯定是有一些违法有一些不违法,就是要有一些法律的规定来限制。包括我之前的公司,我之前也在腾讯、搜狐这些大公司工作过,包括我自己所在的公司,我们对于数据都是严格保密的。

我举个例子,当初我在腾讯的时候,通过一个总经理级别去要微信的数据要了三次都不够,他们那边有非常严格的流程是不能通过的,因为一旦出去影响非常大,包括像我们自己内部,当然我们现在还没有太大量的数据,我们现在更多的是公开数据,但也都建立了体系,哪些员工能触达到哪些体系,我相信百度也是非常严格的,因为这些数据都是每个公司的命根子。

现在还有一点,大家现在不要太迷信大数据,太多人随便就说大数据吧,感觉大数据像一个石油一样,哪有大数据就去用,但其实并不是这样的,最关键的一点是你要找到自己要解决什么问题,这个问题跟哪些数据是有关联的,同时我们去找这些数据,只有针对的数据才是好数据,冗余的数据太多。

我觉得除了刚才讲的百度、腾讯之外,还有一个非常好的现象就是我们今天在一个数据极其开放的年代,互联网上一切数据都是开放的,有数以千亿级的页面存在,如果你觉得某些数据对你是有帮助的,公开数据依然是一个非常巨大的宝库。当然私密数据如果能得到,包括像百度愿意开放出来的,都是对大家有帮助的。

提问: 百度大数据的舆情监控,我之前做过关于酒店设防的问题,您这个数据是不是我们跟您联系，提交了资料之后就可以得到信息，您这个审核机制是怎么样的，反馈机制。

付洋：舆情，我们现在已经做好一个系统，您可以申请，我们会有一个试用的服务，这个平台操作非常简单，关键词输进去，过一段时间机器分析完之后就会给一个直接可视化可读的结果，就可以知道您想看的这个关键词，比如大家在评论它的时候，会常去表达什么样的观点，他们具体说的是什么，他们会在哪个网站上传这个消息，源头是在哪，说这些话的人他们是什么样的特征，这些都有比较直观的可视化的效果，您可以稍后联系我一下给您一个测试的账号。

提问：这个是不是一般的公众想来调查，就可以几分钟得到一个数据，有没有一个关卡？

付洋：这个产品本身是在抓政府的舆情数据，而且我们抓的八千多万的数据也是偏网民的数据，旅游的舆情是比较重要的方面，这些数据并不是每一个个体都适合，您可以试一下。我们产品定位是在旅游的政府舆情方面。

钟栎娜：非常感谢四位嘉宾跟我们分享旅游大数据里面好听的故事，希望有机会能多到我们学院做客，谢谢各位，我们这个议题到这里就结束了。

王俞：非常感谢，我们上午场就结束了，非常感谢各位嘉宾的分享和各位的聆听。

（七）议题二：城市微旅行的开发与设计

会议时间：2016年4月9日星期六 13：40~16：30

会议地点：北二外第4教学楼竞先厅

王俞：中午的时候大家是不是有点困啊？不如我喊大家一起出去玩好不好，有一些反馈，但是声音不够响亮，但还有一些摇头的，是不是觉得我跟你们有代沟，玩不到一起去，如果我号召力不够的话，让我们请出来年轻又帅气，非常有发展前景和投资前景的我的下午场的搭档刘腾飞先生，有请腾飞，腾飞的"喊你玩"是非常有号召力的，他创办的"喊你玩"是一家专业的专门做境外民宿预订的平台，和短租的巨头Airbnb不同的是，"喊你玩"面向的是境外度假丛林中的小批民宿市场，比如说日本的温泉旅馆、榻榻米，韩国的韩屋，以及度假村等。在上线不到一年的时间就已经做到了韩国民宿市场的行业第一，而且积累了二十多万精准的出境游的用户。

腾飞，相信我刚才做了你的企业的简短介绍之后，台下有很多朋友都想知道你们是怎么样在这么短的时间内，占领了韩国民宿市场的第一呢？

刘腾飞：其实王老师过奖了，我是一个连续创业者，在韩国念书的时候，我就边上大学边创业，做了韩国第一家导游B2B的公司，叫oh my guide。当时是休学创业，赚取了人生的第一桶金。我觉得"喊你玩"的发展是基于我们之前在旅游行业的积累，以及回国之后遇到了一群非常志同道合的小伙伴愿意一起去改变旅游行业的现状，做一些有意义的事情，我觉得团队的力量是伟大的。

王俞：我们一定要相信团队的号召力。既然你是"喊你玩"的领头人，下午的时候，我们应该从哪玩起呢？

刘腾飞：今天北京的天气非常好，我觉得我们就从城市微旅行开始吧。

王俞：好主意，大家同意吗？

众：同意。

刘腾飞：好，接下来我简单介绍一下第二个议题，城市微旅行的嘉宾。

主持嘉宾：李朋波博士，北二外酒店管理学院

研讨嘉宾：九十度创始人——高弘

穷游网联合创始人——周彤

稻草人旅行网创始人——左慧敏

满洲里市旅游局副局长——刘涛

王俞：我们下午真是政界和产业界的结合啊！

刘腾飞：是的，接下来请出嘉宾主持人李朋波博士。

李朋波：我受咱们协会老张的委托来组织这个小小的论坛，今天下午的这个论坛我个人觉得是今年年会里最有特色的一个，叫城市微旅行的开发和设计，这样一个主题。我自己也做了一点文章，我感觉这个时代从我们的直接感触是从大到小的时代，我们做的旅游是大旅游，男人要做大男人，女子要做大女人等，现在的时代变了，人家说小女子嫁给了小男人日子会比较好过，所以这是一个比较微小的时代。

我接受了这个主题之后发现的确是个"微"的时代，比如微电影，我自己观测的企业叫微企业等，紧接着是我们相关的主题，微旅行。我记得我关注这个词是一部2012年的电影，原因是里面有一个我最喜欢的歌手张楚，后来慢慢地知道"微旅行"这个词。

从2012年知道这个词到现在还是一个比较新的词，它相关的盈利模式目前我感觉还处于一个初期探讨的时期，所以今天非常有幸请到了几位创业者，他们可能这方面都有直接或者间接的关系，相关的来自旅游公共服务部门，他们肯定有很多这

方面的资源，到时候请他们一块介绍。

我这次是一个命题的作文，在群里已经给大家出题了，简单组织起来就是要问元芳的几个问题，第一个是元芳你怎么看，请各位嘉宾阐述一下，大家感知到的或者您认为的这个词整体的变革是什么，现在它究竟是一个什么样的概念，先从高总开始。

高弘：我个人理解微旅行是时间上非常短，但内涵积累非常深刻这样的行程，现在这个趋势越来越明显，大家都是自助行，可能到了目的地才有想法，包括穷游做的city游也挺成功的，基本上都是自己设计自己的行程。微旅行可能是作为一个片断能很好地插入自己设计的那个行程里面去，可能成为一个非常难忘的行程。这方面的案例也很多，好比建筑之旅，梵高之路，这样的行程基本上这个城市都要走一遍，所以我觉得这样的行程我个人感觉可能还是未来旅游发展的一个方向吧。

左慧敏：提到微旅行，其实是2011年（就有），现在微旅行这个词可能有一点儿变动了，但像稻草人我们做这一块2007年已经开始了，当时微信还没有开始用。为什么会涉及做一些城市的短时间的旅行？起因是出境旅游是一个低频消费，可能一年出行个两三次，北上广深这种怎么样把城市周末的时间利用起来，一日游再少可能就是半天的时间，6小时的时间怎么去规范他们的行程，做这样旅游产品，我们现在是这样做的。哪怕你听别人的故事，一个分享会也是一个微旅行，包括你在城市里，有可能你在上海，但通过一些活动让你体验到巴西的帐篷，让你在这样一个氛围里体会到这个过程，我们认为也是一种旅行，可能旅行的概念被拓宽了，但时间的片断上被缩短了。

周彤：微旅行来说，可能大家想区分开大而全这种旅行内容，我们一般概念当中出去玩，或者出去旅游都是以观光为主或者休闲为主，大家想我今天要做什么，看多少景点，这个景点可能是一个美术博物馆，下一个可能是瓷器博物馆，再下一个可能是文化历史博物馆，你一天当中可能要跑好多景点，但要同时接受无数的跨行业、跨专业的各种庞杂信息，尤其很多团队的旅行可能特别有这样的感觉。实际上你觉得一天非常累，很忙，但回来时候可能发现哪一方面都没有特别记忆深刻或者对你来说特别满足感的收获。

微旅行我的理解是相对于这种所谓大而全铺开面的暴走而言，一方面是时间上要短，也符合这个时代各种信息的接受方式，我们说微博、微信之所以火起来，因为大家利用碎片的时间阅读，而不像之前比如上课要看课本或者有完整的时间去阅读，现在时间对很多人来说越来越奢侈。所以微旅行在旅途当中可能会带给你的，包括在原住地可能是非常短小精悍的时间，这个时间可以集中地让你收获到某一个点，比如刚才都提到的各种主题性的旅行，或者不是去走，而是去参观这种文化，比如巴西，比如泰餐的制作，比如学一下SPA，在比较短的时间内让你觉得比你出去玩收获要大很多，满足感也会提升很多，所以一方面是相对之前全天的团队游的行程比较短小，另外从内容上来说更加精干，我们并不是带大家去走景点，有些甚至根本没有任何著名景点，带你体验的是这个城市、地区最有特色的一段小的路线或者故事，比如说北京有胡同游，实际上胡同里面没有特别著名的景点，它离故宫、天坛也不太近，但它最能体现原生老北京人的居住环境、生态状态、建筑形式等这些文化因素，你去参观故宫、天坛都是皇家的，无法体会这个城市的老百姓的生活是怎样的。

包括在清迈我们也做了City walks，讲的是街边的故事，比如泰国街头有很多的佛龛，小的寺庙，小的佛像，为什么这些地方会有这些东西，甚至还有小的坟墓就在城市的街头，这样做会有特殊的体验，不会让你觉得就是满大街走一圈，千篇一律的讲解词，而是有很多的故事在里面。甚至在清迈，有一个悲惨的华人在东南亚流浪的故事，包括很多国民党的败兵流散到国外是怎么过的，很有意思，包括照片、书籍，包括二十世纪四五十年代的一些电子产品，这些东西最能代表当地人本质的生活和特点，这些对游客的新鲜感和体验度都有很大的影响。

所以微旅行虽然它的时间和内容不是特别丰富，但实际上他能给一个游客或者用户体验到他旅行当中最想得到的和平时在这个讲解词当中看不到的东西。所以微旅行虽然名字叫微，但它所承载的东西是非常大的。

刘涛：大家好，今天非常荣幸能在这里跟大家探讨微旅行的话题。

从旅游服务的角度，我们的做法是把旅游的六要素，这些产品分门别类由游客自己进行选择和排列，根据他的时间、要求，他最想了解什么，他自己来选择，因为他的时间是有限的，大家现在的生活和工作的节奏都比较快，这样他又利用有限的时间想看到、听到、吃到甚至住到他最想体验的东西，我们现在主要是来这么做的。

李朋波：几位嘉宾基本上把自己对微旅行的认知做了一个介绍，知道了微旅行的特征和特点。第二个问题是元芳怎么做的，因为最重要的主题是开发与设计，我们这个产品最终还要推到用户的面前，消费者的面前。我一直有一个疑惑，对这个微旅行，尤其它带有自助性，如果把市场细分成每一个人，肯定都有他自己想走的路线，或者他想体会的东西，这里面就有一个问题，就是我们是做企业或者做这块产品的，第一个我们怎么觉得我们比他设计的要好。第二个我们怎么让这种用户觉得我们比他设计得好，这个实际上就涉及微旅行的开发问题、营销问题，这也是我们一个主要的讨论话题，希望各位嘉宾再给在座的嘉宾分享一下，这次先从女士左总开始。

左慧敏：我觉得这是一个很好的问题，因为其实很少有人问，我也是第一次问到关于微旅行产品的问题。关于微旅行的产品，我觉得从我们做的事情，最典型的可能就是city walks，也就是刚才提到的怎么把一个胡同里面的故事，和人相关的，和这个地方背景相关的东西能展现出来。

关于消费者想要什么，这一点80%的消费者要的都是相同的，关键是说我是做产品的人，首先我定义一下产品，我们定义微旅行产品是2～4小时中间的整个活动体验，不是说我把这个东西做出来之后放到网站上加上图片、文字，那个就叫产品了。它的产品就像你参加一次旅游一样，就是你的导游要带着你经历整个服务的过程，我们觉得这才是产品，不是网上卖的东西，所以做产品这个人很重要，所有的东西都是他设计出来的，做产品的人选对了，这个成功率往往会达到85%。

因为我是上海人，我带你去逛上海的时候，我的故事，我的整个成长经历和我住的弄堂是联系在一起的，比如我告诉你这是一个不知名的弄堂，但那个摊的煎饼是我从小吃到大的，我小时候吃是什么样的，现在吃是什么样的，再买一块让你尝尝是什么样的，这种感受是和日常联系起来的。比如你到上海不仅有东方明珠，还有上海曾经租界的历史，有其他一些有意思的。刚才有一个词，"有意思"。为什么说不去高大上的景点，而是说我们是否可以把这些景点和非景点变得有意思，变得不光是表面所看到的，变得有故事，在你经历的过程中有画面感，这个地点不仅是你现在眼睛看到的三维的世界，还有历史还有未来，我们想让你全部体会到。

这需要这个导游或者领队带你能融入这个过程当中去，这是我们做微旅行的一个方向。我们的初衷也是想让生活在这个城市的人，以及到这个城市来游玩的人能对这个城市有爱，生活在这个城市的人有归属感，归属感是因为你喜欢，愿意了解，有归属感，让人有归属感，对一个地方有连接的初衷来做这件事。我相信外地的游客到这里体验的时候，他也能感觉到你对这个产品倾注的感情在里面。谢谢！

周彤：总结一下，特别简单，好的产品一定要有情感在，刚才说了那么多有意思的人，为什么会有故事，为什么你做的产品会让别人觉得有意思，那就是因为有情感，你的情感在你的产品当中能有体现，不管是小时候的故事、道听途说的故事，都是关于这个城市、弄堂、建筑的故事，讲述出来的时候，就像我们境外有时候会愿意去的一些地方，门口如果有人打理自己的小花园，我们会停下来跟他搭讪，如果他很好客的话，他会很热情地介绍他的家，可能他的家跟你想了解的宏观的历史没有太直接的关系，可能跟这个城市没有太直接的关系，但可能从他的历史当中会对本地人、本地生活有一个更好的理解。

左总刚才提到做产品的人是很关键的，但这样的人哪里找这是一个技术问题。穷游开始做技术的时候也是很头疼的事情，去年8月的时候，我们通过微信公众号做了一个活动，穷游全球征集合伙人，不是说我们穷游要众筹，找资金，玩资本游戏，是做微旅行的City walks，就是你这个城市生活的一个产品合伙人。

这样第一可以解放我们自己，有多少人，40个人也好，400个也好，不可能代表全世界所有用户的想法，怎么体现个性化？没有一样产品可以适用所有的人，我们把最热爱这部分的和跟他有同样兴趣的来做这个产品。那次报名有六千多个穷游用户，有的是小的团队，大概有1500、1600人确实比较适合或者有可能做这样的产品，最终筛选出来大概四五十个产品，现在穷游上上线的大概有不到20个，包括国内少量的，还有境外，比如欧洲、新西兰、澳洲、日本都会有。

这样解决了一个所谓产品生产的问题，因为其实稻草人和穷游都是从社区起家的，社区用户之间的联系是什么？做社区的时候不一定有特别好的产品，是共同的兴趣、爱情以及情感的连接。如果我们把社区的特质，这种所谓社交、情感，用户之间的共同兴趣连接同样能移植到生产的产品当中去的话，从消费群体来说一定也会同样产生相同的情感连接和共鸣，这样对我来说是有意思的，是有共鸣的。

高弘：我也特别同意前两位嘉宾说的一点，就是做这个产品的人是最核心的。我们内部看待这个完全是一个作品，2011年美国国家艺术基金会正式承认游戏是世界艺术史上的第九种艺术形式，旅行为什么不可以成为一种呢？比如舞台剧方面，加拿大太阳马戏团引入各种表现形式，完全颠覆了舞台剧传统的表现方式，为什么我们不能引入各种维度，借鉴电影行业形成大制作，形成这种比较精彩的作品呢？这也是一个可以探讨的方向。而且其实很多学校都有旅游管理系，但说穿了它是解决服务性的问题，就跟土木系、建筑系一样。要是有可能的话我们联合起来做一个旅行艺术学院，里面有导演系、表演系，包括领队。我们内部老有一个说法，线路设计师是作曲家，领队是演奏家。我们内部说有一个金字塔，首先一个作品出来有它的思想性，像电影一样，斯皮尔伯格要拍《侏罗纪公园》，不是要表现恐龙的3D技术这些，是要探讨人与自然的关系，有一个很深的思想境界，这才是伟大作品的灵魂，有它的艺术性，有各种的创作手法、时尚性，包括庞大的用户基础，非常广泛的参与基础。

其实一个项目出来，我们也会推一些微旅行的线路出来，比如这一系列更多跟大家探讨城市文化基因的问题，也许下一个系列更多的是探讨城市生态环境，城市不光是人居住的地方，比如我在天坛看到过红隼，北京大城市还有猛禽。或者也可以探讨生活在这个城市的不同人群，我觉得有一天旅行一定会成为一个完备的艺术形态，但那一天的到来需要大家做出各种不同风格的作品，上层也有完整的艺术理论，整个体系完备之后才能成为真正的完备的艺术体系，这是我们理解这个事的一个角度。

刘涛：我想大家用五分钟看一个片子吧。

（视频播放）

另外我在咱们的群里发了一个东西，请大家看一下。

（电脑故障，稍后播放）

李朋波：我们现在讨论第三个问题，又回到俗的话题，这个俗是我们做企业的本质。就是究竟，微旅行我看了很多的模式，正如刚才几位老总说的，可能更多的是一个建社群的过程，把人或者某些产品聚起来，但未来这个究竟怎么盈利，我目前来看是一个需要大家思考或者未来破解的问题，利用这个机会听听几位老总的高见，就是怎么来赚钱。

周彤：相对来说因为穷游是一个出入境的一站式平台，所以平台的做法和一般商家的做法不同。像超市每一个品类，每一件商品不一定都盈利，很多可能是靠低价赔本吸引客流来达到高价、高利润的销售，来达到盈亏平衡或者利润的目的。所以经常看到外面开发也好，或者很多海报写的家乐福可乐只要1元5角2L，肯定便宜，因为它是一个标准物，就像北京飞上海的机票200块钱，不用看，肯定便宜，因为有一个标准的参考价值在。如果是一个特别偏的东西打出来说，我这什么什么陶瓷全套的，景德镇瓷器，原价10.8万，现价1.8万，很多人可能没有概念，因为我根本不知道这个东西到底值多少钱。

靠可乐吸引人之后，很多人到这个超市不一定仅买一听可乐，可能买点别的东西，那商家卖这一箱可能贴10块钱，这10块钱的成本获取到了有效的到店消费的客户，而这个客户可能消费了500块钱。另外这490块钱的消费对他来说都是有利润的。所以穷游的每一件产品不管是内容产品、机票、酒店、当地玩的，我们并不要求每一条线、每一个地区、每一个城市、每一个领域都要挣钱，我们希望和用户的接触让用户更好地了解当地之后,带动当地其他对应产品的销售,这一点在清迈已经论证了,我们清迈的微旅行路线是不挣钱的,city walks收取的费用全部给领队,我们平台是一分钱不抽的,但因为city walks的起点和终点都是穷游的清迈办公室,他本身就是清迈一个有历史的老房子,用户在办公室停留的时候会转一圈,可能会说我明天想包辆车有没有司机,有。我要去机场有没有接送机,有。我的电话卡坏了,这有没有Wi-Fi,有。实际上是一个更多丰富品类的平台化销售的一个线下的入口,所以穷游并不希望每一种产品都盈利。

李朋波:发现周总非常有互联网思维,反正人都来了,想卖给他什么不行?

左慧敏:如果单说微旅行本身的话,说实话我自己也没有想出怎么可以盈利,如果大家可以觉得这些事情怎么有盈利空间的,或者你觉得怎么盈利,待会儿会下来找我一下,好想知道这个怎么盈利。包括周总也说了,他们在清迈的city walks路线本身也是不盈利的,他们还卖得比我们贵很多呢。

刚才我说的是我觉得很有意思的活动,但我们在给这个东西定价的时候,我说那这个东西的定价,我说就应该跟在城市里看一场电影价格差不多,所以我定了49块钱,我卖了一年,但我发现不怎么好卖。我想49块钱反正我也不赚钱,卖多少钱?卖29块钱,发现明显好卖了,我现在还是卖29块钱,已经卖了两三年了。这些年我卖29块钱,在数量上,微旅行的接待量我觉得应该是最多的,不管多少城市的,但在数量上我们是最多的。

为什么我们还在做这件事情,第一他是一个让你的目标客群能初次深入了解你对产品的设想这样一个入口,因为我说了旅游是一个体验式消费,你看到网站上的图片漂亮就真的会花两万块钱参加一个活动吗?但如果看到有一个29块钱的产品,他觉得可以花2小时体验一下。我在这条线路上是亏的,但他后来可能会报我其他的路线。

另外,我们原先做这个东西,给大家分享,做微旅行原先没有想到的,我们产生了很多B2B的部门,公司会来购买要求我们做这样的东西,公司给员工做培训或者福利的时候会来购买这样体验式的路线,因为很多大公司会有很多新入职的员工或者外地的员工想了解这个城市生活本身。还有一部分是来自于很多的政府部门,这可能是我原先都没有想到的,包括现在上海市最大的旅游节,其中专门有一块微游上海的活动,我们已经第三年做了,这都是我们负责内容策划的部分。谢谢!

高弘:这一点儿说来,因为穷游他们有别的类型的产品可以把这个作为线下入口，你可以卖很多别的东西。相对我们就没有那么大的周旋空间，所以真的是这个东西到底怎么赚钱，也是我特别想知道的一件事。当然直接靠收费收很高，除非你把内容做到惊艳，完全颠覆大家以往对城市微旅行的认知，如果有一家能做到这样的话可能可以直接收费，这是一个思路，但可能这个难度也还是挺大的。

可能在这一点上还是作为一个线下的入口，因为它是一个高频发生的事，原来在这个城市的人，和来这个城市的人，在观光游时代基本是泾渭分明的，比如说北京人绝不会去什么故宫、天坛这样的地方。但是在这种深度内容、个性化时代，本地人和外地人的界限其实没有那么清楚。但上海人也有可能完全不了解老租界，跟着左总她们的线路去走一趟，完全是可能的，所以它变成一个高频率消费的事，它的这种社交性和作为一个线下服务的入口性是更强吧。

李朋波：还有一点时间，我相信几位嘉宾也不容易，包括远道而来的刘涛局长。大家一定有很多的问题想向台上的几位嘉宾提问，我们把机会交给大家。

王俞：我先提问几位嘉宾，刚才说是不挣钱的，也不知道怎么挣。一开始由于左总做得太好了，把定价定到29，最后整个行业就被你引领了没有办法再提价了，还是这一部分的消费群体本身能接受的心理价位在您尝试了49元、29元之后，最后能接受的是29元。请几位都回答一下，如果在定价方面，大家都有类似这样的事的话。

左慧敏：我定了上海，也没有定清迈，清迈就卖一百多块钱。还有一点，消费者是不一样的。当你作为旅行者去清迈的时候，你愿意花更多的钱。中国人有一种很明显的消费观：再贵我也得来一次。来都来了，你愿意花更多的钱。但往往为什么在北京的人没有去过故宫？你觉得就在那呢，我去干什么呢？上海人还有没去过东方明珠的呢！特别明显。

我的产品也不是以本地客源为主，微旅行这个事情第一对他们来说不陌生，不是觉得我必须要去尝试的一个活动，它本身能具有的吸引力，不像我们周末约一个饭，两百我也去，好吃嘛，本身就有吸引力。我们的重复购买率特别多，他参加过一次，还愿意拉朋友来，他觉得我还愿意了解第二次。他可能参加了一条张爱玲的路线之后，觉得对租界也有兴趣，会越来越多地想去了解这个城市，这也是为什么我们一开始把价定得低一点儿，我希望先打开这个入口，让客户愿意来尝试，让他的尝试成本变得很低。

刚才听到有人说，是不是我做出一个非凡的产品就可以卖出高的价格？如果是我的话，我觉得我有能力做出非凡的产品，也请到非凡的人来讲，但是我能卖几个呢，而且有多少人愿意买？而且愿意买的人，他可能不是我现在去抓的目标客户群,可能是另外一个阶层了,他不是我的客群,我去做的话可能就是另外一个生意了,不是现在的生意。

所以我们坚持说价格和盈利这本身不是我们要看的指标,是看你卖了多少人。我今年卖了一万,明年能不能卖两万,后年能不能卖十万,多少人体验了我的产品才是真正重要的,后来就可以明显地看出一个转化率,就是体验过你的微旅行,体验过稻草人的旅行设计理念的人,他有很高的程度去转化我的其他产品,这才是关键。

周彤:没有太多补充,理念完全一致。如果单从每一件来看,就像超市把可乐价打低一样,左总提到的,可以是营销心理能力的一种暗示,你先试试。就像很多餐馆,免费品尝或者一块钱送你很多,这是营销心理学的范畴。

穷游做的也是一样的,我们欧洲卖得更贵,当然一方面是来都来了,他想有一个不同的体验,参团的不同的体验,他自己查资料可能做不出来,或者找不对地方。另外是他在某一处可能正好是价格洼地的地方体验到了你的品质,低价一定不低质,这样他对品牌、团队有一个信任感在里面了。我们平时消费也是一样的,海飞丝是洗发水,如果它出了沐浴露,应该也还行吧,我体验过觉得很值29元,很有意思,很值。那是不是我到北京,比如北京也有线路,没准稻草人的北京线路比我们还要贵,那还是选稻草人吧。

为什么很多品牌是抢占式,有一个先入为主的概念在里面,无论打车还是无数O2O各种类型所谓的烧钱大战,为什么大家要烧这个钱?出租车日子很难过,就是滴滴、打的、Uber把这个市场通过烧钱,把所有人的使用习惯培养起来了。而且如果不是通过叫专车,或者正常不是太紧急的话,他已经不习惯到街边去拦车了,他已经改变了他的习惯。所以从旅行角度来说不仅仅是微旅行或者city walks,很多类型的产品都会改变某些用户的旅游习惯或者选择产品、消费策略的习惯。

从创业企业角度来说,如果不是生死攸关要命的时候,口碑和品牌的美誉度肯定远远大于目前的盈利能力、赚钱能力,只要老兵不死,只要孩子还在,你的口碑没有垮掉就还有机会。你这次挣到了钱,但你的口碑或者牌子垮掉了,那你后面就没有机会了。

高弘:这一点我也想跟二位探讨一下,如果咱们看一下twitter,那上面城市游的线路差不多能卖到几十美元,像芝加哥差不多能卖二十几美元、四十几美元两个小时,那就是两百多块钱人民币两个小时。是不是说城市游其实也还是有它盈利空间的呢?我想听一下两位的想法,有没有做成又赚口碑又赚钱的可能性呢?

周彤：特别简单的一件事，实际上我们面对的客户不同，他们上面卖本地化的服务，产品以西方游客为主，线路游等于购买服务，之前所有的App下载都是收费的，没有一个免费的，就去年底才出了一个免费的，大家认为信息的贩卖、服务的贩卖是合理的，但中国人的价值观不是这样的。为什么这么多年，中国改革开放三十年知识产权的事一直搞不好，很多人认为信息应该是免费的，或者说你给我讲点事，凭什么收我钱，我又没拿你东西，没吃你的，没喝你的，没用你的，凭什么收我钱。这个是很多企业不管大企业、小企业，在所谓提升服务品质，附加增值服务上一定要头疼的问题，就是我们付出的成本和目前社会消费习惯所能达到的回报来说是有一定差距的。

还有是文化不同。他们的产品未必适合中国人，他们做的内容，包括语言的问题，我觉得反而对于中国本地的创业企业来说，可能是一个机会，就像很多的境外的服务到中国都有点水土不服，像谷歌、优步，为什么在中国无法迅速复制全球很好的经验，我们所面临的是用户群的差异，才有产品的差异、设计的差别，说起来都是微旅行，但差异还是蛮大的。

王俞：我刚才听几位演讲的时候有一个疑惑，这个盈利点有没有可能如果我们把微旅行的目标、客户群体由大陆的内地客人转为入境客人的话，会有所不同呢？

左慧敏：Raka（音）上就是这样，因为它是一个平台，有本土的供应商在上面售卖这样的旅行产品，就是主要针对入境客人的，但都不大。刚才周总说的，其实中国客人是一个更广泛的，更大的群体，所以我们今天讨论的话题也都在面对中国客人，中国还有很大差别。比如刚才是一个平台，是由各家供应商提供微旅行产品的。有没有国外做产品的，做City walks的，靠微旅行本身盈利，有，好多。欧洲一抓一大把，可能像Wetowalks（音）做了很多年。

我们所定义的到哪个地方一日游，我们现在想的话，一日游就是小传单，一到火车站给大家发很多的那种，可能印象特别不好，几十年都没有变过的行程。但可能到了柏林，就是我们现在说的City walks，我上个月还去柏林特地看了一下柏林的City walks，我走的两个小时大概遇到十几个其他的团，也都在介绍柏林墙啊，City walks可能就是最常规的，到了一个欧洲城市会选择的一个半天的行走方式，是很常规的，大家普遍的认知度非常高，但在国内不是这样。国内大家还没有觉得这是，比如我到北京我要了解北京就选一个City walks，我希望它变成这样。包括我们做的是怎么样让City walks像电影票一样容易购买，今天下午的团今天上午就可以马上报，不用像现在这样在各个平台上，我如果要报一个City walks的团要提前预订、确认，就是能不能说我就告诉你上午、下午，哪怕你下班之后，6点下班为什么7点不能和大家一起了解一下你周边的环境，去走一走呢，能不能把这个变成很日常的消费。

提问：前面聊的基本上都是模式，我觉得整个的是环境和定价，做这一行我们更关心这个产品是怎么产生的，比如我们是做客栈的，在西安、重庆都有客栈，他们的客栈也有City walks的产品，咱们这两个公司可以分开介绍。产品是不是首先有一个人作为主创并设计，他先去一个目标区域、古街去设计，设计完了之后再去培训，再有专门的执行人长年累月地在带。抛开价格、人群，我最关心的是产品设计是怎么做的，怎么在公司让它传承、固化。

周彤：很简单，我刚才提了一下为什么在全球可以找到很多这样的供应商，就是之前积累的一个大的社区，因为穷游就是面对出境游，专门在出境游上面做得相对质量还比较高，自己再做一些筛选，产品生产这一块基本上可以解决了。

另外是产品设计。陈景润是非常牛的数学家，他确实当过数学老师，但他所带的班数学成绩永远是最差的，会研究的不一定会教。就像导演讲戏一样，编剧去传递这个情感，他设计的路线都有他自己的情感在里面，别人来讲的话可能会忽视这个问题，或者理解不了这个问题。这个目前只能靠人与人之间的交流，包括之前设计这个产品的，他自己也能带队但离开这个地方了，后面接替他的人怎么样，这个就像师傅带徒弟，不断地去磨合，不断地达到这样的标准，其他的我也不知道有没有更好的方法。

左慧敏：稻草人本来就是一个做产品的公司，我们场景旅行的产品一定比微旅行要复杂很多，比如二十几天的行程每一天的体验全部都标注出来，我们的带团指南自己写的，可能有5万字全部自己写的。我觉得微旅行怎么把这个产品标准化，还是挺简单的，一共也就是两三个小时的东西。产品规范好了还不够，做产品设计的人再牛，但还没有到消费者体验的环节，所以做产品的人他要做到把交给领队的培训资料写出来才能算这个产品做完了，这个故事怎么讲要写好的，因为讲故事的能力不是每个人都有的。这就是做产品的人对这个体验是什么意图，要把这个底线60分拦住，该怎么讲，第一步、第二步、第三步，这个故事怎么讲得能有条理，做产品的人要把给到领队的培训资料全部做完，这个环节才算完成，那我才去用这个教案去复制很多的领队出来。

领队在这个基础上靠自己对这个地方的理解，发挥70分、100分，那是他自己的了。我们给客户保证的是你参加我的产品，60分的线在那，不会体验到更差，一定最起码是合格的，而这个合格的产品已经比其他高很多了。

高弘：我们这一点的做法和稻草人非常像，我们叫SOP，标准操作流程。但还是回到一开始说的，未来要想这个行业真的有大突破还是要培养专业的人才。你看我们的大明星、大导演都是学校出来的，很少有野路子出来。现在说电影是一种艺术形式大家没有异议吧，它形成了从上游开始的艺术体系，如果今后真的有旅行艺术学院，有创作系、领队实践系，这样才能带活整个产业链，现在还是每家凭自己的人自发地在做一些东西，二外是中国旅游业的母校，咱们能不能做一个旅游艺术系啊。

提问：第一个问题是问女士，我是来自云盟酒店的，微信订房为切入点的融合本地生活服务的酒店加互联网全产业链的生态圈。因为我对稻草人不是特别了解，我们稻草人是以微旅行为爆点吗？您刚才说的29元的微旅行，我找了很长时间终于看到了。

左慧敏：我觉得也不能算，因为我们真正的旅行团队在销售量上也非常好，没有说微旅行就是消费量，参与人的数量远远几倍大于在销售的盈利的主营业务。

提问：第二个问题，如果微旅行这样一个话题，您跟中小型连锁酒店所提供的，比如说本地的生活配套服务，满足客人基本需求的这样一些本地的小需求，跟这些有没有做一些连接的计划？

左慧敏：说实话的确有这么想，而且我们也试图在推行，谁会比较有空参加个两小时呢？其实就是想客户在哪里，假如我到北京出差，下午五点回到酒店了，我也没什么事可干，你在酒店告诉我说有两小时的周边活动，哪些东西特别好吃的，加上一些文化的，告诉我多少钱，可能我就不卖29元，我就卖129元了，可能就吸引到了这些客人，我觉得这的确是酒店会有的特性。

提问：据我们了解这是实实在在存在的需求。

左慧敏：这可能跟酒店的位置有关，跟它在这个城市所属的位置很有关系。

李朋波：时间关系，大家都很想提问题给三位嘉宾，我们在这个环节之后大家再私底下交流，还有几分钟时间交给远道而来的刘局长。

刘涛：这个我们主要是做了一个片子，大家看一下。

（视频播放）

刘涛：这就是我们满洲里一个简单的介绍，我想很多人也可以去微旅行，欢迎大家，谢谢！

王俞：非常感谢刚才微旅行板块的各位分享嘉宾，相信各位的分享得到了场下观众的回馈，也感谢刘涛局长在最后给我们欣赏了这么美的宣传片。从嘉宾的分享当中我也得知了原来微旅行只要你愿意也可以把听讲课作为微旅行，下面让我们的微旅行之旅继续。

（八）主题演讲：共享经济下的酒店生态圈

云盟酒店发起人和驿家365连锁酒店创始人——高树军

高树军：各位朋友大家下午好，我是驿家365连锁酒店的CEO，但我今天在这里更愿意用另外一个身份介绍自己，也就是刚才主持人介绍的云盟酒店的创始发起人。我今天跟大家分享一下共享经济下的酒店生态圈这样一个话题，也作为下一个论坛嘉宾对话的一个引子。

我从这么几个角度来谈一下云盟以及共享经济相关的话题。首先是酒店业走到今天，像中国的地产业一样也进入到一个需要去库存的阶段，去库存是一个比较热门的话题，不仅在地产业，酒店业今天也同样进入到这样一个阶段。比如说在高端酒店，我们看到在2014年的数据，全国有1.2万家左右的星级酒店，2014年全年的平均出租率只有54.2%，这个数据如果和比较优化收益的出租率指标，比如说85%这样比较，差不多差30%。和大致的收益平衡、盈亏平衡60%出租率这样一个比较，也仍然有6个百分点左右的差距，这是星级酒店。

像我所在的公司，过去十来年里边一直在做中低端的连锁酒店，在这个领域比如过去的十二三年的时间里，我们如果以如家2002年创办到今天为止，差不多也就是十四五年的时间。在过去的十四五年的时间里，中低端的连锁酒店从只有区区几百家发展到今天突飞猛进，今天连锁的品牌应该已经是1.6万家的规模。

在过去的十多年里面，如果从今天往前推五年左右的时间，以如家为代表的商业模式，可能会经常在大学的课堂里，在MBA的课堂里，在酒店或者旅游甚至其他一些行业的峰会、论坛里作为一个创新的商业模式被分析，但大家知道像经济型酒店走到今天的话，无论以如家为代表的连锁品牌，还是我所在的驿家365的区域性品牌，更不用说一些单体酒店，每个品牌的收益指标都在逐年地下滑。过去被大家津津乐道的一个商业模式，今天因为各种各样的原因，无论是宏观的，还是行业本身的，它的盈利模型里面的参数，成本在不但上升，收益在不断下降，这样一个盈利模型，再接着走下去，将不复常利。

这是今天整个酒店业，我刚才用星级酒店来代表的中高端的市场，以经济型酒店为代表的低端的市场，今天都面临一个过剩的问题。所以今天这样一个时代，包括今天比较热门的中端，我认为都存在一个需要去库存、去产能的需要整合的阶段。

我分享第二个分析，今天是一个在酒店业需要资源共享的时代。我举一个例子，比方说我们今天进入到一个移动互联的时代，对于每一个连锁品牌的酒店来讲，过去这些年，无论是在打造自己的CRS订房渠道和会员系统，以自己的例子，比如说驿家365推出自己的微信公众号，到现在为止我们有已经运营的酒店150家左右，这样一个规模如果在一年里比如我来发展粉丝，大致的量也就是几十万，如果做得好一些，比较积极一些的话，可能能在一百万左右这样的规模。

大家可以设想一下，虽然驿家365只是一个区域性的品牌，可是现在签约的酒店数量已经突破200家，已经运营的酒店有150家左右的规模，在全国这个名单也数不出多少来。更多的在这个行业里是比驿家365品牌更小的一些单体酒店。以驿家365这样一个体量去努力发展，发展粉丝、会员，一年也就是一百万左右的规模，可是在这个市场上我们和其他的队伍去竞争，比如说一些全国性的品牌，比如像铂涛，之前它的会员也是号称接近三千万的规模。

OTA也是这样，比如去哪儿，在2014年的数据，注册的用户数量也是超过三千万。大家可以对比一下，像类似我们这样的区域性品牌，我们能积累的会员或者粉丝也就是百万级，在这个方面我们也做了很多的工作和投入，这样一个数量如何和更大的对手千万级的会员数量去竞争呢？可我们换一个角度，比方说我们今天在座的云盟，就是聚合全国性的区域性品牌和单体酒店，如果是像驿家365这样的区域性品牌，每一个品牌在100家酒店左右这样的一个规模，我这个平台能聚合10个这样的品牌，经过一年左右的发展，我们的会员或者粉丝量也同样能达到千万级的水平。所以这样对比之下，对于今天酒店业向区域性的连锁品牌和单体酒店，我觉得今天大家需要有一个共享的理念，来共同地去面对今天这样一个市场，才可能有存活的可能性。这是第二个角度，今天是一个资源共享的时代。

第三个角度，今天也是一个跨界融合的时代。无论是高星级酒店还是经济型酒店，收益指标在不断地下降。过往比如经济型酒店在做减法，从中高端的酒店做减法成为Airbnb这样一个模式，但我们走到今天，我在思考一个问题，像经济型酒店包括有限服务的终端酒店，我们的客人除了来到你这个酒店睡这张床，冲一个澡，吃一个早餐之外，他就没有其他的需求呢？比如上一个嘉宾对话里，稻草人，对我们的客人同样他也有半天或者一天或者只有两三个小时，他愿意在这个城市走一走，看一看，去吃个饭，我觉得这是实实在在的需求。

对于我们的住店客人来讲，酒店从这里拿到的只有一天一个房间卖一百多两百多三百多，或者一线城市有一些好的地方能卖到四百多，无非就是这样。可我们租一栋物业每年可能上百万的房租，这是固定的，而我们收益的来源只有这一部分。可我们的住店客人有大量的需求没有在我们这里得到满足，如果我这样说的话大家可能会问，难道每一个酒店都要自己去做这些服务吗？我觉得刚才的嘉宾对话，我也跟我的同事一样联想到，像稻草人、穷游网这样专业做旅游的网站，和我们云盟之间就可以有一个战略合作，客人通过我的微信公众号、App，和他们之间有一个连接，这样的话我通过收取一个佣金或者衍生的广告费等作为我收益的一个来源，这样的一种方式对于酒店来讲，除了我们能卖房间之外，对客人比如说他要出行，不论打车，还是坐火车、买飞机票、吃饭、洗衣、按摩、旅游等这些服务，我们都可以用这样的一种方式来共享资源，满足顾客的需求，同时作为从业者也能提升我们的收益。

我在这给大家来一个对比看一下，是最近这一段时间，基本上也就是上一个月，酒店业和共享经济相关联的几个模式的一个对比。上个月的中旬，以开元为代表的几家酒店，推出的中国酒店联盟新公司，这是上个月的中旬成立的。这个中国酒店联盟新公司是以公司制的方式来设立的，在五家会员酒店之内共享会员和订房系统。

上个月底阿里旅行携手首旅、石基等三家推出未来酒店用来整合国内的区域性品牌和单体酒店。非标领域，除了我们比较熟悉的小猪、蚂蚁、蘑菇这些非标的平台型的公司，有一个新的，棠菓。它是类似于小猪基于互联网非标住宿的酒店平台，但它的方式是用合伙人制的。

最下面是我们推出的云盟酒店，云盟酒店也是整合国内中低端的区域性连锁品牌和单体酒店，我们的业务模块是以为成员酒店提供微信订房和会员共享作为一个切入点，未来在此基础上整合到一定的规模之后逐步地分阶段推出本地生活服务和B2B的行业众采平台这样的业务模块。

同样在这几个和共享经济理念的支持下产生的酒店的新的模式、新业态，我觉得云盟酒店，比如说和阿里推出的未来酒店相比，包括我们自己也会做对比和分析，以阿里旅行这样的巨头，来做表面上看和我们类似的云盟酒店这样的模式，以我们这样一个资源和体量，我们还有戏吗？我觉得如果我们深入地分析，实际上有很多细微的差别的。这里因为时间关系就不再深入阐述了。

最后给大家做个广告，6月底在上海也是跟今天的话题类似，云盟发起的一个论坛，酒店业的共享和突破，到时候各位朋友感兴趣的可以关注一下，我给大家的分享就到这里,谢谢大家。如果各位对云盟感兴趣的,欢迎接下来我们私下交流。

刘腾飞:谢谢高总的分享。当下的中国经济连锁型的酒店确实是处于一个非常饱和的状态,比如七天、汉庭、驿家365等,我这里给高总提一个我个人的小建议,比如日韩的市场我比较熟的,日韩市场没有像国内那么多的连锁型酒店,他们多的是主题的小旅馆,比如情人旅馆,情人酒店,这方面我觉得我们是不是国内的这个市场还是有待增长的,这是自己的一些小看法。

接下来给大家引入第三个议题。

(九)议题三:共享经济下住宿业的颠覆与创新

主持嘉宾:刘赵平博士,香港理工大学酒店及旅游业管理学院助理教授

研讨嘉宾:小猪短组VP——潘采夫

亚朵酒店VP——王凯

远方网创始人——陈长春

唯恩私人度假CEO——韩雨霏

刘赵平:我先说两句,让我主持这个话题,其实关于分享经济这个话题,最近可能一两年炒得比较火,这种业态在我们旅游行业、酒店行业里面很早就已经存在了。我在2001年左右写过一本关于分时度假的概念的书,就是共享经济最典型的表现形式,以前度假大家买一个度假别墅,但一年可能就用两三周或者一个月,剩下的更多的时间放在那闲置,所以推出这种分时度假的方式,五十几个人合伙买下这个房产,一人用一周,这个其实就是传统意义上分享经济的概念。

我后来研究过邮轮,这个邮轮产业和分时度假是相似的,就是闲置资产的有效利用。当时邮轮产业的发展也是因为有了飞机以后,大量的越洋轮船没有用了,所以大量闲置的越洋货轮就带动了这个产业。因为我是一个穿针引线的角色,就不讲太多了,主要还是请各位嘉宾来讲。第一轮先请各位嘉宾讲一下自己所在的公司做的是什么业务,这样大家可以稍微了解一下商业模式,然后我们在下面问更多的问题。关于小猪短租的基本情况您先介绍一下。

潘采夫:我是去年7月到小猪短租的,之前一直做媒体,在新京报做周刊。后来是我老婆去英国上博士,陪读,从2012年开始对Airbnb就很感兴趣,回国之后就想研究一下,中西方不同的信用体系、诚信体系,不同文化的状态下这一类公司在中国能不能生存,当时找了一系列的公司,主要是采访小猪,采访完之后两个创始人聊得比较好,我就去小猪短租了,本来是采访别人的。

小猪短租是2012年创立的,去年7月进行了C轮+的融资,大概是六七万美元。

到去年年底的统计一共有7万多套房源在230多个城市,去年的业务增长也比较快一些,通过曲线我们也发现住宿分享经济继打车的分享经济之后,在中国有一个逐渐加速的趋势,这是小猪的一个基本情况。

跟小猪同一个领域的像蚂蚁短租、途家被媒体广泛认为是这个领域的,其中模式大概有一些不同,像蚂蚁,小猪的两个创始人是从赶集网、蚂蚁过去创立的小猪,对原来模式有一个新的塑造,更接近Airbnb分享经济。像途家是在线短租酒店的模式,去年宣布进军分享经济领域,包括像住百家,它主要是做海外的,具体情况不是太了解。这是小猪的大概情况。

王凯:亚朵是2012年成立的一个品牌,人文酒店,主要的特色一个是人文,主要体现在摄影和阅读,另外一个是我们极致的服务,目前我们有47家,签约了有130多家,亚朵可能对大家比较陌生,在北京还没有开出店来,但这个情况马上就要改善了,6月有两家就要开店了。

亚朵和其他酒店有什么区别,我觉得我们创始人提出了一个观点,始于酒店不止酒店。始于酒店是通过人文的感觉和服务给客户提供一个非常好的住宿环境,不止酒店,就是我们把客人看成流量的入口,也就是我们在酒店这个产品上想,我们做了一个酒店,我现在有了客房,怎么把我的房间卖给我的客户,而且是通过客人的需求。因为客人来住,可能有一系列的需求,住宿只是其中触达的一个点。一家酒店如果按照一百多间房来算,客流量可能五万多人次,如果开到一百家酒店的话,这个人流量是非常厉害的,除了住宿之外看有没有其他方面的需求。所以除了住宿以外我们也做了一些餐饮,更多的做了O2O、B2B、B2C这些事情,去年通过一次众筹床垫,酒店用的床垫我们众筹了600多万,B2B的项目我们在去年最后几个月才开始做,做了接近一千万左右的一个数字,这些都不只是酒店的做法,谢谢大家。

刘赵平:这个环节,共享经济和住宿业。韩总是做定制旅游的,请您介绍一下您公司的业务,在做定制旅游的过程当中如何使用共享经济下的住宿业态,跟我们谈一下相关的情况。

韩雨霏:非常高兴也很荣幸这次受主办方的邀请代表唯恩私人度假来参加,我来参加之前挺不自信的,住宿是在旅游行业中非常小的一块,我在细分领域里没有做过特别多的研究,我总感觉我在这个议题里像是打酱油的,我希望在这一次难得的机会里向同行、朋友们简单介绍一下唯恩私人度假。

唯恩私人度假可能有的朋友有所耳闻,这其实并不是一个刚刚推出的品牌,是

2013年创建的品牌。我们创始团队成立之后对原有的唯恩私人度假整个的产品理念进行了全年提升，所以才有了现在新的唯恩私人度假。我觉得我们公司的特点是有别于其他一些创业型公司的，因为我们在成立的这半年多的时间里，其实我们对所有定制旅游行业的同行们的公司都进行了特别特别认真的研究与学习，因为毕竟我们要在原有品牌中做大幅度的提升，所以我觉得学习是一个非常重要的阶段。

所以在半年多的时间里，我们也逐渐找到了自己公司的商业模式。我本人其实是一个老旅游人，不知道大家能不能看出来我做旅游有多长时间，已经16年了，我2000年接触了旅游行业。2001年大学毕业之后就加入了旅行社板块，我先后在国内三家非常知名的旅行社从客户经理一直做到副总，两年半以前我从企业走出来，开始自己创业。我在企业的这十多年里面，主要服务的就是世界五百强企业的这些海外的旅游奖励活动。由于工作的原因也到访过四十多个国家和地区，我在这些国家和地区里面全部都做过高端旅游的定制活动。

所以反过来讲，我们公司的特色是什么，我为什么一定要介绍一下我的背景，因为很多的创业的旅游定制公司，我觉得好像有至少70%，他们的创始人是从做IT或者互联网转化来的创始人，所以他们客户的来源还是从互联网大数据转化来的。但经过这一两年市场的经验，其实转化来的数据很多，但真正的情况，也许不是特别尽如人意，也就是说客户的精准度还是有待考量，但由于我们公司的特色和我本人以前的工作经历，我们服务过大量的企业客户，这些企业客户的转化率是非常高的。

我举一个例子来讲，比如我们公司做过很多知名的车企、药企、IT，他们在公司范围内组织经销商、销售人员去海外旅游，这个旅游结束之后，其实这些客户就可以转为我们的私人定制客户，因为这些客户自身也都有需求，虽然那次活动是由企业花钱组织的，但他们个人也有消费能力，这些人从他们的消费、社会地位来看就是我们的精准客户。包括二三四线老板们的出国游学，游学结束之后这些老板们都成为我们高端定制一个非常大的储存，所以我们公司是先解决客户的来源问题，再通过这些客户找到我们到底怎么让我们的产品呈现和技术呈现的方法。

在今年6月的时候大家在苹果和安卓的应用商城里可以下载到唯恩私人定制的App，希望我们的技术研发和手段能让所有的高端定制客户在一种轻松、愉悦的情况下完成定制旅游的交互。

回到主题，讲到住宿业，无论企业客户还是高端定制客户，对标准住宿要求也在逐步地分化，之前大家的旅游习惯还是找国际、四星、五星这种标准型的酒店，但慢慢地开始转化为民宿、主题，甚至有的人讲能不能找他们在某些攻略上看到的，什么符号酒店、监狱酒店，这对我从事旅游行业来说都没有听说过，但反映出这样一种客群的需求。可能也是术业有专攻，在酒店这一个板块里，我们还是习惯于使用标准型酒店，所以特别同意高总所讲的大经济形势下我们要共享、融合，除了高端酒店和低端酒店的融合，我觉得在我们行业内也要跨界融合，所以我这次非常有幸认识了两位老总，我觉得我们会后也可以有更多的交流，也许我们会产生战略合作，这样当我们有一些客户需求过来的时候，我们也可以做一个有效的嫁接，这就是我对唯恩私人度假以及住宿业态的一些感受，谢谢大家。

刘赵平：我们就用这个主题来讲，之所以要颠覆与创新就是因为传统的住宿业没有解决痛点，消费者的需求没有完全满足，各位介绍一下自己企业的情况，传统的住宿业有哪些痛点，您的企业又是如何解决的。

潘采夫：我们这几位参加这个环节的，实际上都不是来自标准的酒店，王总的其实是一个比较个性化的主题风格的酒店。从工业化社会到后工业化社会的发展其实欧洲和美国已经先于我们了，之所以Airbnb在欧洲发展那么好，因为他们有大量的受过高等教育的富裕的闲人，他有稳定的收入，虽然不太高，但有政府的福利，而且有开放的心胸愿意跟各地的朋友聊天，所以产生了非标准住宿的土壤，因为后工业社会里大家喜欢出去游，不喜欢跟团，越来越不喜欢住千篇一律标准化的酒店，他希望他的住宿能成为旅游的目的本身之一。接待他的人如果更有故事、更有特性他就很高兴，就像前阵子发改委做调研，说我们政府很关心的是你们会不会颠覆酒店，我说我们不会，我们跟酒店也是朋友，这个解释跟阿里说我们不会把路边的小杂货铺灭掉是一样的。

实际上从长远的趋势来看，我们不得不说，可能这种个性化的住宿方式会逐渐地挤压或者替代大规模的标准化的住宿方式，这是一个时代的升级换代所导致的。像小猪的模式是一个开放平台，它实际上是一个说媒的撮合平台，小猪在制定一些规则，这些规则定完之后再有一个评分机制，来让大家遵从一些规则互相选择，它的标准是你有剩余的房间，你有大量的时间成本，很低的时间成本，你自己有个性化的接待方式，这就可以了，谁有需求就去找你。王总说他们主要是做阅读的，在小猪的平台上这个关键词搜索可能还没有做，现在已经开始了，你搜索如果这个房东有阅读爱好，愿意接待喜欢阅读的房客，包括我自己房东，你书架上所有书都可以看，或者你给我换一本也可以。

去年我做了一个活动，做成了一个可以住宿的书店，不能住的书店不是真正的24小时书店，喜欢书的喜欢书店老板的这些人，背包客就直接可以住到书店里面去，你会发现没有什么不住的，戏楼、剧院、博物馆、书店都会成为人们非常好的住宿场景，这没有一个限制，只要安全问题解决了，剩下的就是大家之间个性的愉悦交流的问题，可能用这种平台的方式会有很大的包容性，能把这个需求满足，所以这可能是分享经济对传统的酒店业一个有颠覆性的地方，弹性、包容性实在太大了，而且是能包容想象力的一个住宿。

王凯：亚朵现在想把自己做成不是一个酒店，已经不是标准、不标准了，其实前一阶段我们已经改成亚朵生活，下面有几个品牌，亚朵酒店是其中之一，亚朵酒店还是一个中档的人文酒店。刚才刘老师的问题，现在标准酒店会遇到的痛点，我觉得这个痛点是我们现在想要做一个增量价值，为什么想做增量价值呢？那必然会有一个存量价值的观点，对一些有限服务酒店来讲，它的存量价值就是我有多少间房，出租率做到多少，平均房价做到多少，在这个空间里我们去做文章，比如我们想再去提高我们的收益。但从有限服务酒店的角度来说，它的出租率一直是处于比较高的位置，实际上增长的空间是有限的，平均房价上来讲现在每年也是有很多的店在开业，所以平均房价也是在走逐年下降的趋势，在这一块存量的基础上如果再做一些突破，实际上是很难的。

经营利润下降，但成本都是在上升的，这个是没有办法控制的，所以像这种标准的有限服务酒店现在面临的压力是非常非常大的，所以基于这种情况我们要提出做增量，举个例子，比如说亚朵，亚朵从去年开始一直在做O2O，所见即所售，房间里的用品都是可以售卖的，扫二维码之后就可以到我们的微店。这个事情做也是需要比较长时间可以做成的，因为原先大家对酒店的认识，酒店卖东西的认识是有一些不同的看法，比如酒店的东西卖得比较贵，酒店的东西质量是不是有那么好，所以我们首先要改变这样一种局面。

酒店做O2O有天然的优势，因为是先体验后购买，它和淘宝购买不一样，淘宝上买东西尺寸不一样、面料不一样，然后再退货。但酒店是先睡了这个床，你觉得是好的，这个价格是我能承受的，所以才会下单购买，这样不会存在差异性。

另外要把O2O的事情做起来，首先是基于我们自己的产品是非常好的，经得起考验，客人能喜欢，才会产生一个购买的冲动。举个例子，我们酒店的床垫是定制的，应该来说现在绝大多数的客人住完以后都觉得这个床垫非常舒适。后面要把我们的毛巾、床上用品四件套进行升级，我们用了裸棉，它不是白色的，是原棉色的，没有经过任何化学试剂的漂白工艺。客人在住的时候，他的感受是不是真的会有那么突出，说这个裸棉我就睡得很舒服，白色的就不舒服，其实未必。但会给出一个信号，亚朵所有用裸棉的这些酒店的棉制品，在干净卫生方面是有保障的，因为我的洗涤有很高的要求，不能跟其他所有的东西混洗，不能用漂白剂，用了漂白剂之后就褪色的，所有的东西就完了。所以我们用产品告诉客人，这样的东西是好的，客人使用之后有比较深的感触。

另外像洗发水、沐浴液，这也是客户的一个痛点。比较少酒店用品牌比较好的，我们现在在跟阿Fu精油合作，它的品牌知名度很高，但不是一个奢侈品。因为精油对人体还是有一些保养的功效，我们需要通过一些产品让客人知道这个东西的特点对我们有什么好处，因为我们如果只是强调自己特点的话，客人是没有发自内心的感触的，所以我们不单要谈它的特性，还要谈它可以给客人带来的利益。几个产品全都连接起来以后，我们发现我们把所有的钱都投在了客人能触达的地方，也就是说我没有把钱投在地板上、墙纸上，因为用一百多块钱一平的墙纸和十几块的墙纸，给客人带来的感受差异是不大的，他不会用手摸摸这个墙纸是不是舒服，我只要颜色看得舒服就好了。我们在所有顾客能用到的产品这些方面，我们也不能只做一个点儿，因为就做一个点儿的话，客人也不会觉得你这家酒店用的东西是好的，因为你只有一样，所以说每一样客人用的东西，我们都要把它做成极致，这样的话才会产生一种极致的服务，这样客人对我们酒店的满意度才会上升，这个就是我们现在在做的一些做法，谢谢！

王俞： 谢谢王总，我中间插播一下，陈长春陈总确实是远方网的创始人，现在也是仍然在远方，又受到了北京交通的影响，今天下午场本来想赶过来的，结果这一场我就邀请我上午场的主持人过来救场，再次有请漫宜的崇昌上场，替代陈总，欢迎。

李朋波： 您也是做民宿的，刚好我们提到标准住宿的痛点，您从民宿的方面有什么想法？

李崇昌： 长春没来，我帮他聊一下。我们以前做的东西完全不一样，我们做线下，他做线上。但线下大家知道都到农村去做线下，一会儿可以聊一下。实际上也特别巧，我们今年刚改名，以前我们叫漫宜度假，这边正好是有唯恩私人度假。现在把微信的名字都换了，不叫漫宜度假，叫漫宜生活，正好这边是亚朵生活，特别巧。

有很多人认为"度假"，刚开始创业，或者有点高大上的想法，我们要做一个独家的公司，在2015年的年底，我们当时跟一个游学的团在台湾待了半个月，回来以后我就不做度假了，我感觉应该做生活。真的说句实在话，我们不说一国两制的问题，就说大陆人吧，我们其实连生活都没生活明白，不要去谈度假。可能在国内很多状态下，实际上都没有生活，因为我们现在做的也和长春做的比较类似，做民宿。

回到我们刚开始创业时的想法，回归到郊区休闲的生活，比如像北京大都市周一到周五都很烦的，在周末好好待一待。未来这种高品质的生活可能就是度假了，慢慢地不是以住宿为主了。可能大家体验过北京郊区的住宿，相对来说是比较差的，为什么还要花15元、20元走高速，在高速上堵得厕所都上不了，还去住一个那么差的环境呢？根本原因在哪里？我们琢磨了很长时间，根本原因还是向往那样的生活，所以能忍受高速上堵车，高速上没地方上厕所，实际上我们房间的条件也不太好，卖三四百的房间，有时候真不如如家、汉庭，但为什么节假日订不到房，还是因为大家喜欢这样的生活。住宿生活的一个方面，希望能在民宿方面有一个特点。到我们店住宿以后吃到农民自己园子里种的菜，我们都有配套的果园，在果园里进行采摘。请一个老师过来，节假日带孩子过来，搞石头的彩绘，做一个小东西带回家。

这里提到一个民宿的基本保障，我们基本上是舍不得贴墙纸的，但尽量能把他接触到的用品，毛巾、拖鞋、牙具这种在农村实现标准化，或者我们在北京的四个店，都是在周末用自己的物流车拉去清洗之后再配送过去，我感觉在北京还没有这样做的连锁的客栈。但每个店你从怀柔、密云都拉到城里去清洗，这个成本非常高，保证基本的品质，剩下的民宿里面体验一个乡村、郊区休闲的生活，慢慢这个生活达到一定品质之后可能往往就是度假，这是整个漫宜所谓的一个模式或者整体的思维系统。当然因为现在民宿比较火，我们在云南有两个合作的客栈，有参与投资。在清迈有家店，自己做一些简单的city walks的活动。主要还是做北京，因为只有北京我能看懂，实际上有些地方的民宿我不是完全看懂了，我觉得北京的需求是非常强烈的，因为我跟自己的朋友聊天，大家到北京周边向往田园生活这一点还是非常好的，民宿来做还是非常不错的，谢谢。

韩雨霏： 因为刚才几位老总都讲了蛮多的，我就不再讲理论上的东西了。我讲一个自己的亲身经历，两年前在一次去美国的飞机上碰到了一个朋友，非常有经济实力的一个董事长，一位姐姐。我问她你这次去美国做什么，她说我要为儿子看看房，因为两年前去美国买房的人特别多。我说您在美国住哪个酒店呢？要是近的话请您吃个饭。她说我这次不住酒店，是住在某个区里，我说是您朋友家里吗？她说不是。她说这次看房有七八个朋友,来之前统一思想一定不选择酒店,我们的目的很明确是买房,不是说我们住不起酒店,而是要真正地体验他们这次锁定的几个区域,她说她要在那住一段时间,要体会那边的安全、环境,周边的基础设施,是不是真的能符合一两年之后我们要在那生活。我还觉得蛮奇怪的,因为两年前在非标住宿来说还不是那么热潮,所以我怀着这种好奇的心理就去拜访了她。我去了这个家庭之后第一发现非常有家庭气氛,八个人住在一起非常开心。第二可以解决一些非常实际的问题,比如做饭,他们每天可以自己做饭,饭后还可以在园子里做烧烤,真的像在美国生活一样。

近几年我发现周边的朋友尤其在买房,还有想给孩子寻求上学的,他们对非标住宿的需求非常大。但为什么像我们这样的旅游定制公司目前对非标还不是作为我们主推的项目,就像刚才潘总所提到的,因为现在对整个行业的规范化、安全性,我们确实对民宿和民标,自身还是有一定的不确定性,所以我们也担心万一由于我们的一些知识掌握的稀缺或者一些漏洞造成了我们在服务客户上出现了一些问题,但是从我自身来讲的话,我觉得非标住宿将会成为日后的一个潮流。

刘赵平: 正好引出了这个话题,前一段时间有人讲起来关于新业态、网络租赁、非标住宿里面常见的几个坑,比如关于安全性、合法性,请问一下各位就你们自己所在的公司,你们是如何解决这些方面问题的。

潘采夫: 这个可说的非常多。先谢谢安利给我们分享的经济住宿的方式,刚才讲的都是我们认同的,也是我们在做的。另外跟王总这声明一下,我没把你列入标准的住宿方式里面,实际上不管是在线短租,还是有人文气质的小型主题酒店,还是民宿,都是未来的方向,它都是在进行一个个性化消费方式,包括私人定制旅游,真是有可能结成一个上下游关系,大家同时进行个性化生活方式推动的事情。

刚才您说的分享经济住宿里面的坑、痛点,或者普通消费者不太放心的地方,是小猪一直在做的。小猪从2012年开始做,当时很少有人了解共享经济,政府也不了解,消费者也不太了解,那时候推行是比较难的。

通过这两三年的搭建,这个体系已经基本上搭建完成了,比如说安全性的问题,有这么几套,一个是身份证、手机号、银行卡号这一系列实名制的对接方式,必须提供真实的实名信息、头像,身份证的信息会直接对接到公安部下面的国证通,如果你真的是通缉犯就不需要房东动手,就已经有警示了。另外小猪给房东这边提供了财产的保险,你当房东的时候会有申报你大概有多少的资产,这个其实就是两三年前Airbnb它的房东被租客洗劫了,他原来是没有保险的,一下就在全世界轰动了，说这个方式不行啊，不安全。Airbnb就痛定思痛给每一个房东全买了保险，只要你家里被洗劫了，最后可能拿到40万美元之类的这种保险。小猪给小猪的房东提供了这样的保险，包括刚才说的住在书店里的计划，小猪给这个书店提供了一百万的保额，如果真的有人住在你的书店把你的书给背走了，实际上是完全可以赔给他的。另外是房客有人身的保险，这是和小猪跟保险公司共同合作购买的。第一个房客是免费的，第二个客户你带着人来是两毛钱或者三毛钱一天，实际上接近免费，而且给他们提供一个人身保险，因为财产不好统计，房客背着一个包然后如果说我东西丢了，这个只能是公安来解决的，酒店里面也是这种方式。保险的制度这一方面，房东和房客都是有保障的。

另外跟像芝麻信用对接，你的芝麻信用分超过了良好，650元以上是免押金的，你的朋友圈又很好，信用良好，你在定小猪房子的时候，你自动免除押金，小猪去给房东交押金，替你去做人品的担保，如果你辜负了小猪，这笔钱就小猪出了。这都大大地提高你做坏事情的门槛，你做坏事被抓了，而其实增加了做善事求得善的回报的概率，如果对他有积极的评价，房客和房东的分数、排名都会同时一直往前走，形成一个很良性的互动效应。另外像政府，跟政府政策对接这一块，合法性问题，它跟Uber、滴滴打车是一样的，它现在是属于走在法律前边。

比如说小猪有房东是北京胡同的四合院，如果有外国人去住的话，东城大妈就开始举报。因为按照中国的政策是外国人到中国必须24小时之内去派出所备案去。只要有老外背着包往胡同里找房东一住，朝阳大妈、东城大妈、西城大妈就出动了，经常有房东向我反映，我们又被大妈给点炮了。就是这种现象和政策未必是对的，他有很多的土规则、土法律、土政策实际上是滞后的，我们是需要克服它的。

今年两会之前，发改委发了中国分享经济白皮书，其实也是影响两会风向的，其中就对分享经济做了非常正面的一种肯定，而且预测未来十年要十家巨头级的分享经济，在各个领域会涌现。李克强总理在两会上说了两次要推行分享经济，对它进行政策的扶持，要让它解决中国大量房子卖不出去的问题，人口失业率越来越高的问题，大量的农村人往城市涌的问题。农村如果你有很漂亮的房子，不错的风景，你就不用到城市里来了，你回到家里去做一个小的房东，做一个小的创业项目就可以了，正好迎合了万众创业的环境。

实际上从整个趋势来讲分享经济是被政府推动的，他们希望解决房地产前十年大力推进留下的一些遗留问题，所以刚才您说的痛点或者坑的问题小猪进行了这样的一些实验和探索，总体消费者是很认可的，出事率、投诉率是非常低的。

大家认同这个方式的时候，他会很珍惜自己的行为，你会发现他在推动整个社会交往结构的进步，如果大家有兴趣可以尝试一下，挺有意思的一件事。

王凯：背包客我接触的不多，我只能谈谈周边的朋友。我身边有一个朋友专门搜集星巴克的杯子，他有两百多个，在全国应该说也是排得上号的，他一个人住，房子也很大，所以他就找了专业的摄影师去拍了照片，把他家里挂到Airbnb上，而且很贵，两千多块钱，超过上海一线五星级酒店的价格，我说为什么挂这么贵，能卖出去吗？他说从内心来讲我就想做一个展示，并不想出手。

后面真的有很多人，可能是有这方面的一些爱好，对这个星巴克杯子的文化有分享的爱好，跟他联系了，前后大概有六位客人跟他联系，他一单都不接，讲到最后的观点，我可能出差或者不能24小时待在家里保证安全性的问题，这个也是很多现在这种房东，真正意义上是自己房子的房东会担心的问题，因为信任缺失，这个问题是需要解决的第一个坑。

其次从政策上来讲，现在我们做这种连锁酒店，真的怕出事，因为现在出租车和专车的情况，专车完胜，原因就是群众力量是非常大的。为什么现在非标住宿没有对标准住宿产生那么大的影响呢？政策是很大的因素。我们现在做得很完善的叫无停留门店，你在退房的时候没有人查房，押金也不用管，你把房卡一放就可以走了，如果有什么问题的话酒店都买单了。但我们做不到无停留入住，不是说技术上做不到，我们可以在线支付，通过手机刷房门都可以，唯一是我们需要身份证的实名入住的登记，这个我们不可能去挑战或者打破它，但我认为这是制约非标住宿的一个因素，住宿如果是集中式的还好，如果是分散式的怎么控制，或者即使登记了，是不是他本人，这也是一个需要解决的问题。

第三个，卫生。如果是分散式的，实际上你的房间谁来清扫，也是有问题的。集中式还好说，统一时间送去清洗，我在不同时间、地点、客人退房以后怎么第一时间把房间打扫出来，哪里运送干净东西进去，这都是要解决的问题。

另外还有一个感受，有一些客人他到一个城市选择非标的住宿模式，可能不仅仅是要一个住宿的环境，更多的是要属地文化、属地的交流，我到这个地方到哪里吃饭比较好，或者就想跟当地的人进行交流，去领略一下风土人情等。在国内有很多二房东的房，里面是没有人的，只有房东在操作，这个就跟原先设计背道而驰了，客人得不到他想要的体验。这就是我想到的。

王俞：非常感谢，我们的陈长春陈总现在加入我们了，邀请陈长春加入我们。

陈长春：非常抱歉，刚才外面办了一些事情，进来的时候堵车了。我是来自远方网的陈长春，也是第三次登上这个台跟大家见面了，我之前一直做深度旅游攻略，做内容营销，在这个行业里做了八年，从去年我们开始深度地往下沉，在探索乡村度假这一块。我们的宗旨是把农村的很多闲散的农宅以及原来的农家乐进行一个盘活和提升，让它能达到一个更高的水平来服务客户。在这种情况下，我们就开始下沉直接改造这些农家院，改造原来已经经营的农家乐，让他们能在服务上比以前有所提升，正好提升到当前消费市场所能认同的水准，说句比较时髦的话，我们的确在贯彻国家的供给侧改革和消费产业提升，我大概就介绍这些。

刘赵平：我想还是留点时间给观众互动一下，哪位有问题可以举手。

提问：想请问潘总一个问题，我是比较关注小猪的，您之前说的书店的活动我也有参加，这个给独立的书店也提供了一个全新的思路。我最近在研究Airbnb可能会形成一个种族歧视，或者职业区别，我想问的是小猪短租会不会也会遇到类似像Airbnb这种情况，或者您觉得它跟Airbnb有哪些不一样的地方？

潘采夫：谢谢，还真是个新问题。Airbnb那个研究结果，我觉得是一个现实世界的投射，不是来改变这个世界的一个公益组织，它实际上只是现实世界的一个真实的映射。不仅仅是Airbnb，在所有其他经济循环里都会发现这个状态存在，可能会得出所有领域黑人的待遇都不行，入住、拒签的概率都是比较高的，其实中国也是有发生的，因为中国有自己的政策。包括很麻烦的一件事，外国朋友入住的一个问题，如果房东老是被大妈举报，你是不是间谍，调查前世今生的，房东就烦了就不干了，所以有时候真的别人问我们的时候，外国朋友如果你真的觉得很麻烦，就有一个标签，是否接待外国朋友里有一个选项点否，他就住酒店嘛，既然整体的社会环境是不欢迎他住到普通民宅里的，那就只能去遵从这样的政策、规定，我们不可能改变它，如果真的硬抗着可能就被干掉了。

另外是我们自己特有的特定民族的住宿问题，可能会遇到不方便，但确实是一种存在，我们做这种东西的时候心里也很难受，但确实情况就是这么一个情况，你只能慢慢地去改变一些东西，但你说的那个问题是存在的，这是我的一个答案。

你第二个问的是小猪跟Airbnb有什么不太一样的地方，其实刚才王总也提到一个痛点，Airbnb的创始人创立之初的时候，是以沙发、单间分享为出发点的。包括我现在在西单我们家里出租了家里其中一个卧室，可以跟我一块租，我也是二房东，买不起西单的房子，房东也是同意的，而且我一个月只做两单。小猪和Airbnb的区别，小猪一直遵从出发点的精神，小猪是一个开放性的平台，有时候一整栋楼都加入小猪了，在Airbnb上职业房东的比例是上升的，个人房东是在下降的，绝对数字是没有变的。这个也是Airbnb头疼的，也是小猪面临的问题，小猪现在个人房东的比例高于Airbnb，但发展一定会存在这样的困扰，虽然有些职业房东的体验、接待都很好，但从整体来说是不如个人房东有个性化的交流，对对方都很贴心，它可能只是推行一套标准化的东西。

所以一个有个性化的有未来性的产品到了一定大规模的时候，往往会成为一个庸俗的产品，这个跟滴滴打车有点像。我经常说滴滴的朋友，我说你们就是一个超级大出租车公司，他们想了想未来我们是这样的，就成了一个垄断的出租车公司了。小猪现在只能尽量地鼓励个人房东，压制职业房东，设置更多的标准，如果投诉过多，就干掉了，而且我们一般去推广个人房东的住宿，不去推广职业房东，但我想大家面临的问题会是相同的。

刘赵平： 这是一个很好的问题，我插两句，最新的行业报告出来，把以色列的一些有争议的房间也放在Airbnb卖，就问你的立场到底是什么，把很多政治的或者其他宗教因素放进来的。

提问： 我是武汉市中南财经政法大学的，我们市的大学生创业跟旅游酒店这一块都已经打通了，我问一个很具体的问题。类似远方网这一块，我们湖北省公布了一个计划，要在全省做两千个美丽乡村，我是具体参与了一些美丽乡村建设的，其中一条是住宿很难保证品质的，这一点是直接导致将来这种投资是浪费的。我很关心的，你们这一块有没有比如到北京以外的地方做指导或者咨询，或者开连锁这样的业务？

陈长春： 这个问题正好问到我们的核心业务，我昨天刚刚从河南的新县回来，包括在那参会有湖北广水、湖北麻城一带很多的朋友，他们也在探讨这个问题。我们现在的业务马上就要面向全国来复制我们的培训业务。

我们要教给当地的农民来做住宿接待，整理卫生，以及基本的农家餐饮，因为现在的农家乐，其实是他们在模仿城市里的很多餐厅的业态，但事实上很多去农村享受农家乐的一些人，他们本质不是要吃一桌子特别丰盛的菜而是要吃最地道的农家菜，我们把这个信息采集到之后让它实现一个在地化的研发。我们团队要进入一个地方大概进行两个月的时间，手把手地盯着他们能把服务达到市场认可的标准才放到我们的平台上来面向游客推荐。

提问： 我自己就是麻城人，在当地有一个咨询机构，我很想邀请您到时候回我们麻城那边做这样的培训，因为我是那边的顾问，它是36个区的中心地带。另外一个问题提出来，可以不用回答。问一下王凯老师，您这个业态的形式，我非常感兴趣，因为大学生实际上是钱不多，但很想上点档次，你们亚朵酒店有想在武汉开店的计划吗？

王凯：我们很想在武汉开店，目前还没有找到物业，我们会后再联系。

提问：王总是做连锁的，两边是做民宿，民宿能不能做连锁，如果能做的话哪些方面做连锁？

李崇昌：我们就是在做民宿的连锁，可能跟王总不一样，我们做的是北京人的生活，基本上是为北京人服务的。王总做的这个是外地人去，比如我去西安的店，我去亚朵体验一下，但西安人一般不会，刚才有建议说情人酒店什么的，那是一个方向，但一般来说本地人不会去，偶尔看看咖啡厅啊。这个目标市场不太一样，所以理论上没有太多客群上的冲突。

连锁这个事，未来我跟潘总可能看法稍微有一点儿不同，我觉得民宿要做好，必须是二房东。某种意义上来说，如果一房东能把民宿做好，那我们中国可能几年前就应该出现好多好品质的，像中国台湾、日本，正因为我们本地的某种情况，可能做两个月的手把手培训，我觉得都不一定够，可能半年还得过去指导一下。我觉得很有可能他们有很好的景点或者旅游区的资源，但需要向专业的二房东或者从酒店出来的这些人来做二房东，把真正的民宿做出品质和符合都市人生活需要的产品，所以真正一房东，因为有可能有自己的工作和别的不专业的情况，比如最简单的一个问题，就是布草。作为一房东，我们都了解村里怎么做，买洗衣机，洗衣机洗床单，咱们自己顶多洗俩，但他们可能洗三四条，第一洗衣机很快就坏了，第二如果洗不过来就不洗了。我可以百分之百说他们不可能做到一客一换，五一、十一是做不到的，做不到就不换了，又没有专业设备，消毒、烘干，最后导致水平不高。

像我以前出门觉得床单不干净，自己带床单、睡袋，这种休闲其实很不爽，但你也知道一房东不可能上一个洗消毒的系统，买个洗衣机就不错了，客人来了之后东西还没干，他能拒绝吗？都是说没问题，刚换的。所以有时候我们要承认，目前这个阶段我们需要二房东来解决供给侧改革的问题。虽然我们现在北京四家店，但每家店都不一样，房型不一样，周边环境不一样，只要基本你的布草、卫生做的一样就可以了，就是连锁的标准，在一些环境上是完全不标准的，可能有的是长城，有的是水库，你在整个业态上有可能存在一些大环境的不标准，但还是在基层层面的确保要做到连锁平台的管理。

陈长春：首先大家怀疑连锁和民宿的矛盾，一点是装修风格，标准与非标准的差异化，如果大家去到每一个郊区住到的都是如家这样的地方估计大家就没有兴趣去度假了。我再回顾一下意识问题，大家过去住民宿都是跟主人有点聊天，想了解一下文化，但主人和主人意识是两码事，如果能把主人意识从员工身上焕发出来，每个人住到这个酒店里，哪怕服务员也感觉到像海底捞一样的服务员，觉得这个店是他自己的，这样大家想到的东西是实现了，不管你的身份是什么，总之大家享受到了服务，我觉得这是从管理上要解决的问题，而不是从它的基因上要解决的。

刘赵平：我之前上课带学生参加一个民宿的会，结果同一天在杭州有两个民宿的会在开，有一点大伙一拥而上的感觉。我的学生做完调研之后说大部分的民宿都不挣钱，两类挣钱，一类是做设计的，就是替民宿做设计的人。第二类是做培训的，所以陈总抓这个点还是非常准的。

提问：我想给王总表一下自己的忠心，我很喜欢王总的品牌，而且有幸成为白金卡的会员，亚朵在转型过程引领了很多发展的趋势，比如书的文化、摄影等主题引进，现在很多酒店都在模仿您了，我想请您再给我们说一下如果亚朵继续保持这样的引领创新的话，有没有什么核心的不容易被模仿的东西，您想在这个品牌当中体现出来的。

王凯：这个跟亚朵创始人是非常有关的，他自己就是非常创新的。第二是容许试错，这大的框架下，我们做这样的一些尝试。另外一点，还是回到根本的话叫始于酒店，不止于酒店，今天做的创新都是把最核心的点做好、服务好客人，客人满意以后，对这个品牌才会产生一种强的信任感，以后才能做很多的连接，如果今天大家做了很多之后都觉得亚朵产品很差、服务很差的话，我再介绍别的东西他完全不敢买。所以说我们觉得还是要回归本质，把我们自己酒店先做好，然后再去做创新的事情。

其实不存在别人来模仿啊，我们做的有很多的服务，也是在模仿别人，其实是一个相互学习、相互进步的过程，我们希望把每一个客人都服务好，提高我们的均客满意度，谢谢。

刘赵平：最后结束之前，刚才潘总两次想说点话，给您一分钟时间再补充一点，陈总因为来得晚再给您一次发言的机会。

潘采夫：我本来刚才想回答王总关于痛点的问题，我们俩刚才已经私下交流过了，关于入住系统、安全这一类的，我突然间不想说这个。我想分享一个一分钟的小故事，上一个主持人说了Airbnb关于种族歧视的，是不是有一些社会的负面影响的东西，我突然想起来这两天看的一个新闻，写的关于优步，优步在阿拉伯世界起到什么样的社会正向作用，因为阿拉伯非常严苛的教育，妇女不能露面，不准单独上街，优步扮演了一个社会解放的利器，阿拉伯妇女在家里拿着手机叫车，因为她们是不能开车的，男性司机直接从家里接了阿拉伯妇女，阿拉伯妇女把自己打扮得很香艳跟司机交往，完全不会违反我们的教律，可以自由地跟任何人交往，可以去谈恋爱等一系列的东西，会发现互联网和分享经济会推动一些事情，它有一些正向的东西和负面的东西，最终的效果可能还要再过几年再来进行总结。

陈长春：刚才提到民宿，跟我在一起聊民宿的朋友特别多，特别是万众创业的形势下很多人想创业，大的创业条件比较艰苦，很多人选择了容情怀与利益为一身的民宿行业，觉得这是一个很好的行业，所以会出现刚才讲到很多人一窝蜂来做民宿这种情况。

因为我是深有体会的，我前面做了八年客栈联盟，这些客栈很多也是民宿的前身，包括我现在做的和高端的客栈都多多少少有交叉。而我身边见到的那些老板，其实不是你们想象的那样，他们要么是做设计师出身，要么是做传播出身，其实自己是在变现自己的价值。也就是说他赚民宿那个钱，大部分是他同时给别人做这个设计，可以赚出来的钱。

民宿本身，如果说你请一个设计师，或者再请一个传播人员做营销，你自己基本上是不赚钱的。如果在座各位有想做民宿的朋友，我给大家一个建议，不要把你消费型的行为转化为经营型的行为，喜欢民宿说明你喜欢住民宿，它和喜欢开民宿是两回事；喜欢旅游和喜欢做旅游也是两回事，千万不要上错了船，谢谢。

刘赵平：始于消费者，终于消费者，在结束之前我想做一个小调查，大家用比如途家、小猪、蚂蚁短租，真正使用过订过房的，请举手，我看看有多少。哦，在我们旅游圈里面占的比例还是比较大的，所以说今天五位嘉宾给我们就分享经济和住宿业的一些创新、颠覆做了非常精彩的演讲，大家掌声鼓励一下表示感谢。

关于最后的所谓非标住宿或者分享经济的未来也是众说纷纭。最早期的时候，就是在西方酒店行业有一次开会的时候，应该是两三年以前，曾经有人问，你们认为这种所谓的Airbnb会不会给酒店业造成冲击？可能是上千人的会场里，只有四五个人举手认为会造成攻击，所以我们做传统酒店业的人，可能相对来说对非标住宿或者共享经济这一块的冲击，稍微有一点反映不够那么灵敏。

也有另外一个说法，但可能也是另外一个极端，我上课的时候经常说一个漫画，一个骆驼，非标住宿最初出现的时候，不会冲击酒店业，伸进一个头来；再过一会儿，身子进来了；再过一会儿整个骆驼进来了，把原来这个人就挤出来了。最后是拿这个漫画结束我的课，也给咱们今天做一个警示。

在座的各位都是做分享经济和非标住宿的,希望未来的生活当中非标住宿或者分享经济能发挥更大的作用,我们的板块就到此结束,谢谢大家。

(十)总结与会议闭幕

王俞: 感谢各位嘉宾分享,各位嘉宾所带来的企业真是各有特色。如果各位嘉宾有合作意向的话,可以在会后跟各位嘉宾进行深刻地交流。我们接下来就是,我们的论坛即将结束,现在有请酒店管理学院的院长谷慧敏教授对今天的论坛做一个总结。

谷慧敏: 非常感动到了这个时间还有这么多的人,我想能充分说明本次会议应该说是非常成功的,应该说年年岁岁花相似,岁岁年年人不同,今天我们又回到了第一届同样的地方,我们讨论的主题是相同的,但我们讨论的话题又不完全相同,参与讨论的人有相同的地方,参与讨论的人又有了许许多多不同之处,特别欣慰的是通过我们这个平台孵化了很多的企业,像张会长上午所说的,在我们这样一个大平台下,我们催生出了许许多多中国的旅游和酒店中的创业的企业以及创业家。

我最后用3分钟的时间做一个很简短的总结,我想我们这一次会议有两个特点。

第一个特点是务实,应该说在座各位都参加了各种各样的会议,我们这个会议大家可能看得出来也是二外开会里面唯一一个不请校领导参加的会议,因为我们认为会议的本质在于交流,所以我们把最宝贵的时间完全留给我们在座的嘉宾,与会的成员,我们不做任何花絮的官样文章。而且这一次所用的地点也很朴实,各个方面非常俭朴,包括中午的时候各位所就的这一顿餐也是响应整个国家的号召,非常简朴的一顿餐,相信大家会比很多去五星级酒店的感受更深,因为大家又重新回到了大学校园,重新又回到了那曾经让你留恋的青春的岁月,那么所钟爱的大学的食堂,这是我们的一个宗旨所在。

第二个特点,充实。目前为止我们有两个重量级的主题演讲,还有三场嘉宾论坛,除此之外还有来自于满洲里的美轮美奂的主题介绍,等等,尤其是我们在整个讨论过程之中,三届的主题以及参会人的讨论话题印象非常深刻。第一次大家说非常多的而且很激动地在说融资,在说投资,在说风投、烧钱等,当然展示了当时整个业态的情况。第二次探讨了比较多的商业模式、一带一路、政策等方面。但今天这一次让我特别地感动,因为就像各位嘉宾们所讨论的一样,我们今天回归了创业的本质,我们除了谈这些外在的因素,以及各个方面以外,我们今天更多地谈到了品质、工匠精神、商业模式,我们所有的产品、服务、市场、垂直细分,还有我们更高兴的是我们今天请到了很多人在谈论更务虚一点的价值观、人文、文化等，我想这些大家能看得出来我们已经把创业从过去的单纯的功能性的商业层面，更多地上升到更高的文化，以及意识形态乃至于成为全人类包括各位所提到的生活层面。

所以我相信生活之树是常青的，只要有生活，我们的创业源泉就会取之不竭，我相信我们的会议会越来越成功，最后代表会议整个的主办方，支持方向参与本次大会的各位嘉宾，各位与会代表表示衷心的感谢，没有你们的支持，就不会有我们这样一个活动。在这个地方，也代表整个会议的主办方，对宣传我们此次会议的媒体代表表示感谢，同时也对为我们提供整个技术服务的北二外的教育教学中心，所有的这些老师，在周末的时间里为我们提供服务表示感谢。此外也感谢我们许许多多的幕后英雄，同时包括我们北二外的酒店管理学院的本科生、研究生，没有你们的自愿，没有你们的情怀，我想我们这样一个会议也难以达到目前的状况。

今天实在是不应该把大家圈在室内，外面的风光非常美丽，但正因为如此，我们能看得出来大家有共同的理想、共同的情怀、共同的目标以及共同的需求，我相信在我们这样一个共享经济的背景下，通过我们大家共同的努力，中国的旅游创业者会更加的长袖善舞，我们也会在一个更大的平台上成为更杰出的创业企业。我记得前不久的时候看到一个数据，全球前二十位的创业公司里面，最具价值的创业公司里面有两家是中国的公司，小米和滴滴。我特别希望未来的排行榜上有来自旅游和酒店业的创业公司，而且我相信这个目标一定会实现，而且一定会在不远的将来就能实现。所以最后我们期待明年再相会，预祝各位代表返程愉快，谢谢大家。

刘腾飞：谢谢谷院长，今天留到现在的都是真爱。我们感谢大家。

王俞：感谢大家参与我们的论坛，能参与到现在的绝对是我们的铁杆粉丝，有愿意合影的，可以上来合影，再次感谢大家。我们明年峰会再相见，祝大家返程愉快。

附录1

第二届中国旅游创业高峰论坛（2015年）
论坛主题：融合创新　跨界共赢

李克强总理在2014年夏季达沃斯论坛开幕式上指出，"在960万平方公里土地上掀起一个'大众创业''草根创业'的新浪潮，中国人民勤劳智慧的'自然禀赋'就会充分发挥,中国经济持续发展的'发动机'就会更新换代升级"。在这种大时代、全民创业背景下,旅游行业迎合时代潮流,市场需求不断增长,旅游消费不断升级,跨界融合助力创新驱动发展,给国内旅游创新创业创造了巨大的市场潜力和机遇。新一代旅游创业者以不断变化的需求为中心,不断融合其他产业要素,对产品设计、商业模式、营销方式等方面进行颠覆式思考。旅游与金融、商务、信息、交通、健康等各方面融合,发展新型旅游产品、新型旅游业态,旅游产业发展日趋多元。本届论坛以"融合创新、跨界共赢"为主题,力邀政产学研媒及旅游行业跨界创业代表,对当前中国旅游产业创业创新发展进行深入探讨,给业界以指引,给市场以方向,推动中国旅游业继续创新发展。

指导单位：中国旅游研究院

主办单位：北京第二外国语学院

中国旅游创业家协会

承办单位：中国"一带一路"战略研究院

北京第二外国语学院酒店管理学院

中国旅游研究院饭店产业研究基地

爱方得创业网

媒体支持：《中国城市报》《旅游众贯线》《中国国家旅游》《旅游世界》

活动支持：活动行

特别鸣谢：芝麻游　八爪鱼在线　小猪短租

时间	内容	嘉宾
4月18日上午		
8:30~9:00	签到、暖场	
开幕式主持人：江新兴,北京第二外国语学院科研处处长、教授、博士		
9:00~9:05	介绍论坛及与会嘉宾	江新兴,北京第二外国语学院科研处处长
9:05~9:10	北京第二外国语学院领导致辞	邱鸣,北京第二外国语学院副校长
9:10~9:15	中国旅游创业家协会领导致辞	张德欣,中国旅游创业家协会会长

续表

时间	内容	嘉宾
9:15~9:35	"一带一路"的宏观叙事与旅游领域的创业想象	戴斌,中国旅游研究院院长
9:35~9:55	"一带一路"与国家旅游形象	白长虹,南开大学旅游与服务学院院长
10:00~10:20	《中国旅游企业创新创业年度报告2014》发布	李彬,北京第二外国语学院酒店管理学院讲师、博士 温婧,中国旅游创业家协会秘书长
4月18日上午 主题演讲与研讨（主持人：谢中,米线用车创始人；王俞,北京第二外国语学院酒店管理学院副院长、讲师、博士）		
10:20~12:00	议题一：大数据与智慧旅游	主持人：钟栎娜,二外旅游管理学院旅游营销与电子商务系主任、博士
10:20~10:35	主题演讲1：大数据时代的旅游服务质量监控	焦宇,慧评网总经理（众荟旗下）
10:35~11:10	主题演讲2：构建目的地区域一体化智慧旅游移动O2O平台	陈龙军,泰久信息总裁
11:00~12:00	研讨部分：大数据与智慧旅游	研讨嘉宾： 胡洁,去哪儿网集团VP&门票事业部CEO 吴惠恩,台湾智慧旅游产业协会理事长 万澜,途牛北京公司总经理 王成昊,携程地面业务部北京区域总监
12:00~13:30	午餐/午休	
4月18日下午 主题演讲与研讨（主持人：谢中,米线用车创始人；王俞,北京第二外国语学院酒店管理学院副院长、讲师、博士		
13:30~15:00	议题二：泛旅游与融合创新	主持人：朱峰,华威国际投资副总裁
13:30~13:45	主题演讲1：共享经济浪潮下旅游出行方式的嬗变	王嘉明,PP租车联合创始人兼CMO
13:45~14:00	主题演讲2：旅游金融——旅游业竞争的一张新王牌	聂宇晗,正美旅行网总经理

续表

时间	内容	嘉宾
14:00~15:00	研讨部分：泛旅游与融合创新	研讨嘉宾： 王京凯，世纪明德VP 任静，指南猫CEO 蒋理，无忌游总经理 雷世斌，爱飞行俱乐部VP
15:00~16:30	议题三：社群粉丝与旅游营销	主持人：苏娟，她生活CEO
15:00~15:15	主题演讲1：社群粉丝构建与发展	章蔚，住友酒店集团VP
15:15~15:30	主题演讲2：社区和电商	黄天柱，在路上联合创始人
15:30~16:30	研讨部分：社群粉丝与旅游营销	研讨嘉宾： 张文龙，周末去哪玩CEO 周彤，穷游网联合创始人&VP 杨薇曌，银河快车COO 张强，唯恩私人度假CEO
16:30~18:00	议题四：新常态与微细分旅游	主持人：冯钰，童子军户外网创始人兼CEO
16:30~16:45	主题演讲1：微细分与旅游产品创新	秦宇，北京第二外国语学院酒店管理学院酒店管理系主任、教授、博士
16:45~17:00	主题演讲2：挖金商务旅行管理中的旅游业务	俞涛，美亚商旅集团董事、副总经理
17:00~18:00	研讨部分：新常态与微细分旅游	研讨嘉宾： 熊皓，舌尖旅行CEO 栾杰，趣旅网CEO 侯旭，乐游旅游CEO 周旭东，游啊游旅行网 CEO
18:00~18:20	颁奖环节	中国旅游创业先锋榜(创新实践奖颁奖)
18:20~18:30	总结及闭幕致辞	谷慧敏，北京第二外国语学院酒店管理学院院长、教授、博士

附录2

第一届中国旅游创业高峰论坛（2014年）

论坛主题：心怀天下　创业未来

会议宗旨：党的十八大报告中提出，"鼓励多渠道多形式就业，促进创业带动就业"。"中国旅游创业高峰论坛"旨在打造旅游创业家与旅游企业、教师、学生等的交流平台，促进旅游创业领域的实践与研究，为推动我国旅游创业活动的开展和旅游创业企业的发展提供智力支持和决策参考，也为大学生提供旅游创业的知识与经验。

指导单位：中国旅游研究院

主办单位：北京第二外国语学院酒店管理学院
　　　　　　中国旅游创业家协会
　　　　　　北京鹏游天下旅游文化有限公司

协办单位：红河旅游　南浔古镇　中游在线　在路上　驿家365连锁酒店

协同支持：银河快车　世纪中润　旅游创业会　旅游磐石会

视频支持：红宁导演工作室

现场互动支持：微信大屏幕

媒体支持：新华社中国图片社　人民网　央视网　中国经济时报　中央人民广播电台　腾讯旅游　远方网　全球泛户外网　劲旅网　懒汉互联　搜狐旅游　乐途旅游网　旅游创业家

会议时间：2014年3月1日（星期六）、3月2日（星期日）

会议地址：北京第二外国语学院竞先厅（3月1日，星期六）、北京第二外国语学院求是厅（3月2日，星期日）

会议日程

时间	内容	嘉宾
3月1日上午 开幕式（主持人：江新兴，北京第二外国语学院科研处处长、教授、博士）		
8:00~8:30	签到、暖场	
8:30~8:45	中国旅游研究院领导致辞	戴斌，中国旅游研究院院长、教授、博士

续表

时间	内容	嘉宾
8:45~9:00	北京第二外国语学院领导致辞	朱佩芬,北京第二外国语学院副校长、教授、博士
9:00~9:05	中国旅游创业家协会领导致辞	张德欣,中国旅游创业家协会会长
9:05~9:10	中国旅游创业家协会向北京第二外国语学院赠送50周年校庆礼物	朱佩芬,北京第二外国语学院副校长、教授、博士 张德欣,中国旅游创业家协会会长 束菊萍,二外校友、铂涛菲诺集团发展副总裁 温婧,二外校友、中国旅游创业家协会副秘书长
9:10~9:20	中国旅游创业家协会与北京第二外国语学院酒店管理学院、旅游管理学院战略合作签约仪式	张德欣,中国旅游创业家协会会长 谷慧敏,北京第二外国语学院酒店管理学院院长、教授、博士 殷敏,北京第二外国语学院旅游管理学院书记
9:20~9:40	间歇	全体参会人员
3月1日上午　主题演讲与研讨(主持人:段冬东,佰程旅行网COO;王俞,北京第二外国语学院酒店管理学院院长助理、讲师、博士)			
9:40~9:50	《2013中国旅游创新创业年度报告》发布	秦宇,北京第二外国语学院酒店管理学院酒店管理系主任、教授、博士 李彬,北京第二外国语学院酒店管理学院讲师、博士
9:50~10:10	互联网究竟改变了什么	任鑫,今夜酒店特价创始人
10:10~10:30	在路上的APP社交旅行	浦明辉,在路上CMO
10:30~10:40	银河快车的微旅行创新	伍鄯轲,银河快车创始人
10:40~10:50	移动互联网大潮下云南旅游的红河时代	王伟,红河华天文化旅游董事长
10:50~11:30	研讨议题一:移动互联网与旅游业的未来	主持嘉宾:沈卓立,TouchChina创始人 研讨嘉宾: 张文龙,周末去哪玩创始人 蒋子牛,腾讯QQ旅游执行总裁 李宏,北京第二外国语学院旅游管理学院副院长、教授、博士 李世栋,E地游创始人 安然,互动阳光总经理

续表

时间	内容	嘉宾
11:30~13:30	午餐/午休	
3月1日下午　研讨会议（主持人：段冬东，佰程旅行网COO；钟栎娜，北京第二外国语学院旅游管理学院旅游营销与电子商务系主任、讲师、博士）		
13:30~14:30	研讨议题二：旅行社，向左走，向右走？	主持嘉宾：孙憪，旅游创业家协会秘书长 研讨嘉宾： 段冬东，佰程旅行网COO 伍鄯轲，银河快车创始人 龚德海，世纪中润总经理 丁凯，中游在线总经理 齐春光，途牛北京公司总经理
14:30~15:30	研讨议题三：酒店业内部创业与创新	主持嘉宾：秦宇，北京第二外国语学院酒店管理学院酒店管理系主任、教授、博士 研讨嘉宾： 高树军，驿家365连锁酒店董事长 王京，去哪儿网酒店事业部高级总监 赵昂，布丁酒店移动电商总监 束菊萍，铂涛菲诺发展副总裁 刘达，住哪网CEO
15:30~16:30	研讨议题四：旅游营销创新	主持嘉宾：魏长仁，劲旅咨询创始人 研讨嘉宾： 包奇宗，深度旅游策划创始人 贾建强，6人游旅行网创始人 张进强，魅力中国网创始人 陈长春，远方网创始人 赵丹丹，新华社中国图片社主编
16:30~17:30	研讨议题五：风险投资与旅游业的那些事儿	主持嘉宾：计静怡，法大律师事务所合伙人 研讨嘉宾： 郭佳肃，旅游创业家协会副会长（战略投资） 许谦，复兴VC执行总经理 陈亮，泰山兄弟创始合伙人 袁润兵，清科创投董事总经理 曾振宇，DCM董事 王猛，奇迹资本主管合伙人

续表

时间	内容	嘉宾
17:30~17:45	会议总结	谷慧敏,北京第二外国语学院酒店管理学院院长、教授、博士
17:45~18:00	论坛结束	
18:00~21:00	晚餐	地点:北京第二外国语学院国际交流中心
3月2日旅游创业企业经营管理创新研讨 (主持人:张德欣,中国旅游创业家协会会长;秦宇,北京第二外国语学院酒店管理学院酒店管理系主任、教授、博士;孙懔,旅游创业家协会秘书长)		
9:00~9:40	《如何迅速让你的微信粉丝量加速度增长》	张文龙,周末去哪玩创始人
9:40~10:20	《Wemedia成员的自媒体运营之道》	王嘉睿,北京周边游创始人
10:20~10:40	间歇	
10:40~11:20	《产品才是王道》	张卫国,旅行鸽创始人
11:20~12:00	《事件营销怎么玩?》	孔霸天,好卖顾问创始人
12:00~13:30	午餐/午休	
13:30~14:10	《凭什么收20%的服务费?》	张强,唯恩私人度假创始人
14:10~14:50	《旅游经理人,合格的当地游定制专家》	宋涛,旅行管家联合创始人
14:50~15:00	间歇	
15:00~15:40	《银河矩阵,品质一日游计调利器》	伍鄀轲,银河快车创始人
15:40~16:20	《大数据时代的传统旅行社何处去?》	汪博,智游啦CEO
16:20~17:00	《如何提升旅游产品的描述力——旅行是场精心的设计,线路与描述力谁成全了谁?》	陈爱春,远方网主编
17:00~17:10	会议总结,会议闭幕	

第六部分 中国优秀旅游企业发展大事记

（一）携程旅行网大事记

时间	携程大事件	出处
1999.10	携程网接受IDG集团的第一轮投资	豆丁网
1999.10	酒店预订量创国内酒店分销业榜首	携程旅行网
2000.3	接受日本SoftBank的第二轮注资	豆丁网
2000.11	收购国内最大传统订房中心现代运输	豆丁网
2001.10	接受以Carlyle Group为首的第三轮投资	豆丁网
2001.10	携程网宣布公司实现了盈利	豆丁网
2002.3	宣布收购北京海岸航空服务公司	豆丁网
2002.3	当月交易额首次突破1亿元	携程旅行网
2002.10	机票预订网络覆盖国内35个城市	携程旅行网
2003.10	推出全新360°度假超市，首推休闲度假旅游概念	携程旅行网
2003.12	在美国纳斯达克市场挂牌上市	豆丁网
2004.2	与上海翠明国际旅行社达成进军度假市场合作，进而获得了进入出境旅游市场的经营资格	豆丁网
2004.9	与招商银行联合推出国内首张双币种旅行信用卡	豆丁网
2004.11	宣布分红成为美国纳市首家分红的中国网络股	豆丁网
2004.11	注册会员数突破1000万人	携程旅行网
2004.12	斥资2000万美元建造现代化在线旅游技术服务中心	豆丁网
2005.9	进军商旅管理市场	携程旅行网
2006.3	推出全资子公司C-Travel公司，收购台湾最大的在线旅游服务供应商易游网的一小部分股权，这是携程上市后的首次正式并购行为	豆丁网
2006.3	度假出发地拓展至11个城市	携程旅行网
2006.12	携程网络技术大楼正式落成并投入使用	携程旅行网

续表

时间	携程大事件	出处
2007.5	推出国内首张商旅精英信用卡——中行携程卡	豆丁网
2007.6	携程大学成立	携程旅行网
2007.9	单月机票销售突破100万张	豆丁网
2007.11	携程旅行网英文网站全新上线	携程旅行网
2008.1	携程旅行网牵手旅游卫视，联手打造携程环球DIY	豆丁网
2008.3	携程度假体验中心登陆各大机场	携程旅行网
2008.4	携程收购中软好泰	携程旅行网
2008.5	商旅通智能报告发布	携程旅行网
2008.7	携程南通呼叫服务中心正式启动	携程旅行网
2008.12	携程推出国内首个航意险保单销售网络平台	携程旅行网
2009.1	携程CEO范敏当选中国旅游协会副会长	豆丁网
2009.2	携程斥资千万设立诚信服务先行赔付基金	豆丁网
2009.2	携程推出"自由·机＋酒"产品	携程旅行网
2009.6	携程被授予为"世博游指定旅行社"	携程旅行网
2009.11	携程会员数突破4000万	携程旅行网
2010.2	投资永安旅游（控股）有限公司旗下旅游业务	豆丁网
2010.3	收购汉庭连锁酒店集团和首旅建国酒店管理有限公司的少数股份	豆丁网
2010.3	"携程无线"手机网站正式上线	豆丁网
2010.3	携程收购中国古镇网	
2010.5.8	拥有超过1.2万个呼叫席位的携程信息技术大楼在江苏南通经济技术开发区正式落成，该区由此成为目前世界上最大的旅游业呼叫中心	豆丁网
2010.10	携程入围2010中国旅游集团20强	携程旅行网
2010.12	成立驴评网	携程旅行网
2011.1	携程南通呼叫中心升级为服务联络中心	携程旅行网
2011.1	战略投资订餐小秘书	携程旅行网
2011.2	携程旅行网与香格里拉酒店集团签署分销合作协议	携程旅行网

续表

时间	携程大事件	出处
2011.4	携程进军中小企业商旅市场	携程旅行网
2011.6	携程组织中国游客赴夏威夷直飞首航	携程旅行网
2011.8	携程获得印尼"鹰航假期"品牌在华独家运营权	携程旅行网
2011.9	携程"惠选酒店"频道正式上线	携程旅行网
2011.12	携程发布"中国差旅市场调研报告"	携程旅行网
2011.12	携程与万豪进一步加强全球伙伴合作关系	携程旅行网
2012.2	回购2500美元股票收购永安100%股权	豆丁网
2012.2	携程发布中国首个顶级旅游品牌"鸿鹄逸游"	携程旅行网
2012.3	携程推出全新国际机票预订平台	携程旅行网
2012.4	战略投资太美旅行	携程旅行网
2012.7	携程开创旅游产品"钻级标准"	携程旅行网
2012.8	携程海外酒店预订新平台上线	携程旅行网
2013.4.1	将星程酒店51%股份卖给汉庭，售价$270万	豆丁网
2013.4	携程全球门票预订平台上线	携程旅行网
2013.9	酒店无线订单比达40%超网站	携程旅行网
2013.10	携程应用国庆门票订单大增10倍	携程旅行网
2014.1	HHtravel携手奔驰进军旅游	携程旅行网
2014.1	战略投资途风旅行网	携程旅行网
2014.4	携程2亿美元投资同程旅游	携程旅行网
2014.4	携程发布"景+酒"套餐	携程旅行网
2014.8	Peiceline和携程深化合作：两家在线旅游巨头强强联合	携程旅行网&品橙旅游
2014.9	携程宣布购买精致世纪号邮轮	携程旅行网
2014.9	携程发布中文邮轮预订平台	携程旅行网
2014.12	携程力推两个"放心"	携程旅行网
2014.12	携程成为中国最大旅游集团	携程旅行网

续表

时间	携程大事件	出处
2015.1	携程控股Travelfusion 布局机票搜索	环球旅讯
2015.3	携程推可视化订单系统 动态展示旅行轨迹	环球旅讯
2015.3	携程正式对外宣布已与花间堂开启独家战略合作,与花间堂的合作将为用户提供更多的入住选择	环球旅讯
2015.3	携程将旗下的慧评网与PMS服务商中软好泰重组合并,成立了酒店大数据公司众荟,这被认为是携程实施了酒店B2B大数据战略的关键一步	环球旅讯
2015.5	携程战略投资艺龙旅行网	携程旅行网
2015.5	携程网联手铂涛集团和腾讯收购了Expedia所持有的艺龙控股股权,收购后,Expedia完全退出,携程持股约37.6%,铂涛集团持股约22.3%	环球旅讯
2015.8	携程Q2住宿预订、交通票务、旅游度假和商旅业务营收分别同比增长47%、45%、61%和34%,住宿和交通票务预订量分别同比增长55%和106%	环球旅讯
2015.8	Concur与携程商旅宣布达成战略合作	环球旅讯
2015.9	Priceline近期斥资1亿多美元在公开市场增持中国同行携程公司股票,Priceline截至2015年9月14日在携程的持股比例增至13.44%	环球旅讯
2015.10	携程口袋攻略新增栏目——"知名旅行家说",邀请国内知名旅行家或明星,根据自己的旅游经历特别为相应目的地口袋攻略撰写贴士	环球旅讯
2015.10	携程与去哪儿合并的形式为百度出售去哪儿股份,然后控股携程,百度用49%去哪儿股权换携程24%股权	环球旅讯
2015.10	携程与去哪儿结合:旅游标品市场大局已定	21世纪经济报道
2016.1	携程通过可转换债券的方式向印度最大的在线旅游公司MakeMyTrip投资1.8亿美元	环球旅讯
2016.1	携程上线会场业务:用酒店资源掘金会议市场	Donews
2016.1	携程宣布,其专门成立携程金服业务板块,联合万事达卡推出"携程万千赏(Ctrip Traveler Rewards)"平台	环球旅讯
2016.3	携程攻略App新版上线:提供一站式旅游推荐等服务	携程旅行网
2016.5	携程系成立七大委员会 孙波升任携程副总裁	业界新闻
2016.6	携程攻略社区征集亲子游玩攻略,送迪士尼门票	环球旅讯

续表

时间	携程大事件	出处
2016.7	携程与51offer战略合作 首创全球留学生"海外伴"	携程旅行网
2016.8	携程攻略App 2.3上线 打造智能化旅行体验	携程旅行网
2016.8	携程当地玩乐与iTrip爱去完成API对接	环球旅讯
2016.9	携程攻略社区从景点到游记全面引入VR技术——携程攻略客户端2.4正式上线Apple Store和各大安卓市场,新版本的携程攻略客户端突破性地引入了VR游记功能,用户通过携程攻略客户端即可预览VR场景	环球旅讯
2016.9	携程推机场代泊服务,只需机场停车费1/5	Donews
2016.9	携程客服机器人上线 人工智能"入侵"旅游服务	第一财经日报
2016.9	携程首个全球购服务中心在东京成立	人民网
2016.10	携程拿下了手机QQ中的景点门票预订入口	环球旅讯

（二）去哪儿网大事记

时间	去哪儿网大事件	出处
2005.2	道格拉斯、戴福瑞和庄辰超共同创立去哪儿网。去哪儿网作为中国第一个旅游搜索引擎,使中国旅行者第一次可以在线比较国内航班和酒店的价格和服务	Qunar.com
2006.7	著名的硅谷风险投资商Mayfield和GSR Ventures完成对去哪儿网的第一轮投资	Qunar.com
2007.9	风险投资商Mayfield和GSR Ventures以及Tenaya Capital完成对去哪儿网的第二轮投资	Qunar.com
2009.1	美国知名的互联网研究公司ComScore发布的亚太地区旅游媒体分析报告显示,截至2009年1月,去哪儿网以其广泛的用户数量和质量,被列为中国第一大旅游媒体,在亚太地区排第三	Qunar.com
2009.10	艾瑞咨询发布的数据显示,在中国旅游网站机票业务的季度总访问次数统计中,去哪儿网以33.7%的市场份额排名第一	Qunar.com
2009.11	11月12日,去哪儿网在北京宣布完成第三轮1500万美元的融资。该轮融资由GGV Capital领投,之前所有投资人包括Mayfield Fund、GSR Ventures和Tenaya Capital共同参与	Qunar.com

续表

时间	去哪儿网大事件	出处
2010.4	Google DoubleClick AdPlanner 发布网络统计数据，在全球最受欢迎旅行网站中，去哪儿网是前十名的两家中文旅行网站之一。而其他九家网站均为上市企业	Qunar.com
2010.7	去哪儿网荣获AlwaysOn2010年度全球250强，是唯一获此殊荣的在线旅行网站	Qunar.com
2010.8	去哪儿网成功打造了全球最大的中文酒店点评系统，用户酒店点评量突破100万条。去哪儿网由单纯的旅游搜索引擎转变成在线旅游媒体	Qunar.com
2011.5	去哪儿网与中国旅游研究院建立战略合作伙伴关系，双方将在行业发展趋势研究等方面深度合作	Qunar.com
2011.6	中国领先的旅游搜索引擎去哪儿网（Qunar.com）与领先的中文搜索服务提供商百度共同宣布，双方达成一项深度战略合作协议，去哪儿网获得百度战略投资3.06亿美元，百度将成为去哪儿网第一大机构股东	Qunar.com
2011.11	美国知名研究机构Experian Hitwise发布的中国月度访问率数据显示，去哪儿网以占旅游类网站42%的访问率继续保持中国旅游网站第一	Qunar.com
2011.12	去哪儿网无线客户端在苹果中国App Store公布的"2011年最佳产品"（App Store Rewind 2011)中荣膺中国原创旅行类应用软件的冠军	Qunar.com
2011.12	去哪儿网荣获2011年度中国旅游集团20强	Qunar.com
2012.3	去哪儿网荣获艾瑞咨询集团颁发的"2011年年度互联网成长力产品服务奖"	Qunar.com
2012.10	根据中国互联网络信息中心（CNNIC）发布的《2012年中国网民在线旅行预订行为调查报告》，去哪儿旅行是手机旅行信息查询用户安装最多且使用最多的移动客户端	Qunar.com
2012.12	去哪儿网荣获2012年中国旅游集团10强	Qunar.com
2013.1	去哪儿网完成事业部制的改革，建立机票、酒店、无线三大事业部，新业务部及特殊项目部，启动内部创业体系激励计划	Qunar.com
2013.4	去哪儿网荣获iResearch Awards金瑞奖"2012—2013年度中国移动互联网旅行应用——最佳创新力奖"	Qunar.com
2013.10	去哪儿网荣获由中国电子商务协会授牌的"中国互联网电子商务首批诚信示范企业"	Qunar.com

续表

时间	去哪儿网大事件	出处
2013.11	去哪儿网于2013年11月1日在美国纳斯达克上市；当天市值高达37亿美元，创下了当年中国公司IPO首日涨幅的最高纪录，成功地打开了中国公司赴美IPO的窗口 与此同时，去哪儿的商业模式被投资人广为接受，并有美国公司效仿，作为中国公司在国际市场上输出创新模式，尚属首次	Qunar.com
2014.1	去哪儿网正式成立目的地事业部，张强出任总经理，同年改任CEO。从零开始，该事业部正在以每月新签2万家酒店的速度，推进直签酒店的扩张。目前，去哪儿网在数百个城市的酒店团购超过了美团	Qunar.com
2014.5	去哪儿网度假部门率先完成公司考核，正式升级为事业部，由高兴出任度假事业部总经理。度假业务同比增长近5倍	Qunar.com
2014.10	去哪儿网门票事业部正式成立，由胡洁担任去哪儿网门票事业部CEO	Qunar.com
2014.10	特殊项目部正式升级为智能住宿事业部，拥有独立品牌：去呼呼®。张泽任该事业部CEO	Qunar.com
2014.11	去哪儿网机票事业部正式升级为机票事业群，将孵化车票（SI）等创新项目。由杨威担任机票事业群CEO。2014年第三季度机票增速为行业6倍，国际航空公司搜索覆盖量增七成；同时，通过大数据为多家中小航空公司带来了航线营销方面的成功	Qunar.com
2014.11	无线事业部升级为无线事业群，谌振宇任集团执行副总裁&无线事业群CEO，将孵化车票（SI）等创新项目；第三季度去哪儿网无线收入占总营收40.4%，领先全球同行；与此同时，无线业务连续五个季度以超过300%的增长速度继续快速成长，继续在行业保持无线第一的地位	Qunar.com
2015.1	去哪儿网与温德姆、地中海俱乐部、悦榕庄、豪生、千禧等22家高端酒店集团达成同盟	Qunar.com
2015.3	去哪儿网CEO兼联合创始人庄辰超获评2015达沃斯"全球青年领袖"；2014年第四季度，去哪儿网无线收入占比首次达到总营收的50%左右，无线预订量占总机票量的46%、酒店间夜总数的70%	Qunar.com
2015.6	去哪儿网季度GMV首次突破300亿元，营收同比增速连续第四个季度达到或超过100%；去哪儿网与百度签了了业务合作协议，百度将独家提供去哪儿网在百度地图电脑和手机版本中展示酒店信息和产品的权利；去哪儿网与银湖投资集团共同宣布去哪儿网获得由银湖投资集团领投的5亿美元（约合31亿元）战略投资；去哪儿宣布增发6 526 316股ADS（美国存托股份），每股ADS代表3股B类普通股，价格为47.5美元	Qunar.com

203

续表

时间	去哪儿网大事件	出处
2015.10	去哪儿网酒店业务达到单日50万夜量，创历史纪录。数据显示，去哪儿网的酒店业务已经接近或者峰值达到市场第一	Qunar.com
2015.10	携程宣布与百度达成股权置换交易，百度将持有的去哪儿股份的绝大多数出售给携程，并置换成携程的股份。交易完成后，携程拥有约45%的去哪儿总投票权，变成去哪儿的最大机构股东；股权置换交易完成后，去哪儿继续作为独立的上市公司运营，与携程在在线旅行市场切磋并进，为旅行者创造差异化的产品与价值	Qunar.com
2016.1	去哪儿网宣布管理层和董事会成员调整，去哪儿网联合创始人庄辰超卸任CEO，原执行副总裁和无线事业群CEO谌振宇被任命为去哪儿网首席执行官；原执行副总裁和目的地事业群CEO张强被任命为COO；原战略及投资者关系高级总监朱小路被任命为CFO	Qunar.com
2016.2	携程旅行网与去哪儿网在京举行保险战略平台启动仪式，进军互联网保险市场，打造一个全新的互联网保险平台	Qunar.com

（三）艺龙旅行网大事记

时间	艺龙大事件	出处
1999.5	艺龙于美国特拉华州成立，定位为城市生活资讯网站	百度百科
2000.4	艺龙并购百德勤及其电子商务网站，进军旅游服务行业	百度百科
2001.5	艺龙转型并聚焦在线旅行预订服务行业	百度百科
2004.10	艺龙在美国纳斯达克上市	百度百科
2004.12	Expedia宣布行使认股权证，股权增加到52%	百度百科
2005.1	中国国际航空公司第一张BSP电子客票在艺龙诞生	百度百科
2008.1	艺龙全面推行7×24小时服务，成为国内首家能够提供24小时服务的在线旅行服务公司	百度百科
2008.5	艺龙推出代表中国在线旅游行业发展趋势的4G商业模式	百度百科
2010.5	艺龙推出手机艺龙网，提供手机预订服务	百度百科
2011.3	推出iPhone客户端	百度百科
2011.4	推出Android客户端	百度百科
2011.5	腾讯通过向艺龙投资约8440万美元购买了艺龙新发行股份后，占艺龙总股份数的约16%，成第二大股东	百度百科

续表

时间	艺龙大事件	出处
2011.5	艺龙国内酒店签约率先突破2万家持续保持酒店覆盖第一	百度百科
2012.10	艺龙被评选为2012中国Top 10微创新公司	百度百科
2012.10	艺龙荣获"2012年度中国最佳雇主"称号	百度百科
2013.5	国际在线支付PayPal宣布与艺龙网合作,开拓海外用户市场。艺龙同时推出"PayPal预订机票,手续费直减3%"的回馈活动	百度百科
2014.4	同程旅游与艺龙旅行网签署了战略合作协议,将独家向艺龙提供景区门票库存,同时艺龙将向同程旅游提供中国大陆的前台现付和团购酒店库存	百度百科
2014.5	艺龙入股住哲联手推进中小酒店信息化	百度百科
2015.3	艺龙旅行网与ADDOR Capital Management Co., Ltd及其下属的江苏紫金汇文传媒投资有限公司就转让南京西祠信息技术股份有限公司的股份达成协议	百度百科
2015.5	Expedia的全资子公司Expedia Asia Pacific-Alpha, Ltd.将其持有的艺龙全部股份转让给携程,随着这项交易的完成,携程成艺龙的最大股东,持股比例为37.6%,其中包括一小部分从艺龙前任CEO手中购买的股票	环球旅讯
2015.7	任命江浩先生为艺龙新任首席执行官(CEO),周荣先生为艺龙首席战略官(CSO)。江浩先生此前任携程旅行网高级副总裁兼无线事业部CEO,周荣先生曾经在携程工作多年,曾先后负责内审和投资并购,并担任携程所投资的天海邮轮集团执行副总裁和携程网副总裁	环球旅讯
2015.8	艺龙宣布收到来自腾讯公司的非约束性私有化要约,腾讯希望以每股18美元的价格收购除携程、铂涛和腾讯自己等艺龙股东外的全部艺龙流通股,随后艺龙启动私有化程序	环球旅讯
2016.3	艺龙引进VR技术,拍摄酒店视频,并筹建X Lab,后续会逐步加大VR等技术在其平台的渗透力度和使用范围	环球旅讯
2016.6	艺龙完成私有化之后,腾讯在艺龙股权比例从15%增加至27%,成为第二大股东	环球旅讯
2016.6	艺龙正式签约Expedia、Booking、Agoda三家国际在线预订平台,将他们丰富、优质的住宿资源接入艺龙国际酒店预订板块进行整合,致力打造全球住宿库存旗舰品牌,为消费者提供更加便捷、全面的住宿预订体验	环球旅讯
2016.7	艺龙获得了腾讯强大的资源支持,拿下了微信中的酒店预订入口	环球旅讯

续表

时间	艺龙大事件	出处
2016.9	艺龙在与腾讯的合作中再下一城,独家获得了手机QQ的酒店预订入口,旗下200多个国家和地区的75万余家酒店库存产品将直接面向手机QQ用户销售	环球旅讯

(四)驴妈妈大事记

时间	驴妈妈大事件	出处
2008.3.26	驴妈妈正式注册成立。是中国知名综合性旅游网站、自助游领军品牌、中国景区门票在线预订模式的开创者	人民网——上海频道
2008.5.10	驴妈妈网站获第一家景区加盟(重庆兴澳海底世界)	人民网——上海频道
2009.2.20	驴妈妈网站加盟景区达到1000家	人民网——上海频道
2009.9.4	"驴妈妈"获第二笔风险投资	人民网——上海频道
2010.7	在国内率先推出旅游团购,在业内引起较大反响。目前已经形成稳定的用户群,在热爱旅游的年轻情侣、自驾车游客中有良好的口碑	人民网——上海频道
2010.8	在国内率先推出以门票+酒店为主的自由行专属频道,大部分为驴妈妈独家产品,在10月还推出了驴妈妈会员单独组团的温泉自由行,目的地囊括了长三角各大温泉	人民网——上海频道
2010.9.28	驴妈妈淘宝商城店正式成立,自开业之日截至10月7日10天的销售总额达到了50万元,实现了销售开门红	人民网——上海频道
2010.9.29	出境游产品上线,开拓了境外旅游全新产品线,为游客出游提供更多选择	人民网——上海频道
2010.9	推出酒店预订频道,同时开通国内上百个城市的酒店预订服务	人民网——上海频道
2010.10	推出驴妈妈分销平台,面向有实力的旅游网站、旅行社、BtoC商家以及淘宝店主招募分销商。分销平台推出后,驴妈妈在业务形态上更加丰富	人民网——上海频道
2010.12.2	驴妈妈与红杉资本和鼎晖投资正式签约,获得亿元级的融资	人民网——上海频道

续表

时间	驴妈妈大事件	出处
2011.4.28	单天注册用户过万	人民网——上海频道
2011.6	驴妈妈推出客户端"驴妈妈旅游"	人民网——上海频道
2012.12.28	驴妈妈推出高端特制旅游品牌飞驴湾	人民网——上海频道
2013.6.20	驴妈妈与宁波银行上海分行签署战略合作协议	人民网——上海频道
2013.9.3	驴妈妈旅游网与上航假期旅行社达成战略合作协议	人民网——上海频道
2014.1.8	驴妈妈获中信银行10亿元授信	人民网——上海频道
2014.10.17	驴妈妈D轮融资第一笔3亿元到账	人民网——上海频道
2015.6.1	景域集团董事长、驴妈妈创始人洪清华在给员工的内部邮件中透露，景域集团已获得锦江国际集团5亿元战略投资，锦江资本的注入将助力景域集团打造成中国最大的旅游O2O一站式产业链集团	界面新闻——执惠旅游
2015.12.17	驴妈妈旅游网母公司上海景域文化传播股份有限公司正式宣布在新三板挂牌上市。自此，景域文化成为"中国自助游O2O第一股"	界面新闻——执惠旅游
2016.6	由中国旅游研究院指导，景域集团驴妈妈旅游网与复旦大学联合主办，黄山旅游、东方明珠、广州塔、青城山都江堰、北京欢乐谷等景区方共同参与的"中国旅游电子门票研究中心"宣告成立，并发布首份研究报告。这是国内第一家以旅游电子门票为基础，同时由企业、高校、景区共同参与的研究型中心机构	百度百科
2016.8.1	驴妈妈旅游网成立大交通事业部，业务涵盖机票、火车票、汽车票、短驳交通；并瞄准旅游度假市场，重点布局"机票+×""火车票+×"	百度百科

（五）途牛网大事记

时间	途牛大事件	出处
2006.10	途牛网创立	途牛官网

续表

时间	途牛大事件	出处
2009.1	二周年庆典大会举行	途牛官网
2009.1	与扬子晚报达成战略合作伙伴关系	途牛官网
2009.1	新版网站上线	途牛官网
2009.3	宣布完成数百万美金的A轮融资	途牛官网
2009.3	公司旅游产品线上线	途牛官网
2009.4	开始在地铁投放视频广告	途牛官网
2009.10	度假酒店产品线上线	途牛官网
2009.11	成功获选2009 Red Herring亚洲科技创新公司100强企业	途牛官网
2010.1	途牛旅游网全面启动"7×24小时全天候服务"	途牛官网
2010.2	途牛旅游网荣登"2009电子商务风云榜"	途牛官网
2011.4	途牛景区门票频道正式上线	途牛官网
2011.4	途牛完成由红杉资本、乐天集团、DCM、高原资本等联合投资的约5000万美元C轮融资	途牛官网
2011.6	途牛度假酒店频道正式上线	途牛官网
2011.9	途牛旅游网与建设银行联合推出首张纯旅游类银行联名卡——途牛旅游龙卡	途牛官网
2011.11	途牛旅游网推出全新的iPhone、Android途牛手机客户端	途牛官网
2011.12	途牛荣获"在线旅游度假产品预订网站"称号	途牛官网
2012.3	获"英国旅游专家旅行社"称号	途牛官网
2012.4	入选2012"加拿大优先合作旅行社"	途牛官网
2012.6	获"最具活力互联网企业"奖	途牛官网
2012.6	获评"2012中国消费市场最具影响力品牌"成长潜力奖	途牛官网
2012.12	获"2012年度第十一届中国企业成长百强"亚军殊荣	途牛官网
2013.1	途牛旅游网获"中国年度最佳雇主（2012）"殊荣	途牛官网
2013.5	途牛强大阵容参展"上海世界旅游博览会"	途牛官网
2013.11	荣获途牛境外Wi-Fi"牛无线"产品推广综合类金铜奖	途牛官网
2014.3	"途牛学院"正式挂牌成立	途牛官网

续表

时间	途牛大事件	出处
2014.3	途牛旅游网携手林志颖及壹基金在上海召开"志爱途牛,壹路阳光"公益项目启动仪式的新闻发布会	途牛官网
2014.5	途牛登陆美国纳斯达克	途牛官网
2014.12	途牛获弘毅投资、京东商城、携程投资及管理层1.48亿美元投资	途牛官网
2015.3	并购中山国旅、经典假期,获台湾游牌照	途牛官网
2015.4	与法属留尼汪大区签署战略协议并全国首发20款产品	途牛官网
2015.4	与以色列旅游局签署战略协议	途牛官网
2015.5	获京东领投5亿美元融资	途牛官网
2015.6	首个境外服务中心——马尔代夫服务中心成立	途牛官网
2015.10	途牛成立途牛影视传媒有限公司,以旅游节目的形式配合主业发展	途牛官网
2015.10	途牛旅游网"出发吧我们·途牛2015产品发布会"在北京举行,宣布周杰伦正式成为品牌代言人。同时拥有周杰伦和林志颖两位明星代言人,首创国内在线旅游行业的双代言人模式	途牛官网
2015.10	途牛正式启用全新LOGO	途牛官网
2015.11	途牛旅游网与海航集团旗下航空旅游业态核心企业海航旅游集团(下称"海航旅游")共同宣布战略结盟。海航旅游将战略投资途牛5亿美元,双方将利用各自优质资源,在线上旅游、航空、酒店服务等领域开展深度合作	澎湃新闻
2016.3	途牛与首都航空宣布开启深度战略合作,联合推出"首航·途牛假期"品牌,整合首都航空的航空资源优势与途牛目的地旅游资源优势,打造高性价比"机票+地接"动态打包旅游产品,共享大众旅游"互联网+"时代红利	环球旅讯
2016.4	途牛宣布成立天津开汇融资租赁有限公司,由此成为国内首个进军融资租赁市场的在线旅游企业	环球旅讯
2016.5	途牛旅游网承办的"'途牛之夜'企业沙龙暨十全十美战略签约仪式"举行,活动最后,途牛与十家优秀企业共同签署战略合作协议	环球旅讯
2016.8	途牛首席营销官陈福炜离职,公司内部出现人事动荡,陷入裁员风波	中华网——经济频道

（六）众信旅游大事记

时间	众信大事件	出处
1992	公司成立，主营业务为国内旅游服务	众信旅游悠哉网
1999	公司改制为有限责任公司	众信旅游悠哉网
2002	获得出境旅游经营权	众信旅游悠哉网
2005	"众信天下"正式更名为"众信国旅"，进军直客市场；2004—2005年出境旅游十大批发商；获中国保护消费者基金会颁发的诚信经营示范单位	众信旅游悠哉网
2006	以邮轮和海岛为主题进军东南亚出境市场；"喜刷刷"旅游分期付款系统正式开通，成为旅游行业分期付款第一家；与新浪合作"电影之旅"大型选秀活动，引起媒体广泛关注；与旅游卫视合作推出环球DIY网站；2006埃及旅游最佳合作伙伴；2006北欧旅游市场贡献奖；2006年北京市十大出境游组团旅行社；2006年中国出境旅游澳新线路十大批发商；2006年中国出境旅游非洲中东线路十大批发商；2006年中国出境旅游欧洲线路十大批发商；2006年中国出境旅游十大批发商；2006年中国出境旅游十大营销创新奖（分期付款计划）；2006年全国市场诚信商贸联盟企业；2006年全国消费市场重点推荐单位	众信旅游悠哉网
2007	国内首家千人独家包船，歌诗达邮轮爱兰歌娜号日韩航次，引起业内轰动和效仿；与瑞士国家旅游局联合召开新闻发布会，推出全新旅游产品"瑞士自然文化遗产之旅"；在行业内率先通过了ISO9001：2000质量标准体系认证；2007海南航空北京地区国际销售最佳旅行社；2007年度中国质量万里行理事单位；2007年度北京商业品牌100强；全国重承诺守信用消费者放心单位；2007歌诗达邮轮爱兰歌娜号特别贡献奖	众信旅游悠哉网
2008	完成公司股份制改造，由"北京众信国际旅行社有限公司"正式更名为"北京众信国际旅行社股份有限公司"；与美国加勒比邮轮公司签订协定，众信成为世界级邮轮公司在中国的一级代理；2008奥运工作突出贡献奖；获汶川地震捐款感谢状；2008clubmed最佳市场营销大奖；2008北京出境游十大品牌旅行社；2008欧洲线十大批发商	众信旅游悠哉网

续表

时间	众信大事件	出处
2009	2009年迪拜政府商业及旅游业推广局卓越合作伙伴奖；2009最受中国家庭欢迎的出境游线路；获得2009最佳欧洲旅游出境社；2009中国出境游澳新线十大批发商；2009中国出境游非洲中东线十大批发商；2009中国出境游欧洲线十大批发商；2009中国出境游品质旅游大奖；2009中国出境游十大蜜月旅游旅行社	众信旅游悠哉网
2010	2010年环球时报最受中国家庭欢迎的出境游线路提供商；2010年信报首届旅游行业服务评选年度服务最佳旅行社；2010年度《法制晚报》最受读者信赖旅行社；2010年度世界年度旅行社领袖奖；2010年度新浪旅游最佳合作伙伴	众信旅游悠哉网
2011	2011年4月，众信旅游吉祥物"小游"重磅出炉；2011年8月，众信旅游开启大航海时代日韩邮轮独家包船满载盛大启航；2011年10月，岁末旅游打出促销牌众信旅游"慧玩季"火热上市；2011年，众信旅游重磅打造各类体验店；2011年，众信旅游强力推出大型系列活动——旅游移动体验中心；2011年夏威夷州政府最佳贡献旅行社奖；2011年北京国际旅游博览会最佳产品销售奖	众信旅游悠哉网
2012	获得中国消费者保护基金会颁发的维护消费者权益公约单位；众信旅游"2012年日本万人旅游年"启动；众信游览"2012年阿曼万人游览年"发动；"全家人的海外新年之2012年美国迪士豪华游"完美收官；BITE2012开幕众信旅游华彩亮相；德国自驾游——2012与众信旅游一同启程；众信旅游14万吨豪华巨轮亚洲首航；众信旅游与东航合作包机直航北海道；"慢生活，爱探险"众信旅游启动2012邮轮盛宴	众信旅游悠哉网
2014.1	众信国旅IPO发行价确定为23.15元	证券时报网
2014.1	众信国旅1月23日在深交所正式上市	中国证券网
2014.4	众信旅游大动作：启动旅游互联网项目孵化	Donews
2014.5	众信发布"奇迹旅行"进军高端游市场	《北京商报》
2014.6	国旅总社与众信旅游宣布达成战略合作，将联手推出中高端品牌"悦品汇"，实行品质游产品的联合研发、采购、推广及销售	《TTG旅业报》
2014.10	众信旅游表示，重组竹园国旅只是外延式并购的第一步。众信旅游将在避免陷入重资产模式的前提下，加速自建或控制上中下游资产	每日经济新闻
2014.10	众信旅游注资乾坤运通，成立货币兑换公司	环球旅讯

续表

时间	众信大事件	出处
2014.12	众信旅游将向悠哉网络提供不超过6000万元的委托贷款，同时众信旅游将受让悠哉网络15%的股份	中国证券网
2015.1	众信新产品布局高端旅游：已发布六大系列	《北京商报》
2015.3	众信旅游增资香港子公司　开拓目的地市场	《北京商报》
2015.4	悠哉与众信的初步整合已经完成，未来，悠哉网将成为众信旅游唯一一线上零售品牌和官网，同时悠哉旅游网仍将保持独立运营	《互联网周刊》
2015.5	众信旅游布局海外教育服务平台	大智慧
2015.6	北京旅博会：众信旅游揽获三项大奖	众信旅游
2015.7	众信旅游设小额贷款公司　完善旅游金融服务	环球旅讯
2015.7	众信旅游携手华谊兄弟　打造旅游V2O	《中国证券报》
2015.8	众信旅游合资设20亿元投资基金	《证券日报》
2015.8	上海众信战略并购"魅力假期"	《北京商报》
2015.9	法国新巴黎大酒店、中国明宇集团和北京众信旅游三方将联手在法国巴黎建设一家高端酒店	《北京商报》
2015.12	国旅与众信等出资4500万港元设海外投资公司	《中国证券报》
2015.12	众信旅游战略投资移民中介机构杭州四达	环球旅讯
2015.12	众信旅游出资1亿元设立小额贷款公司	环球旅讯
2016.1	众信旅游等5家旅游企业注册海外投资公司	环球旅讯
2016.1	众信旅游发布"十二大主题产品系列"	众信旅游
2016.3	为了同时满足日益增长的C端消费者需求以及投资者信息获取的需求，众信旅游从3月1日起正式将众信旅游悠哉网定位为零售业务在线销售平台	环球旅讯
2016.3	旅游百事通近日正式宣布，与北京众信国际旅行社达成合作协议，就旅游百事通TDS系统与众信产品库的API对接完成测试，正式上线	旅游百事通
2016.4	众信旅游广州分公司成立，市场布局基本完善	众信旅游
2016.4	众信旅游携手加诚博教，加速完善游学领域布局	众信旅游
2016.5	国内领先的出境旅游运营商众信旅游与云南省内出境游零售商卓越之旅达成战略投资意向，标示着双方战略合作关系的正式达成	环球旅讯

续表

时间	众信大事件	出处
2016.7.22	众信旅游更名为众信集团，获股东大会通过	《北京商报》
2016.8.10	众信旅游携手乐视Club Med打造旅行直播新形态	众信旅游
2016.8.31	众信旅游战略收购日本旅行社；完善目的地布局	环球旅讯
2016.9.19	众信旅游与新华联合作，布局出境游上游资源	众信旅游集团

（以上部分整理者：刘春燕、陈阳）

第七部分 2016—2017年3月国内外旅游创业创新大事记

（一）2016—2017年3月国外旅游企业创业创新事件

2016年1月

- 1月5日，Lyft宣布获得10亿美元的F轮融资。
- 1月5日，机场自助租车公司Silver car获得一轮由奥迪领投的2800万美元C轮融资。
- 1月12日，全球旅行搜索平台Sky scanner宣布，五家新合作的公司将投资1.28亿英镑（1.92亿美元），其中包括主要和次要收益，具体投资份额并未公开。
- 1月12日，Uber美国最近进行了一轮新的融资。过去该公司主要面向风险投资公司，不过此次则是面向所谓的"零售投资人"。
- 1月13日，英特尔宣布投资机器人创业公司Savioke。
- 1月21日，以色列初创公司Travelers Box宣布已完成1000万美元的A轮融资，领投方为Arbor Ventures。
- 1月28日，瑞典技术服务商Paxport近日收购了英国旅游预订系统供应商Multicom。
- 1月30日，全球差旅管理公司BCD Travel已同意收购旅游科技公司Get Going的资产。

2016年2月

- 2月1日，Amadeus宣布以8.3亿美元向Accenture收购Navitaire一案正式完成。
- 2月2日，美诺酒店集团MINOR HOTEL GROUP完成对葡萄牙籍酒店品牌Tivoli Hotels & Resorts的全资收购。
- 2月12日，Student.com（留学生公寓与留学租房）宣布通过由VY Capital领投的B、C轮融资，合计获得6000万美元融资。

- 2月13日，俄罗斯亿万富翁米哈伊尔·弗里德曼（Mikhail Fridman）旗下的投资公司Letter One宣布，已经向专车服务公司Uber投资2亿美元。
- 2月18日，日本目的地旅游和活动提供商Veltra于本周收购了欧洲目的地旅游和活动平台City Discovery。
- 2月22日，位于硅谷的云应用加速服务初创企业Instart Logic称已收购移动App加速服务企业Kwicr，以帮助增强前者的产品套件。
- 2月23日，美国主营私人航空运输的初创公司Jetsmarter周一宣布，该公司已从沙特王室成员手中募集到了2610万美元资金。
- 2月25日，酒店预订应用Hotel Quickly正式登陆第十六个国家——日本。
- 2月29日，探索旅游网站 Atlas Obscura Inc成功融资4 586 925美元。

2016年3月

- 3月2日，成立不到1个月的印度尼西亚公司Tinggal宣布获得100万美元的种子轮融资。
- 3月7日，Tiqets宣布获得400万美元A轮融资。
- 3月15日，英国最大的火车票预订网站Trainline收购了总部位于巴黎的Captain Train，据称此项交易价值高达1.89亿美元。
- 3月15日，台湾自由行平台KKday获得了450万美元的A轮融资。
- 3月18日，总部位于阿姆斯特丹的初创企业Polar steps称已融资50万欧元。
- 3月22日，总部位于柏林的公司在线声誉管理工具提供商eKomi收购了旅游企业在线声誉管理初创企业Reputami。
- 3月24日，医疗旅行平台Medical Departures宣布完成250万美元的A轮融资。
- 3月29日，旅游搜索初创企业Hopper获得由BDC Capital IT Venture Fund领投的1600万美元。
- 3月29日，加拿大投资公司Fair Fax收购了印度GVK公司在班加罗尔机场的33%股份。

2016年4月

- 4月5日，旅游业解决方案供应商 Kaptio 融资260万美元。
- 4月6日，雅高1.48亿欧元收购高端短租公司onefinestay。
- 4月8日，无人机导航创业公司AirMap获1500万美元融资。

- 4月13日，度假租赁服务商 Vacasa 融资3500万美元。
- 4月13日，目的地旅游指南出版商Time Out收购活动计划创业公司HallStreet。
- 4月15日，印度酒店预订平台 Oyo Rooms 融资1亿美元。
- 4月16日，假日租赁搜索引擎HomeToGo融资2000万美元。
- 4月19日，英度假租赁公司Edge Retreats融资100万美元。
- 4月19日，印度打车应用Jugnoo融资1000万美元。
- 4月19日，私募股权公司Vista Equity Partners耗资16.5亿美元收购Cvent。
- 4月19日，日本会员制住宿预订网站Relux融资450万美元。
- 4月20日，差旅技术提供商TripChamp获得了印度旅游技术公司The Bird Group投资的200万美元。
- 4月21日，西班牙度假租赁平台 Lodgify 融资140万欧元。
- 4月21日，西班牙移动专车 App Cabify 融资1.2亿美元。
- 4月28日，Trip Advisor 收购英国度假租赁平台House Trip。
- 4月29日，欧洲私募股权公司Cinven和加拿大养老基金投资公司（CPPIB）以11.65亿欧元收购TUI旗下酒店预订业务Hotelbeds。

2016年5月

- 5月3日，短租礼宾服务提供商 Bnbsitter 融资250万美元。
- 5月8日，旅行租赁平台Accomable种子轮融资30万英镑。
- 5月9日，短租平台Roam获330万美元种子轮融资。
- 5月13日，定制化旅行创业公司Evaneos融资2100万美元。
- 5月16日，印度酒店预订平台Stayzilla融资1300万美元。
- 5月18日，度假租赁搜索平台Hundredrooms再融410万欧元。
- 5月23日，专注技术的私募股权公司Accel-KKR投资B2B酒店营销和活动管理技术提供商Cendyn。
- 5月24日，美国运通全球商务旅行公司(GBT)宣布该公司同意收购芬兰领先的差旅管理公司SMT。
- 5月27日，与当地人进餐平台BonAppetour融资50万美元。
- 5月30日，美国拼车服务公司Scoop完成510万美元融资。
- 5月31日，航空竞价应用软件Seatfrog融资120万美元。

2016年6月

- 6月1日，无人车应用NuTonomy获1600万美元A轮投资。
- 6月1日，印度OTA Cleartrip投资酒店科技公司I Manage My Hotel。
- 6月2日，会议管理软件供应商Etouches收购了总部位于佛罗里达州奥兰多的酒店采购平台Zentila。
- 6月5日，美国酒店预订平台Recharge完成一笔230万美元的种子轮融资。
- 6月7日，澳大利亚OTA Webjet收购Online Republic。
- 6月12日，总部位于巴塞罗那的差旅创业公司Travelperk获得由Spark Capital领投的700万美元A轮融资。
- 6月16日，住宿预订公司Night SwApping融资200万欧元。
- 6月21日，美差旅管理平台Rocketrip融资900万美元。
- 6月22日，西班牙旅游信息技术服务商TravelC融资100万欧元。
- 6月22日，美数字广告平台Intent Media收购B2B酒店CRM服务商Voyat。
- 6月23日，印度OTA Cleartrip完成融资，上线"本地"版块。
- 6月24日，Fareportal收购德国TripCombi，进军欧洲旅游搜索市场。
- 6月27日，法国OTA MisterFly融资2000万欧元。
- 6月28日，荷兰酒店预订服务商Bidroom融资100万欧元。
- 6月30日，英位置服务提供商what3words融资850万美元。

2016年7月

- 7月1日，音乐节打包产品平台Festicket融资630万美元。
- 7月2日，雅高以5.04亿欧元出售欧洲85家酒店。
- 7月5日，瑞士在线滑雪服务商Skioo融资610万美元。
- 7月5日，酒店点评分析公司Revinate完成1299万美元的C轮融资。
- 7月6日，德国巴士运输比价搜索引擎CheckMyBus完成七位数融资。
- 7月6日，凯雷集团投资秘鲁观光火车运营商Inca Rail。
- 7月12日，越南酒店OTA VNTrip获由阿里巴巴前CTO领投的300万美元。
- 7月12日，P2P旅行货币兑换服务商WeSwap获840万美元融资。
- 7月13日，在线声誉管理TrustYou收购信息服务商Checkmate。
- 7月13日，雅高宣布完成收购FRHI酒店集团。
- 7月14日，P2P货币兑换服务商WeSwap融资1000万美元。

- 7月15日，印度OTA Yatra被上市壳公司收购。
- 7月21日，法租车公司Europcar投资多交通模式搜索平台Wanderio。
- 7月22日，印度的Treebo Hotels完成了金额达1670万美元的B轮融资。
- 7月22日，Expedia收购其前高层所创旅游图片分享App Trover。
- 7月22日，加拿大OTA市场整合，Red Label收购对手iTravel2000。
- 7月28日，机场接驳服务搜索和预订平台Mozio宣布该公司完成250万美元的融资。
- 7月29日，美目的地旅游服务平台Peek融资1000万美元。

2016年8月

- 8月2日，德国专车服务Blacklane获2000万欧元C轮融资。
- 8月3日，网站防欺诈服务商Distil Networks获得2100万美元B轮融资。
- 8月4日，德国P2P旅宿露营车和旅居挂车租赁平台Share A Camper公司宣布获得一笔200万欧元的种子轮融资。
- 8月8日，英PE公司5200万英镑收购Cruise.co.uk多数股权。
- 8月11日，印度汽车票务平台Travel yaari获700万美元B轮融资。
- 8月17日，德邮轮OTA Dreamlines融资1400万欧元。
- 8月23日，酒店在线营销公司Hotelchamp获175万欧元融资。
- 8月23日，旅行社交软件Travello融资近百万美元。
- 8月24日，航空数据服务商Flight Global收购美国航空数据网站Flight Stats和航空业情报咨询公司Diio。
- 8月24日，游记类App Journi获40万欧元种子轮融资。
- 8月25日，Trip Advisor收购City maps，完善地图功能。
- 8月26日，P2P代购平台Grabr完成350万美元种子轮融资。
- 8月31日，印尼版"途家"Travelio获200万美元Pre-A轮融资。
- 8月31日，移动支付与ID识别创业公司Jumio融资1500万美元。

2016年9月

- 9月5日，高档餐厅预订应用Velocity完成2250万美元融资。
- 9月6日，Expedia启动Trivago IPO，估值或超10亿美元。
- 9月8日，澳旅游技术公司Seekda收购美在线预订引擎提供商。

- 9月13日，欧洲最大的旅游公司TUI完成旗下酒店预订业务Hotelbeds的拆分业务。
- 9月14日，差旅管理平台Concur收购旅游比价搜索引擎Hipmunk。
- 9月20日，东南亚打车平台Grab获7.5亿美元投资。
- 9月21日，GTA收购目的地服务商MTS Globe，专注B2B业务。
- 9月21日，Google收购聊天机器人开发平台API.AI团队。
- 9月21日，Lastminute.com集团收购旅游社交网站WAYN。
- 9月22日，短租平台Sonder融资1000万美元，致力于打造酒店式高质量服务。
- 9月22日，Airbnb管理公司Hostmaker融资110万美元。
- 9月23日，Airbnb融资8.5亿美元，估值达300亿美元。
- 9月29日，澳旅游集团Flight Centre收购Travellink，拓展欧洲差旅业务。

2016年10月

- 10月5日，欧洲多交通搜索引擎GoEuro融资7000万美元。
- 10月8日，德租车比价搜索引擎HAppyCar融资260万欧元。
- 10月8日，英敞篷巴士观光游运营商Big Bus Tours收购美在线旅游预订平台Smart Destinations。
- 10月9日，会议管理SaaS平台Social Tables获得1300万美元B轮融资。
- 10月9日，爱尔兰差旅酒店预订平台Roomex获得350万欧元A轮融资。
- 10月9日，美国头号休闲车辆经销商 Camping World Holdings Inc宣布公司在首次公开募股（IPO）中筹得2.51亿美元。
- 10月11日，Airbnb欧洲两大竞争对手Wimdu与9flats合并。
- 10月11日，伊朗打车软件SnApp获得2240万美元A轮融资。
- 10月12日，旅行服务初创公司Remote Year获1200万美元A轮融资。
- 10月14日，迪拜定制化旅游解决方案提供商Holiday Me获得700万美元A轮融资。
- 10月14日，美创业公司Pay By Group获340万美元种子轮融资。
- 10月18日，Facebook旗下VR公司收购爱尔兰初创公司。
- 10月21日，差旅科技公司Deem收购酒店推荐创业公司Olset。
- 10月21日，英旅游技术提供商Traveltek融资530万英镑。
- 10月24日，旅游媒体集团Time Out以160万英镑收购活动平台YPlan。

- 10月25日，美国酒店营销软件供应商GuestCentric近日收购了英国Great Hotels Of The World (Ghotw.com) 的企业业务。
- 10月27日，服务酒店业的"领英"Industry获230万美元融资。
- 10月31日，俄巴士票务平台Busfor融资2000万美元。

2016年11月

- 11月4日，Trip Advisor投资了总部位于旧金山的Airbnb型餐饮O2O创业公司Eat With，前者的餐厅类别将添加"社交用餐"选项。
- 11月4日，美国目的地活动软件服务商Fare Harbor收购对手Activity Link Systems。
- 11月7日，酒店智能门锁技术提供商OpenKey融资800万美元。
- 11月7日，总部位于印度尼西亚雅加达的酒店分销商MG Group获得重点关注东南亚市场的私募股权投资机构Northstar Group的股权投资。
- 11月8日，机场往返班车界Uber，GoOpti获440万欧元融资。
- 11月9日，澳洲在线预订网站Webjet以5600万美元出售Zuji。
- 11月9日，雅高集团将以3500万欧元的价格收购德国精品连锁酒店25 hours Hotels 30%的股权，继续加快在蓬勃发展的精品酒店市场的扩张。
- 11月11日，欧洲最大的旅游公司TUI动态打包德国软件商Peakwork的投资，并持有其15.4%的股权。
- 11月14日，旅游和活动软件提供商Trekksoft与Bokun合并。
- 11月15日，度假租赁服务商Vacasa A轮融资扩大至4000万美元。
- 11月16日，旅游礼宾公司Lola收购酒店比价搜索平台Room 77。
- 11月16日，意大利旅游和活动公司Musement融资1000万美元。
- 11月23日，P2P货币兑换服务商WeSwap在股权众筹平台Seedrs上通过众筹获得240多万英镑。
- 11月23日，印度门户网站Quikr收购在线租房平台GrabHouse。
- 11月23日，雅高完成对礼宾服务公司John Paul的收购。
- 11月25日，旅游社交软件Gogobot花重金从全球最大的在线旅游公司Expedia手中收购并启用了域名trip.com。
- 11月30日，被私募股权公司Vista Equity Partners收购的云端会议管理公司Cvent宣布与面向酒店业的内容管理技术解决方案供应商Lanyon合并。

2016年12月

- 12月5日，台湾自由行平台KKday获700万美元融资。
- 12月7日，在线短租搜索平台Tripping完成3500万美元融资。
- 12月8日，雅高宣布以1600万欧元收购悦榕集团5%股权。
- 12月9日，Eviivo获得了巴克莱银行350万英镑的风险债务基金。
- 12月14日，Traxo获得由用户点评网站巨头Trip Advisor领投的520万美元B轮融资。
- 12月14日，"私人飞机"版滴滴JetSmarter获1.05亿美元融资。
- 12月15日，豪华酒店和公寓式酒店套房在线预订平台Suiteness获得500万美元A轮融资。
- 12月16日，度假租赁搜索引擎Tripping.com获得3500万美元的C轮融资。
- 12月16日，机票智能App Hopper获约6000万美元投资。
- 12月17日，Airbnb寻求再融资1.53亿美元支持全球扩张。
- 12月18日，欧洲巴士运营商FlixBus获银湖资本战略投资。
- 12月20日，私募基金Exponent收购景点通票供应商Leisure Pass。
- 12月21日，在线机场接驳服务提供商Flit Ways获得120万美元的A轮融资。
- 12月21日，私募基金Onex收购度假公园运营商Parkdean。
- 12月22日，国际机票搜索引擎iGola获过亿元A+轮融资。
- 12月23日，在线旅游平台Tripshelf获23万美元融资。
- 12月27日，Rockaway收购德OTA Unister，曾与中国华信联合收购东欧OTA。
- 12月29日，地图技术提供商Avuxi获投资。

2017年1月

- 1月9日，美国共享单车Zagster获1000万美元B轮融资。
- 1月10日，Airbnb伸向订餐领域，领投订餐 App Resy。
- 1月10日，酒店礼宾服务提供商Porter & Sail收购酒店技术提供商Guest Driven。
- 1月10日，总部位于波士顿的旅游平台 Lola Travel 获 1500 万美元 B 轮融资。
- 1月12日，Hellobike宣布完成A+轮融资，主要是为了产品升级。
- 1月13日，露营服务平台Glamping Hub融资200万美元。
- 1月13日，印旅游搜索引擎Ixigo涉足移动商务领域，收购内容分享App Reach。

- 1月17日，Priceline创始人打造的Upside融资5000万美元，以礼品卡撬动差旅市场。
- 1月18日，欧洲OTA eDreams Odigeo收购经济型酒店预订平台Budget Places。
- 1月18日，梦工厂旗下VR公司SPACES获650万美元融资。
- 1月19日，凯悦酒店收购养生度假村和水疗中心Miraval集团。
- 1月20日，度假租赁创业公司Stay Alfred融资1500万美元。
- 1月22日，美国机票价格预测工具FLYR融资800万美元。
- 1月26日，商旅预订服务平台TripActions获1460万美元A轮融资。

2017年2月

- 2月6日，雅高再次涉足替代性住宿领域，收购私人度假租赁分销商Travel Keys。
- 2月7日，地面交通领域整合再现，Marcou Transportation收购Groundlink。
- 2月7日，旅游人工智能公司Lola再融资千万美元，Uber和Kayak投资者加入。
- 2月8日，Hotelbeds与Tourico合并，酒店B2B市场整合风云再起。
- 2月8日，印度定制游平台Travel Triangle获千万美元融资。
- 2月8日，Priceline以5.5亿美元收购Momondo，搜索引擎市场进一步整合。
- 2月8日，日本最大通信公司KDDI并购会员制住宿预订网站Relux。
- 2月9日，酒店中介商Associated Luxury Hotels 收购德国同行 World hotels。
- 2月10日，马耳他酒店预订平台Busy Rooms收购Hotel web service，进军德语市场。
- 2月10日，德邮轮 OTA Dreamlines再获1800万欧元投资。
- 2月14日，欧洲最大旅游集团途易向私募巨头KKR出售Travelopia。
- 2月15日，印度旅游体验平台Wandertrails获100万美元种子轮融资。
- 2月15日，西班牙My Trip Car融资120万欧元，致力于打造"透明租车"。
- 2月16日，俄罗斯 OTA OneTwoTrip 再获580万美元投资。
- 2月21日，旅行计划应用 Utrip 融资400万美元。
- 2月22日，埃森哲收购Seabury集团企业和航空咨询业务。
- 2月23日，团队旅行计划网站 Travefy 收购旅游代理系统 Trip Scope。
- 2月24日，户外探险版"猫途鹰"OutdoorProject 获200万美元A 轮融资。
- 2月24日，租车领域再获投资，法国P2P租车服务商 TravelCar 融资1500万欧元。

● 2月24日，Airbnb业主服务公司Hostmaker融资650万美元。

● 2月27日，全日空拟以304亿日元增持台湾廉航"乐桃航空"。

2017年3月

● 3月1日，会议预订服务提供商Hotel Planner收购酒店预订平台Internet Hotels。

● 3月2日，亚太旅行体验预订平台Klook客路旅行宣布，获得3000万美元B轮融资，Klook计划运用新一轮资金进行全球拓展，成为一站式目的地旅游服务平台。

● 3月7日，全球航空运输业IT服务供应商——国际航空电讯集团（SITA）战略投资动态地图新兴企业Locus Labs。

● 3月8日，法房屋交换平台GuestToGuest收购竞争对手HomeExchange。

● 3月8日，印度旅游科技公司ITQ欲以2亿美元出售部分股权。

● 3月9日，雅高目标瞄准土耳其市场，投资Rixos酒店。

● 3月10日，Airbnb再融资逾10亿美元 短期没有上市计划。

● 3月13日，巴西本土最大机票搜索引擎Voopter获60万美元B轮融资。

● 3月13日，澳目的地旅游技术公司Rezdy融资180万美元，计划拓展美国市场。

● 3月14日，高端青年旅舍Generator以4.8亿美元的价格易手。

● 3月14日，Amadeus旗下旅游创投基金再投两家初创公司Flyr和Betterez。

● 3月23日，酒店预订App Hotel Tonight融资3700万美元。

● 3月24日，Uber在东南亚市场最大的竞争对手Grab获得了15亿美元的新一轮融资，Grab宣布将要向东南亚的第7个城市扩张。

● 3月24日，美国度假租赁管理创业公司Turn Key Vacation Rentals获得2100万美元的C轮融资。

● 3月24日，印度旅游市场风起云涌：Ixigo获复星投资，Paytm与booking.com合作。

● 3月30日，法国航空数字体验服务商Travelaer近日获得了430万欧元的融资，本轮资金将用于产品开发和市场扩张。

● 3月31日，俄罗斯OTA OneTwoTrip获得圣彼得堡银行300万美元的投资，计划拓展B2C和B2B服务。

（二）2016—2017年3月国内旅游企业创业创新事件

2016年1月

● 1月4日，专注品质出境自由行的"发现旅行"宣布获得超千万美元的B轮融资。"发现旅行"是主打精品路线，为用户提供一站式出境自由行服务的在线旅游服务提供商。发现旅行通过目的地供应链直采+线上线下服务保障的模式，为用户提供了超高性价比的产品和管家式的服务体验。

● 1月5日，穷游网宣布完成近6000万美元D轮融资，由众信旅游领投，海纳亚洲SIG跟投。同时，众信旅行发布公告称，将通过增资+股权转让的方式以2500万美元投资穷游网。众信旅游与穷游网的强强联合，将对穷游网原有的商业模式进行有效补充，形成"资源+渠道"的完整营销链条。

● 1月11日，6人游获达晨资本新一轮投资，资金将主要用于App的后续推广及研发。

● 1月11日晚间，票管家发布公告称，拟通过增资的方式，收购上海致旅智能科技有限公司和杭州搜洛品牌策划有限公司各75%的股权。此番投资，被业内人士视为票管家为战略转型大战备足"粮草"，迈出了实质性的转型步伐。而本次对外投资事项完成后，公司新增的业务包括：景区托管运营及营销服务输出、智慧景区、视觉及周边文创服务、品牌策划等。

● 1月13日，众信旅游及其发起设立的产业基金与要出发周边游（以下简称"要出发"）举行战略投资签约仪式，标示着双方战略合作关系的正式达成。"要出发"专注周边游服务，包含"周边酒店""周边景点""周边美食"三大板块，用户可根据自身需求预订相关的周边自驾游或目的地周边游服务，公司总部位于广州。战略投资"要出发"标志着众信旅游开始与"要出发"合作，双方将共同推出有针对性的港澳、东南亚、日韩等"周边"出境游产品，以及其他长线出境游产品，并将共享客户、渠道，共同拓展"周边"及长线出境游业务。

● 1月15日，康游旅行网和上海友声国旅双方就收购事项达成初步意向。双方负责人期待着管理团队为未来的发展和布局创造更大的空间，打造一个强有力的中老年旅游服务品牌，为未来进一步进入规模更加庞大的中老年消费市场打下坚实的基础。

- 1月21日，携程旗下创业公司爱玩信息科技（上海）有限公司宣布完成A+轮融资，爱玩是业内第一个用社群方式深度运营主题游细分市场和服务客户的公司。
- 1月22日，中国"定制旅行"第一股——走客网络正式挂牌新三板交易市场。上海走客网络科技股份有限公司成立于2011年5月，是一家为中国中高端人群提供出境旅行咨询、综合方案和服务的供应商。其专注于目的地为欧洲的高品质特色小众旅行市场，打造注重旅行与生命体验完美结合、满足多层次私人定制要求的行旅规划和产品。目前公司主要的业务有：欧洲旅行订制服务、商务会展服务和旅行专业培训服务等。经营模式主要为：多元化的线上(PC+移动)线下渠道+"艾黎思"专属旅行定制+"艾黎思"标品自助。
- 1月23日，海航旅游集团宣布5亿美元战略投资途牛交易已完成，标志着海航旅游成为途牛第一大股东。
- 1月24日，众信旅游参与认购由约7家投资方共同发起设立的天津新动金鼎万众体育资产管理中心（有限合伙）出资份额，成为该体育基金的有限合伙人。体育基金是众信旅游深耕"体育旅游"领域的又一重大布局，本次投资有利于进一步推进众信旅游全方位出境综合服务平台中体育旅游板块战略布局，扩大在体育产业的影响力，有利于持续增强众信旅游出境游产品的丰富度、增强公司的综合竞争实力。
- 1月29日，在携程强势的整合下，去哪儿又发生"巨大变化"：停止高星级酒店自主业务，全部移交给携程，随之出现部门架构调整、员工降薪调岗，乃至"被引导"的离职潮。
- 1月29日，江苏马上游科技股份有限公司将获得镇江文旅产业集团增资9980万元。此外，马上游还依托电广传媒相关资源着手建设泛娱乐营销体系，即通过电广传媒丰富的影视资源，一方面做品牌植入，另一方面借助节目与观众互动，将观众转化成自己的用户，这是一种T2O的尝试，独特的"互动营销"平台将成为马上游独有的竞争优势。

2016年2月

- 2月2日晚间，南方航空公告宣布公司拟以4.01亿元的价格向控股股东南航集团购买中国南航集团进出口贸易公司100%股权。本次交易完成后，公司拟通过业务归集、统筹管理、规范运作等一系列措施将南航进出口打造为公司的集中采购平台，以提高公司采购业务的集中度和效率。
- 2月19日，座头鲸旅行网宣布获得来自PreAngel天使轮融资，本轮由荷多资本出资，资金将主要用于市场推广、团队扩建、平台建设等方面。

● 2月20日，酒店哥哥近日完成了针对活动报名流程及现场签到管理SaaS工具百格活动的500万元战略投资。

● 2月24日，中国进出口银行上海分行为锦江股份提供了一笔49.2亿元贷款，用于其境外股权收购业务。

● 2月25日，主打全球华人民宿预订的"一家民宿"宣布，已完成数千万元Pre-A轮融资。

● 2月25日，众信旅游与玖富金融达成合作意向，双方将成立一家合资公司，专业从事出境游及出境服务互联网金融业务。

● 2月29日，木鸟短租宣布获得数千万B轮融资。在旅游3.0时代，木鸟短租除了发展民宿外，还应通过房东切入后续的旅游服务，让房东成为一个线下的"大众点评"的入口，满足房客不同场景的消费需求。

● 2月29日，京东金融集团对外宣布，公司战略投资消费金融科技公司首付游，双方将在旅游消费金融领域展开深入的战略合作。

2016年3月

● 3月3日，北京崇致露营公司获上海巨如集团3亿元A轮融资，本轮融资资金将主要用于汽车房车露营地的投资与建设方面。

● 3月7日Tiqets宣布获得400万美元A轮融资，Tiqets的差异在于只提供移动且高效的门票预订，而要对这样的实时服务进行掌控，需直接和景区合作，而不是对接当地供应商。

● 3月8日，国旅联合发布公告称，将与厦门当代集团有限公司共同出资设立国旅联合(厦门)文化投资合伙企业(有限合伙)，作为公司业务培育的平台。此次对外投资有利于加快公司的战略转型和业务布局，拓宽公司的投资渠道，提升市场竞争力。

● 3月10日，中辰远见科技发展有限公司旗下B2B电子票务交易平台板凳会宣布，全资收购互联网线下活动服务平台懒汉互联，共同致力于打造集在线购票、内容分享、会议IP及场景社交等服务的一站式会议活动综合服务平台。

● 3月22日消息，真旅网集团宣布已拆除VIE红筹回归境内融资，近日获得6亿元C轮融资，截至目前，此笔融资是国内旅游B2B领域金额最高的一笔融资合作。

● 3月22日，会小二CEO杨亮宣布其已完成B轮数千万美元融资，本轮融资将用于规模扩大、用户体验提升等方面。

● 3月22日，放假周边游披露获得A轮融资。放假周边游聚焦于以周末为主的短假期、以城市周边为目的地的短途休闲游，致力于提供MTS个性化定制服务，是一款基于C2B思维模式的"周末周边、定制游玩"神器。

● 3月22日，P2P目的地旅游服务平台"你来出境游"宣布完成1500万元PreA轮融资，领投方为北京复远。此次融资资金将主要用于提升产品体验及非标解决能力，致力于实现信息对称下满足不同需求层次的游客与当地人的有效对接。

● 3月23日，凯撒旅游与凯撒世嘉、民航股权投资基金、北京民航合源投资中心等对移动出行App"航班管家"的母公司——深圳市活力天汇科技有限公司进行增资，增资额为9.33亿元，持股43.38%。

● 3月30日，免费订会场平台酒店哥哥日前宣布引入战略投资方"利亚德光电"，双方将在LED屏幕资源及会议客户资源方面展开合作，进军酒店会务LED设备租赁市场。

● 3月31日上午，神州专车与光大银行旗下光大金融租赁签署了战略合作协议。这也是继滴滴出行"联手"招商银行后，又一起国内金融机构与出行企业的战略合作。

2016年4月

● 4月5日，专注于乡村旅游的互联网+创业企业农家乐O2O"住两天"获千万级Pre-A轮融资，此轮融资资金将主要用于市场拓展、产品的研发和升级以及团队建设等方面，同时计划在2016年覆盖全国16个省，将房源扩充至100万。

● 4月7日，主打年轻市场长租公寓平台魔方公寓已经完成3亿美元的C轮融资，由中航信托领投。本次融资后，魔方公寓估值将超过10亿美元。

● 4月11日媒体沟通会，航班管家的母公司深圳市活力天汇科技有限公司正式宣布完成C轮融资。

● 4月12日，泛蜜月度假品牌诗莉莉宣布A轮融资3000万元，诗莉莉是一个以90后为主的团队，在融资完成之后，将把资金用于扩张和提升用户体验等方面。

● 4月13日，2016年年初收客易获得Pre-A轮千万融资。收客易目前的盈利模式，平台除了交易佣金、广告和旅行社ERP业务管理系统年费的增值服务外，接下来还会开展针对旅行社产业链的金融服务。

● 4月12日，今晚睡酒店宣布完成数千万元新一轮天使融资。本轮资金将用于开拓更多更好的酒店与目的地、个性化企业商旅服务、自媒体轻社交功能的开发，以及自媒体线上资源拓展及线下活动运营等方面。

● 4月18日，国内领先的一站式旅游技术服务平台泰坦云正式对外公布完成1.6亿元B轮融资。在获得巨额融资之后，泰坦云CEO许青表示将一如既往地加大产品的开发与迭代力度，给海内外旅游企业更全面、更优质的信息化解决方案，促进旅游产业链上下游互联互通，让全行业分享信息化改造、效率提升的巨大红利。

● 4月18日，周边游平台"要出发"宣布获得来自众信旅游、金鼎投资、中信建投资本等机构的D轮5.5亿元融资，未来3~5年内，要出发将继续扩大在资源端的布局，一方面，联合旅游行业巨头众信旅游横向拓展海外市场；另一方面，成立景区和酒店管理公司，开发打造更多有特色的周边游产品套餐。同时，要出发还将拓展服务边界，从"旅游"升级到"旅游+生活"服务。

● 4月18日，广之旅战略并购华中地区以东南亚短线出境游批发见长的"皇冠美途"，正式成立广之旅湖南分公司。此举将成为广之旅旗下智慧旅游服务平台"易起行"成功上线后，该社走出华南、迈向全国的重要举措。

● 4月18日，机票预订平台"爱拼机"宣布完成数千万元 A 轮融资。这一轮融资的资金，将用于拓展境外包机商，以及用于 C2B 反向竞拍的 SaaS 平台搭建。

● 4月20日，共享经济民宿平台"沙发旅行"对外披露了1200万元 Pre-A 轮融资，由众海投资领投。融资后，沙发旅行将会加大运营和推广投入、扩大房源覆盖、提升用户预订效率，并进一步优化服务体系。在运营推广方面，他们目前正开展全国高校合作，受众契合且集中度高或许是推广的一大优势。

● 4月，游心旅行完成对会玩旅行的并购，未来双方将强强联合，开拓更加广阔的海外目的地旅游市场。

● 4月27日，超时空(北京)科技发展有限公司旗下"旅行者镜头"15秒短视频App宣布获得由正坤集团领投的千万元天使轮融资。未来"旅行者镜头"想成为旅行类的Discovery，做全球首款最全、最好的旅行者微视频百科、短视频攻略影像库。

● 4月29日，同程旅游宣布投资并购了北京永安国际旅行社有限公司，后者成立于1996年，于2002年取得出境资质，是中国旅行社协会理事单位。

● 4月，周末活动类应用"走起"已完成近千万元 Pre-A 轮融资，汉理资本领投，莘泽创投跟投。此前，"走起"还曾获得来自中路资本500万元天使轮融资。从"周末做啥"到"走起"，两款产品的核心业务没有发生变化，即抓住年轻人"发现"周末活动的娱乐消费需求，以 PGC 方式向用户推荐同城玩乐项目，包括展览、现场、下午茶、兴趣课程、城市周边游等。并通过票务、团购等途径向商家收取流量佣金。

2016年5月

- 5月3日，同程旅游宣布A轮投资了南京欧亚航空客运代理有限公司及其下属的两家子公司——大唐国际商旅服务管理有限公司和泛美国际旅行社有限公司，其在商旅市场以"大唐国际商旅"的品牌享有较高美誉度。
- 5月，6人游宣布完成天使轮股份回购，险峰华兴、泰山兄弟这两家天使投资公司退出。据透露，这两家机构的投资收益率预计在1~3倍。
- 5月3日，上海锦江国际酒店（集团）股份有限公司公告表示，公司出售洲际酒店集团相关业务已经完成交割，收回2.6亿美元。
- 5月6日，专注于蜜月旅行的蜜游网近日与百舸资本在厦门正式签署投资协议，宣布获得百舸资本800万元天使投资，完成融资后，估值超过1亿元。此轮融资将主要用于产品线路的开发与优化，当地婚拍、婚礼资源获取以及目的地办事处建设等方面。
- 5月5日，游学机构知鸟游学宣布获得由创客星领投的2000万元融资，同时还透露公司将于今年11月挂牌新三板。
- 5月8日凯撒旅游晚间宣布终止收购北京首都航空有限公司，同时推出拟募资80亿元的非公开发行股票预案，用于营销、出境安全、邮轮等多项出境服务及旅游要素，公司股票将于2016年5月9日开市起复牌。
- 5月9日，互联网巴士出行平台"嘟嘟巴士"宣布获得1亿元B轮融资。嘟嘟巴士表示未来将与彩虹精化在新能源巴士产业布局和智能公共出行等领域展开合作，服务覆盖充电桩、电动车、运营平台、维护保养、投资一体化、规模化发展等。
- 5月9日，浙江三清国际旅游股份有限公司、西藏天康旅游股份有限公司两家企业的挂牌申请获得批准，于当日公开转让。
- 5月17日，北京决胜网教育科技股份有限公司发布公告称，拟以1800万元收购陈栩、吴欣还所持有的北京乐道国际旅行社有限公司100%股权。本次收购完成后，乐道旅行将成为决胜网全资子公司，努力打造高品质海内外游学产品和服务，致力于成为游学第一品牌。此次收购预示了决胜网导购平台后端利润生态加速变现步伐。
- 5月18日，宋城演艺公司拟以自有资金1.6亿元与美国科技公司SPACES合资设立子公司SONGCHENG SPACES，公司持股占合资公司的比例为80%。合资公司的主要业务包括VR、AR（增强现实技术）主题公园的开发和运营。

● 5月24日，沁游假期获得由铂涛集团领投的数百万元天使轮投资，资金将主要用于团队的扩展和产品的研发等方面，融资完成后姜宜良表示公司将正式进入高速运营阶段，与此同时其团队也进驻了铂涛集团孵化器。

● 5月25日，国内中高端别墅和公寓在线预订平台第六感近日对外确认，公司已经完成了B轮融资。在未来规划中，公司将持续聚焦客户体验，布局海外房源扩张、提升在线平台预订体验以及持续强化品牌建设和市场推广。

● 5月26日，出境自驾游租车第一品牌租租车CEO李建诚确认，租租车公司已完成数千万美元的B轮融资，且资金已全部到账，而B+轮融资也在同步进行中。租租车公司专注细分市场，依靠大数据分析等科技创新持续提升用户旅行体验，让中国人出境自驾游变得更简单、有趣和安全。

● 5月27日，深耕非标住宿市场多年的青芒果旅行网近日完成新一轮融资，本轮投资方为万吨资产和凯旋创投。本轮融资完成后，除了引入新的资本外，管理团队股权也做了优化，公司治理更加市场化，青芒果未来将加速市场拓展和资本运作，继续引领非标住宿行业发展。

● 5月28日，致力于帮助用户发现并预订境外特色旅游的平台"慢客旅行"透露，公司已于2016年5月完成了数百万元的天使轮融资，资方为个人。目前已启动新一轮融资，资金将主要用于人才引进、海外业务拓展和市场运营等方面。

2016年6月

● 6月3日，业内领先的机票直销平台必去科技宣布完成新一轮融资，领投方为新美大。同时，必去科技和新美大宣布达成战略合作，新美大将会引入必去在航空公司机票直销领域的优势资源到旗下美团、大众点评两个生活服务平台，和必去一起为新美大的消费者带去更丰富的出行体验。借助这次战略合作，航空公司也将能够直接触达美团和点评数以亿计的线上消费者，更加高效灵活地提供多样化的官网产品。

● 6月3日，出境自由行O2O服务平台"任游"近日完成1500万元A轮融资，此轮融资由联想乐基金领投，天使轮投资方知初资本继续跟投。

● 6月6日，米短租宣布：获得东方财富、美国五邑商会冯广荣基金、深圳立合旺通商业保理有限公司三方联合1亿元综合金融投资。

● 6月13日，租车平台"悟空租车"宣布在2016年5月完成数千万元A轮融资。

- 6月13日，滴滴出行宣布获得中国人寿超6亿美元战略投资，其中包括3亿美元股权投资及20亿元的长期债权投资。
- 6月14日，海外用车平台惠租车宣布完成B轮融资，惠租车将进一步丰富出境租车市场全球性布局，打造基于自驾游和包车游的小生态体系，让自由行更自由，为海外租车用户提供更及时可靠的服务。
- 6月15日，十方旅行已完成数百万元的Pre-A轮融资，资方为ONES Ventures，CEO邵斌彬表示，这笔资金将用于产品的开发和推广。
- 6月15日，旅游B2B平台驰誉旅游宣布完成来自翌银基金领投、济海投资跟投的千万级人民币A轮融资，本次融资为一笔纯财务投资。
- 6月22日，途家联合创始人兼CEO罗军通过内部邮件确认，途家与蚂蚁短租已达成战略并购协议，并已完成相应资本交易；邮件内容显示，蚂蚁短租将成为途家的全资子公司，蚂蚁短租原控股股东58集团也因此成为途家的新股东。
- 6月27日，时光岛旅行对外宣布完成了千万级A轮融资，据了解，成立于2014年的时光岛旅行天使轮来自平安创投，本轮继续领投，同时，时光岛登陆京东发起众筹，并仅用了3分钟便超募完成目标众筹额度。

2016年7月

- 7月1日，国内在线会议场地查询预订平台会唐网宣布，日前已获得第三轮过亿元融资。本轮融资的领投方为稼沃资本，前两轮投资方参与跟投。
- 7月6日，酒店B2B在线直销及交易撮合平台蜘蛛旅游网已在近期完成由韩国LB Investment领投，君联资本、城蓝资本等跟投的数千万美元B轮融资。公司已完成商业模式及产品的打磨，下一阶段公司将加快扩张速度，在年内完成60个城市的酒店网络直签，使得平台初步完成酒店交易平台的规模化覆盖，用技术手段帮助推动整个酒店行业的交易效率及利润率提升。
- 7月10日联行晚间公告，公司拟以7.01元/股的价格非公开发行不超过2.85亿股，募集资金总额不超过20亿元，投入长租公寓建设项目。
- 7月15日，上海旅游资源交易中心刚刚获得上海广发永胥股权投资管理有限公司的A轮5000万元的融资。
- 7月18日，新美大宣布获得华润旗下华润创业联和基金战略投资，双方将建立全面战略合作，今年1月，新美大曾获得腾讯领投的超33亿美元融资。
- 7月18日，周末去哪儿宣布已经于2016年2月获得数千万美元B轮融资。本次融资的资金将主要用于将周末去哪儿品牌打造成中国具有最强IP和内容运营的文化娱乐服务平台。

- 7月18日，企业定制出行领域的创意平台企游号获易居中国千万元融资。企游号创始人黄子宁表示，此次融资资金主要用于团队完善、品牌推广以及技术产品的升级。
- 7月19日，旅游B2B平台旅游圈近日宣布，与招商银行达成《战略合作协议》，并获得招商银行首批10亿元授信。借助这一机会，未来旅游圈将逐步开启"旅游+"金融的模式。
- 7月20日消息，梦想旅行于2015年年底获得了共4000万元的A轮投资，融资金额将致力于解决出境游信息不对称问题。
- 7月26日，从事目的地玩乐旅游产品分销的乐派网宣布，已于2016年5月完成广东省粤科金融集团旗下创投基金Pre-A轮融资，估值超过1亿元。乐派网通过互联网技术将海外自由行旅游资源整合并分销到各大线上及线下渠道。

2016年8月

- 8月4日，鹰漠旅行完成了新一轮的融资，公司未来将主要聚焦为酒店集团提供移动电商整体解决方案SAAS服务和大数据决策系统服务。
- 8月9日，专注于精品酒店民宿等细分领域的专业众筹合投机构多彩投宣布获得来自分享投资、英诺天使，和顺为资本三家VC的数千万元Pre-A轮投资。此轮融资将主要用于多彩投泛旅居产业生态链的建设，为众筹投资者提供更优质的投资产品。
- 8月12日，皇包车宣布由方正和生投资有限责任公司领投的B轮融资已全部到账，皇包车即将启动B+轮融资。在资本寒冬持续未暖的情况下，皇包车顺利完成1.2亿元融资。皇包车将在全球范围内，整合更多的优质中文司导，完善供应链，通过严格的司导准入机制和奖惩体系，有效加强各级别司导的服务水平。同时，皇包车还将投入部分资金，用于对全球司导的关怀激励以及对皇包车自身品牌的塑造与推广。
- 8月12日，海外租车平台租租车获数亿元的B+轮融资，这是继5月完成B轮融资后的又一笔融资，领投方来自广发证券旗下直投基金广发信德，B轮和B+轮融资总额达到7亿元。
- 8月17日消息，在线旅行定制平台"不跟团"近日宣布完成A轮融资，具体投资方未透露，涉及金额数千万元。
- 8月24日，PGC旅游类节目《大旅行家的故事》出品方"悦游五洲"宣布完成

800万元Pre-A轮融资，由启迪创投创始合伙人、清控银杏创始合伙人罗茁领投。

● 8月23日，深圳市腾邦国际商业服务股份有限公司拟联合厦门市腾邦梧桐合伙企业（有限合伙）与八爪鱼在线旅游发展有限公司及其原股东签署投资协议，以增资方式对八爪鱼投资1.7亿元。

● 8月31日，8只小猪完成Pre-A轮融资，计划未来两年在全球招募超过10万当地向导，让更多达人收入超过百万元。

● 8月31日，境外中文专车平台"易途8"宣布完成1.5亿元B轮融资，此次融资将用于完善境外专车管理体系，与租租车等对手抗衡。

2016年9月

● 9月2日，旅行度假服务平台"布拉旅行"在北京举办发布会，宣布获得数千万元A+轮融资。布拉旅行采取"酒店产品推荐预订+旅行体验分享"的模式，力图突破在线旅游痛点。

● 9月6日，百程旅游宣布获得招商银行股份有限公司北京分行授信3000万元。公司将继续完善在线出境游产业链O2O一站式运营服务体系。

● 9月14日，百程旅游发布公告，正式宣布收购北京景行技术有限公司，该公司研发的"玩美自由行"App，在人工智能及大数据处理技术方面颇有建树。

● 9月19日，指南猫宣布获得数百万美元A轮融资，由元钛长青基金独家投资，此前元钛长青曾投资过趣旅等多家在线旅游企业。

● 9月29日晚间，凯撒旅游发布公告称，将以5.5亿元领投易生金服控股集团有限公司B轮融资，本次交易构成关联交易。

● 9月30日前后，爱江山越野跑透露，他们即将完成来自探路者基金的千万级别Pre-A轮融资；爱江山越野跑想要用规模化在越野跑领域打造一个赛事IP。

2016年10月

● 10月10日，ofo共享单车宣布完成1.3亿美元C轮融资。ofo单车宣布将利用这第五轮融资走出校园，向非师生用户开放，并同步升级硬件设施。

● 10月13日，市内行李寄存服务商乐寄行李管家宣布获铂涛集团200万元的天使轮投资。创始人刘苞表示，市场容量是巨大的，但是缺乏行李管家的消费场景。

● 10月20日，在线定制旅游网站6人游旅行网对外宣布完成新一轮融资。据悉，此轮投资方为清华同方旗下创投品牌同方创投领投，厦门嘉汇投资合伙企业跟投，总金额为2500万元。

• 10月24日,康藤获3000万元A轮融资,帐篷营地起风。未来将扩增专业酒店管理团队,为康藤品牌旗下的管理和运营提供有力支持,实现针对不同的项目提供有品质的非标准服务的目标。

2016年11月

• 11月2日,住宿分享平台小猪宣布完成C+及D轮融资,总额达6500万美元。其中包括今日资本于去年底的C+轮融资,以及近日由愉悦资本和BAI(贝塔斯曼亚洲投资基金)领投,晨兴资本、今日资本与和玉资本跟投的D轮融资。

• 11月4日,"稀客地图"完成天使轮融资,投资方为出境通信服务商"环球漫游",拿到融资后,下一步,稀客地图计划将持续完善产品和境外旅游数据,增加境外目的地的广告收入。

• 11月7日前后,专注于神农架旅游私人定制的野人网宣布获得首轮融资,金额近百万元。本轮融资完成后,野人网将进一步推进神农架旅游私人定制服务项目,将主要用于产品开发和团队建设、线上线下推广,重点在神农架私人定制路线规划及合作。

• 11月7日,遇·岛近期获得1200万元投资,融资后估值过亿。遇·岛团队计划在今年年底完成200个岛屿的线路考察,已将购置海岛列入规划当中。

• 11月8日,辛巴达旅行向环球旅讯透露,已完成A+轮融资,该轮融资将用于升级定制系统和整合海外优质资源,提高供应链的响应能力及定制效率。

• 11月10日,机票智能抢购平台带我飞正式对外宣布完成千万级人民币Pre-A轮融资,带我飞能不能有更多模式和产品上的创新,走出区别于携程的路子,仍然是一件值得期待的事情。

• 11月20日,近日,携程海外业务拓展再有新动作,宣布战略投资智特医疗(IVF USA),进军医疗旅游市场。这也意味着,这一新兴领域迎来重量级玩家,携程在医疗旅游产业链上的布局日臻完善。

2016年12月

• 12月1日,千宿酒店投资集团发布信息宣布,旗下分享住宿品牌"千宿"已经完成新一轮5000万元融资,目前估值进入亿元行列。

• 12月6日,近日,熊猫签证完成数千万元A轮融资,领投方为原创投资,福鱼资本和天使轮的暴龙资本、薛蛮子跟投。

- 12月6日，跨境医疗旅游机构康安途已经获得东方富海1200万元首轮融资。康安途创始人杨晨表示，本轮融资将主要用于营销队伍的建设以及全球医疗资源大数据库的建立。
- 12月8日，飞巴的创始人陈倩楠透露，飞巴于11月底获得了数百万天使投资，资方为PreAngel十维资本。资金已经全部到账，主要用于人员招募、市场开拓及产品线的完善和延展。
- 12月23日，亚朵以"新住宿时代的商业进化"为主题，在北京召开亚朵投融资发布会，正式对外宣布完成由君联资本和陆兆禧个人合计1亿美元等值人民币的投资，以及浦发银行、交通银行、招商银行等三家银行近4亿人民币的授信额度。
- 12月27日，尚美生活集团宣布已完成1.4亿元B轮融资，本次融资由招银国际和洪泰基金共同投资。

2017年1月

- 2017年年初，驴妈妈旅游网母公司景域文化发布公告称，拟向全国中小企业股份转让系统申请股票终止挂牌。对于主动终止挂牌的原因，景域文化表示是为了公司战略发展需要和下一步更大更远资本运作服务。
- 1月4日，共享单车平台摩拜单车宣布完成新一轮（D轮）2.15亿美元（约合15亿元）的股权融资。腾讯、华平投资领投本轮，新引入的战略和财务投资者包括携程、华住、TPG等；红杉、高瓴等现有股东均跟投本轮融资。
- 1月5日，杭州骑呗科技有限公司向媒体透露，目前已完成1亿元A轮融资，由丰瑞投资领投，浑元投资等上一轮投资方参与跟投。此轮融资将主要用于骑呗单车产品升级、供应链梳理、团队招募以及全国市场开拓。
- 1月6日，借着国家大力扶持体育旅游的政策利好，跑哪儿获得数百万元的Pre A轮融资。跑哪儿以"互联网+体育旅游赛事"平台为核心，还提供出境跑等服务。
- 1月9日，美团点评发布内部邮件宣布再次调整核心业务的组织架构。具体为美团平台与酒旅事业群合并，成立美团平台及酒旅事业群、大众点评平台与到店综合事业群合并，成立点评平台及综合事业群。
- 携程1月份宣布周边游业务正式走向国际，和境内周边游类似，境外站点中包含了度假酒店、一日游、包车游等板块。
- 1月11日，服务式公寓平台寓米网披露公告称，将向新增投资者同信投资有限责任公司管理的东方财富速安私募投资基金发行不超过52.6316万元股票,本次股票发行价格为每股9.50元,募集金额不超过500万元。这是继2016年11月18日挂牌新三板以来,寓米网第一次发行股票募集资金。

● 1月19日,皇包车官方宣布,已获得由经纬、广发信德领投,和谐资本及A轮股东筱光资本跟投的B+轮融资;截至发稿,融资已全部到账,B+轮融资金额共计2.1亿元。

● 1月23日,摩拜单车宣布与全球第一大科技制造服务企业富士康达成行业独家战略合作,新增五百余万产能,摩拜总产能超千万。双方将在单车设计生产、全球供应链整合等领域展开合作,此外,富士康也成为摩拜单车新的战略投资者。

2017年2月

● 2月14日,海外定制旅行旗舰企业"无二之旅"获得中石油昆仑信托旗下昆仑信元基金B轮5000万元投资,目前款项已全部到账。这也是继2016年A+轮以来,无二之旅获得的又一轮投资。

● 2月14日,度假精品酒店品牌诗莉莉在深圳召开融资发布会,宣布其已于2016年11月获得了经纬中国1亿元A轮融资。

● 2月16日,精品民宿互联网分享平台Locals路客宣布获得由真格基金领投,广东文投创工场基金跟投的5000万元Pre-A轮融资。此轮融资后,Locals路客将在房源拓展、品牌推广、平台建设等方面继续发力。

● 2月20日,智能共享单车平台摩拜单车宣布再次获得D轮后新融资,新引入新加坡投资公司淡马锡(Temasek)的股权投资。同时,此前领投摩拜C轮的高瓴资本再次追加投资。自今年1月初至今,摩拜单车累计融资额已超过3亿美元。

● 2月21日消息,奇鱼旅行于2016年8月拿到了500万元的天使投资,投资方来自时尚商业地产集团董事长郭奎章的青年创投启动资金。据创投时报项目数据库,奇鱼旅行是时尚集团全新孵化的旅游短租项目,是一个以精品旅宿预订为核心的旅行综合服务平台,一套房解决所有入住需求,比酒店便宜50%。

● 2月23日消息,携程公布了截至12月31日的2016年第四季度及全年财报。2016年携程的大住宿、交通票务、旅游度假和商旅管理业务的营收分别为73亿元、88亿元、23亿元和6.08亿元,分别同比增长58%、98%、39%和29%。

● 2月27日,华住酒店集团与以美国投资基金凯雷集团为首的投资人签署股权收购协议,以36.5亿元的价格全资收购桔子水晶酒店集团100%股权。此次收购标志着中国连锁酒店业内的巨头与中国最具设计感的连锁精品酒店品牌强强联手，共同打造世界级的酒店管理企业。

2017年3月

- 3月1日，ofo宣布完成D轮4.5亿美元（约合31亿元）融资，此次融资由DST领投，滴滴、中信产业基金、经纬中国、Coatue、Atomico、新华联集团等多家国内外机构跟投。ofo方面表示，此轮融资之后，ofo成为行业内估值最高的独角兽公司。

- 3月7日，棠果旅居宣布已获得1亿元A轮融资，由天九幸福集团领投。未来，棠果旅居将以非标民宿为入口，往旅行、定制游、导游、签证及租车等多元化业务方向进行延伸，意在打造一站式旅居共享平台。

- 3月7日，去哪儿网宣布将重新上线比价平台。这个平台中，不仅将展示机票的比价和搜索信息，酒店领域同样将进行全面覆盖。

- 3月9日，在线会务公司"酒店哥哥"宣布，旗下子公司德甲设备租赁有限公司（下称"德甲"）日前已完成一轮数千万元规模的融资。"德甲"是一家提供会务屏幕的公司，资方为全球LED产业中排名领先的上市公司。

- 我趣旅行、路路行合并成立我行集团，获2500万美元融资。我行集团旗下4个品牌将独立发展，以高频与低频、2B与2C、国内与海外相结合的方式，解决出境自由行低频、服务不周等难题。

- 3月16日消息，麦家公寓正式宣布完成了数千万元A轮融资，投资方为保利资本，并于杭州举办了战略投资签约会。据悉，本轮融资的金额将用于开拓新市场、硬件及软件系统的研发等方面。

- 3月20日，青普旅游文化发展有限公司宣布已完成2亿元A轮融资，本轮投资由阳光保险集团的融汇阳光资本、天奇阿米巴资本、华瑞善德等四家机构完成。这是继2015年风云资本、华住酒店集团、合一资本等机构给青普6800万天使投资之后的再次融资。

- 3月23日，2017途家开放年战略发布会在北京举行，途家联合创始人兼CEO罗军详细阐述了途家2017年的"3+1"发展战略。他从消费者、经营者、置业者和区域化这四个纬度展开介绍了途家新一年的具体战略动作，其中包括聚焦用户体验的产品服务升级、基于经营者的多平台一键管理和途管家产品、基于可经营地产的两大解决方案、全域旅游导向的片区合作等多项内容被首度披露。

附 录

北京第二外国语学院酒店管理学院简介

2013年7月,北京第二外国语学院酒店管理学院正式成立。学院前身为北京第二外国语学院旅游管理学院饭店管理系,于1992年成立。目前拥有酒店管理专业本科生300多人,学术型研究生20多名,同时还有来自行业的MTA(旅游管理专业硕士)学生。专职教师包括教授3名、副教授2名和讲师5名,全部拥有博士学位,并有国内外50余名教授和行业专家长期助力为学生作专题讲座。本专业学科带头人谷慧敏教授是长城学者、北京市教学名师、国家级星评员,是目前在国际SSCI期刊发表论文最多的大陆学者。

酒店管理学院是我国酒店管理教育机构中最早与国外相关教育机构进行合作的教育机构之一。目前与美国康纳尔大学等全球近二十所酒店与旅游教育机构在高层互访、人才培养、科研协同创新等方面进行长期的、全方位的合作。30多年来,酒店管理学院培养的酒店管理专业的硕士和本科毕业生一直受到业界好评,相关毕业生在国内外旅游、酒店企业集团就职并表现优异。其中,一些表现突出者已在一些旅游集团、酒店集团进入高管层,体现了毕业生在专业方面的优秀素质和业界对毕业生的高度认可。

酒店管理学院拥有国家旅游局中国旅游研究院下设的"中国饭店产业研究基地",这是中国旅游研究院设立的第一个研究基地。研究对象是包括酒店业、健康产业在内的大住宿业及其衍生新兴产业的投资、运营和管理。近年来,酒店管理学院教师在国内外顶级期刊上发表了数十篇文章。按照在国外一流刊物发表的文章评价,二外酒店管理学院在国内同类教育研究机构中人均排名第一。此外还出版了40多部专著教材。本专业教师目前承担了一批国家级和省部级项目,荣获北京市哲学社会科学成果奖二等奖、国家旅游局优秀科研成果一等奖等科研奖励。

酒店管理学院从建院以来一直积极参与高级职业经理人培训项目,为近万名饭店总经理和部门经理提供了新知识和新技能的培训。与此同时,还与首旅集团、港中旅集团、锦江集团、开元集团、华天酒店集团、粤海国际、如家集团、去哪儿等中国大型旅游与饭店集团及相关企业建立了良好的合作关系。与国际著名酒店投资咨询公司豪威盛（HVS）连续13年举办"中国酒店业投资高峰论坛"，参会国内外嘉宾累计人数超过6000多人。与中关村智慧旅游创新协会连续3年举办"中国旅游创业创新高峰论坛"。通过与各方的合作，酒店管理学院希望在未来为产业和学术界做出更大的贡献。

联络我们：
学院官网：www.jiuguan.bisu.edu.cn
学院地址：北京市朝阳区定福庄南里1号
联系电话：010-65778251
微信公众号：北二外酒管院

中关村智慧旅游创新协会简介

2016年1月15日,中关村智慧旅游创新协会在京成立。来自百度、阿里、腾讯、IBM、神州数码、携程、去哪儿、途牛、同程、穷游、蚂蜂窝、凯撒、众信、国旅、平安集团、滴滴出行等50余家互联网公司及旅游相关企业参会。

中关村智慧旅游创新协会是以"旅游创业创新"为核心,跨界旅游及科技领域,经民政部门正式注册的全国性社会团体。协会由知名互联网旅游企业及旅游相关的社会团体、企业单位共同发起,协会遵守宪法、法律、法规和国家政策,遵守社会道德风尚,以"中国旅游互联网产业技术创新发展与服务"为导向,构建"政府引导、科技支撑、企业参与、合作共赢"的旅游互联网产业技术创新环境,通过"资源对接、行业聚合、创新实践、服务社会"持续提升旅游互联网创新能力,积极推进旅游互联网创新成果推广和学术交流,促进中国旅游业创业创新建设。2016年11月被中国国家旅游2016旅游年度榜单评为"最佳旅游创业创新服务机构奖"。

协会致力于做政府与企业沟通的桥梁、做企业与企业沟通的纽带、做提升企业成长的平台。

一、承接政府职能转移,承接政府交付的任务,积极购买政府社会服务;

二、协助政府进行旅游行业评级系统与旅游行业标准制定;

三、建立行业自律机制,规范行业秩序,促进行业发展;

四、向企业提供和发布行业政策、发展信息、统计资料、行业分析;

五、及时向会员传达政府的政策、法规等行业相关信息；

六、作为行业代表，维护会员正当权益，向政府反映企业和行业要求，代表行业企业参与制定与行业相关的发展规划、产业政策、行规法规和法律；参与行业利益相关的政府决策论证；

七、扶持优秀的会员企业上市，对接政府相关资源；对快速成长的会员企业进行定制服务。

八、举办经济、科技、金融、法律、企业管理培训、交流；

九、加强旅游人才职业化建设，为旅游行业企业输送合格人才；

十、研究旅游行业相关的法律、法规、政策，对旅游行业及会员企业的重要经营决策和重大经济活动提出意见、建议；

十一、举办行业评选以及评比活动；

十二、组织或举办各种会展、商务考察和交流，开展国内外经济技术交流与合作。

联络我们：

协会官网：www.ztia.org

协会地址：北京市海淀区上地信息路26号中关村创业大厦713/717室

协会电话：010-62982840

专用微信：chinaztia

中关村智慧旅游创新协会

旅艺通

旅游创业创新研究院简介

一、目的

2016年是中国旅游产业发展的重要一年，李克强总理在首届世界旅游发展大会上指出，旅游业是"大众创业，万众创新的大舞台"，各地政府也加快产业布局与政策落地，全国上下掀起一股创业创新热潮。正值此时，由中关村智慧旅游创新协会发起，特邀行业顶级学术专家及产业领军人物为核心组建"旅游创业创新研究院"，并于2016年9月27日在京成立。本院将为旅游行业创业创新提供理论支持与实战分享，为营造创业创新环境，提供创业创新建议及服务，以助推旅游产业健康有序发展为重要使命。

二、名称

中文：旅游创业创新研究院
英文：Academy of Tourism Entrepreneurship and Innovation（缩写为 ATEI）

三、宗旨

助力旅游企业创新　推动旅游产业升级

四、任务

1. 统筹及出版《中国旅游创业创新智库丛书》；
2. 发布旅游创业创新相关指数、报告等；
3. 组织学术会议及征文、大赛等；
4. 进行旅游人才职业化培训研究。

五、组织架构

首席顾问： 魏小安
学术院长： 厉新建
执行院长： 张德欣
副院长： 易开刚　郭万超　赵新良
研究中心主任： 钟栎娜　李　彬　刘宏伟　周　彬
院办： 苗利娟　贾轲

六、专家顾问团

学术专家：

张凌云	张　辉	谷慧敏	易开刚	秦　宇
江金波	张玉钧	王　凯	白　凯	郭英之
李　想	信宏业	吴忠宏	李　原	张朝枝
周玲强	曾博伟	卢政营	郑向敏	徐　虹
张河清	薛兵旺	沈建龙	周春林	陈安国
李燕琴	明庆忠	王兆峰	方远平	马　勇

产业专家：

罗　军	洪清华	于敦德	曾　松	叶一剑
郑敏庆	陈云岗	张晓军	黄栋庆	刘汉奇
荀　亮	朱万峰	刘玉兰	洪　维	单　平
汪早荣	黄　俭	严力蛟	余学兵	吴建华
吴　峥	董　锴	易文捷	金　松	刘　春
姜　颖

投资专家：

| 蒋　涛 | 陈　亮 | 袁润兵 | 钱建农 | 何士祥 |
| 王利杰 | 马培瑞 | 梁　军 | 董长破 | 李瑞跃 |
| 李　飞 |

特邀研究员：

孙 憬　温 婧

七、附录

职务	姓名	说明
首席顾问	魏小安	著名旅游经济和管理专家，世界旅游城市联合会专家委员会首席专家
学术院长	厉新建	北京第二外国语学院旅游管理学院院长，教授，中国旅游改革发展咨询委员会副秘书长
执行院长	张德欣	中关村智慧旅游创新协会会长，《中国旅游创业创新智库丛书》总主编
副院长	易开刚	浙江工商大学旅游与城市管理学院院长，教授，博导
	郭万超	中宣部专家，国家科技部专家，北京市政府文化创意产业专家，博导
	赵新良	中关村科技园区海淀园创业服务中心主任/中关村高聚工程创新创业服务业领军人才
研究中心主任	钟栎娜	旅游大数据研究中心主任，北京第二外国语学院旅游管理学院副教授
	李 彬	大住宿业研究中心主任，北京第二外国语学院酒店管理学院副教授
	刘宏伟	信息安全研究中心主任，资深信息安全专家
	周 彬	海洋旅游研究中心主任，宁波大学中欧旅游与文化学院教授
院办	苗利娟	主任，中关村智慧旅游创新协会秘书长
	贾 轲	副主任，中关村智慧旅游创新协会副秘书长
学术专家	张凌云	《旅游学刊》执行主编，教授，博导
	张 辉	北京交通大学经管学院教授，博导
	谷慧敏	北京第二外国语学院酒店管理学院院长，教授
	张玉钧	北京林业大学园林学院教授，博导
	徐 虹	南开大学旅游与服务学院副院长，教授，博导
	秦 宇	北京第二外国语学院酒店管理学院教授
	张朝枝	中山大学旅游学院副院长，教授，博导
	周玲强	浙江大学旅游管理系教授，博导

续表

职务	姓名	说明
学术专家	郭英之	复旦大学旅游学系教授，博导
	白　凯	陕西师范大学旅游与环境学院教授，博导
	王　凯	湖南师范大学旅游学院教授
	郑向敏	华侨大学旅游安全研究院院长，教授，博导
	李　原	四川大学旅游学院教授
	张河清	广州大学（中法）旅游学院院长，教授
	吴忠宏	台湾台中教育大学教授
	李　想	美国天普大学旅游与酒店管理学院教授
	信宏业	北京理工大学/北京邮电大学教授，高级工程师
	薛兵旺	武汉商学院旅游学院教授
	沈建龙	浙江旅游职业学院教授
	周春林	南京旅游职业学院院长，教授
	曾博伟	北京联合大学中国旅游经济与政策研究中心主任
	卢政营	天津财经大学旅游研究与规划中心主任/天津市旅游协会教育分会秘书长
	陈安国	国家行政学院/清华大学教授，博导
	李燕琴	中央民族大学管理学院教授，博导
	明庆忠	云南财经大学首席教授，博导
	王兆峰	湖南师范大学旅游学院院长，博导
	方远平	华南师范大学旅游管理学院教授
	马　勇	湖北大学旅游发展研究院院长，湖北大学商学院教授，博导，中组部国家高层次人才"特支计划"领军人才
产业专家	罗　军	途家网联合创始人兼CEO
	洪清华	景域集团董事长/驴妈妈旅游网创始人
	于敦德	途牛网创始人&CEO
	曾　松	百程旅行网创始人&CEO
	叶一剑	方塘智库创始人

续表

职务	姓名	说明
产业专家	张晓军	唐人智库创始人
	黄栋庆	华宿荟创始人
	郑敏庆	台湾亚太青年创意休闲产业智库执行长，民宿研究专家
	陈云岗	香港城市经营研究院院长
	刘汉奇	中国旅游车船协会秘书长
	荀 亮	中国智慧酒店联盟秘书长
	朱万峰	北京九鼎辉煌旅游发展研究院院长
	刘玉兰	科技部中国生产力促进中心协会理事长
	洪 维	旅游族(Travelzoo)亚太区联席CEO
	单 平	中国主题饭店研究院执行院长，皇金管家创始人
	汪早荣	深大智能集团董事长，智游宝创始人
	黄 俭	中国航空文化主题酒店创始者之一，"世界酒店·十大杰出经理人"
	严力蛟	农业部休闲与旅游农业专家组专家/安吉美丽乡村总规划师
	余学兵	联众休闲产业集团董事长兼总裁
	吴建华	智慧双创公共服务平台常务副总裁
	吴 峥	氪空间CMO&CTO
	董 锴	首旅寒舍总经理
	易文捷	三鼎控股集团旅业总裁
	金 松	万观文旅董事长
	刘 春	万达集团体育控股中国区总经理
	姜 颖	山水盛典联合创始人，国家一级演员
投资专家	袁润兵	清科创投董事、总经理
	蒋 涛	戈壁创投合伙人
	陈 亮	泰山天使/泰山兄弟创始合伙人
	钱建农	复星集团全球合伙人，复兴旅游文化集团董事长兼总裁
	何士祥	达晨创投文化旅游基金副总裁兼TMT行业投资部总经理

续表

职务	姓名	说明
投资专家	王利杰	知名天使投资人，PreAngel Fund创始合伙人
	马培瑞	投融中国联盟秘书长/紫荆花科技孵化园董事长
	梁　军	国泰君安力鼎资本合伙人
	董长破	赛伯乐集团旅游行业合伙人
	李瑞跃	中信文化旅游产业基金董事长
	李　飞	创园国际资本联合创始人
特邀研究员	孙　憬	狄普旅游电商创始人
	温　婧	带书旅行创始人

注：排名不分先后，数据截止到2017年4月。

投稿邮箱：atei2016@sina.com

旅游创业创新研究院

责任编辑：果凤双

图书在版编目（CIP）数据

中国旅游企业创新创业发展报告．2016—2017 ／ 李彬，李朋波，秦宇主编．-- 北京：旅游教育出版社，2017.7

ISBN 978-7-5637-3603-4

Ⅰ．①中… Ⅱ．①李… ②李… ③秦… Ⅲ．①旅游企业—企业创新—研究报告—中国—2016-2017 Ⅳ．①F592.6

中国版本图书馆CIP数据核字(2017)第164534号

中国旅游企业创新创业发展报告（2016—2017）

李　彬　李朋波　秦　宇　主编

出版单位	旅游教育出版社
地　　址	北京市朝阳区定福庄南里1号
邮　　编	100024
发行电话	（010）65778403　65728372　65767462（传真）
本社网址	www.tepcb.com
E - mail	tepfx@163.com
排版单位	北京旅教文化传播有限公司
印刷单位	北京京华虎彩印刷有限公司
经销单位	新华书店
开　　本	787毫米×1092毫米　1/16
印　　张	16.5
字　　数	241千字
版　　次	2017年7月第1版
印　　次	2017年7月第1次印刷
定　　价	62.00元

（图书如有装订差错请与发行部联系）